陕西理工大学法学"一流专业"建设项目成果之一

罗兴平◎著

民事诉讼案例研习

Case Studies on The Civil Procedure

人民出版社

责任编辑：洪　琼

图书在版编目（CIP）数据

民事诉讼案例研习 / 罗兴平 著 . — 北京：人民出版社，2023.10
ISBN 978 - 7 - 01 - 025813 - 3

I. ①民…　II. ①罗…　III. ①民事诉讼－审判－案例－中国　IV. ① D925.118.5

中国国家版本馆 CIP 数据核字（2023）第 135387 号

民事诉讼案例研习

MINSHI SUSONG ANLI YANXI

罗兴平　著

人民出版社 出版发行
（100706　北京市东城区隆福寺街 99 号）

北京中科印刷有限公司印刷　新华书店经销

2023 年 10 月第 1 版　2023 年 10 月北京第 1 次印刷
开本：710 毫米 × 1000 毫米 1/16　印张：18.25
字数：300 千字

ISBN 978 - 7 - 01 - 025813 - 3　定价：79.00 元

邮购地址 100706　北京市东城区隆福寺街 99 号
人民东方图书销售中心　电话（010）65250042　65289539

前　言

　　本书是陕西理工大学法学一流专业建设项目成果之一。法学的应用性特点决定了法律实务能力是学生能力的重要体现，民事诉讼实务能力是法学学生能力培养的重要方面。诉讼实务是运用法学理论、法律原理和规则与案件事实相结合，通过诉讼程序的运行，将法律权利、义务最终转变为实际利益和法律责任的活动。诉讼实务能力和素养的形成，既有一般理论原理的掌握和训练，即理解和掌握诉讼中所需的共性的理论原理和规则，也需要通过个案的训练，掌握具体的诉讼实务技能，贯通理论和实践。

　　本着民事诉讼理论和实践贯通，着重训练实务能力的目的。本书的内容构成，分为两大部分。第一部分安排八个专题，这八个专题的内容和目的是：围绕进行民事诉讼活动所必须具备的专业素养这个主旨，从八个方面分别论述讲解。宏观上涉及了民事诉讼法律思维及其养成、法律适用中的逻辑推理应用、恪守民事诉讼职业伦理以及民事诉讼交往的策略和技巧。在具体民事诉讼实务技能方面，从具体案件的分析研判、法律文书写作、法庭论辩的方法与技巧以及案例指导制度的遵循运用等多个方面，进行了论述、分析和示范。在具体写法和内容安排上，以若干个相对独立又相互联系的专题的形式介绍和论述民事诉讼实务所必须具备的一般理论基础和所需的一般技能。第二部分安排了十二个实际案例，借助于作者本人亲自处理民事诉讼案件的相关素材，逐案进行研习，达到诉讼能力提高的目的。在案例内容编排上，先简要介绍案情，然后针对该案中所涉及的法律问题、事实问题、证据问题、诉讼策略问题以及风险预防控制问题等多角度全方位进行分析研判，其后在研判分析的基础上展示实际操作过程。本书所采用的案例研习的模式，不同于以往相关书籍所沿用的案例分析模式，而是采用真实案件全流程展现的方式。从律师的视角，对于用以研习的每一个案件均采用案情介绍—分析研判—操作过程—裁判结果这样一个过程。这些案例的相关材料，既蕴含和展现了相关诉讼法律思维，也体现了逻辑推理知识和技能在诉讼实务中的运用；既体现了法律文书制作的要领，也展示了法律语言文字的驾驭；既体现了法律论辩的力量，也展现了法律武器使用的真谛。

当然，限于本书相关内容出于执业律师的视角，书中所涉个别法律观点难免具有较强个人主观色彩而失之偏颇，案件研究和处理的方式仅供初学者参考。囿于作者的执业地域，所涉案件也难以达到类型丰富齐全。总之，作为一名法学教学研究人员，同时身兼执业律师，在此将本人对民事诉讼所想所思所做所得，形成文字奉献出来，以期对读者有所裨益。如果能够开卷有益，作者将深感荣幸！

目　录

第二部分　民事诉讼实例研习

第一部分
民事诉讼实务的专业素养

第一专题　民事诉讼法律思维及其养成

一、法律思维与民事诉讼法律思维

（一）法律思维

法律思维是法律人独有的思维方式和习惯，法律思维能力的培养也是法学院校孜孜以求的首要目标。有学者指出：法律思维即法律思维方式，主要包括思维定式和思维方法。[①] 就字面意思而言，法律思维就是法律和思维的组合体，就思考的习惯而言莫不是始终将法律作为考量的基本立足点。归纳起来，法律思维的重点主要在于以下几个关键层面：规则思维、权利思维、价值思维、体系思维、逻辑思维、程序思维等多个层面。"法律思维能力是法律职业能力结构中的决定性因素。"[②] 这些思维理念和习惯构成了法律职业者的基本素养，是法律人安身立命之根本。

（二）民事诉讼法律思维

民事诉讼法律思维，是法律思维这一基础要求体现于诉讼领域的具体思维和要求，是法律思维在诉讼领域的具体化。这一思维体现的重点在于

---

① 陈金钊：《法律思维及其对法治的意义》，《法学论坛》2003 年第 6 期 。
② 张永红：《论法律逻辑学与法律职业能力的培养》，《河北法学》2006 年第 7 期。

法律和诉讼相结合，将假定变为现实，即将一般的抽象法律规则所确定的权利义务落实为具体的利益和法律责任。简而言之，诉讼法律思维所考量的核心是将权利化为利益，将义务化为责任。因此，这也就是诉讼法律思维自身特点和要求。

二、民事诉讼法律思维的核心要点

（一）法律规则思维是民事诉讼法律思维的基本法律起点

规则思维本就是法律思维的核心内容，诉讼中的规则思维内容和要求相对单一，不考虑法律规则的价值及其合理性，更多考虑的是有没有、是什么、怎么办。因此，民事诉讼中的规则思维为更多地强调善于探寻到相关民事实体法和民事诉讼法的规则体系，尤其是要善于准确探寻到相关诉讼规则体系。首先，应充分认识到，这个规则体系涵盖了民事实体法、民事程序法、行政法规、地方性法规、司法解释以及指导性案例等复杂内容。其次，善于运用法律规则对不同法源所表达的规则的效力、适用对象等进行综合分析判断，能够归纳或甄别出适合于个案的规则。如可采用高位阶法优于低位阶法，特别法优于一般法，后法优于前法等判断手段确定应予适用的法律规则。诉讼思维中，应始终将规则挺在前面，这是打仗的武器，掌握正确恰当的规则更是诉讼中打胜仗的根本保证。

（二）民事法律事实观念是民事诉讼法律思维的基本事实起点

从哲学上讲，事实是客观上发生了的事情。诉讼中也强调以事实为依据，以法律为准绳。但法律人对事实的认知却不能仅停留于对"事实"的一般认识，应当认识到诉讼中所强调的事实有其内在的规定性。哲学上一般认知的事实可称为客观事实，人们总是不懈追求对客观事实的认知。人们探求真理的过程只不过是对事实真相无限接近而已，对事实的认识和判断总是一个极具主观色彩的过程。诉讼中，我们也当然趋向于最大限度地认识事实真相，这也是理性认识的体现。然而，我们终究还是有着另外的理性，诉讼中对客观事实的认识却不能无限度地作为终极目标追寻。因为诉讼中对事实的认识是通过证据展示所证明的情况来反映案件事实，又由于证据的形式、取证的手段、举证的时限、证明力的大小等多个方面要受到诉讼法的限制和制约，于是用以证明事实的证据就有了法律的属性。正缘于此，有学者指出客观事实是属于存在意义上的事实，法律事实属于认识结果意义上的事实。① 用某种非法的方式或者超过了举证时限提供的证据，客观上也许能够证明某个事实，但由于其违法性法庭不予采信。由于该证据的非法性因而不能作为认定本案"法律事实"的依据，于是，一个被普通老百姓都能明白认识到的事实却被法庭不予认定，法官的行为却是理性的、合法的。此处法律事实和客观事实的对立很好地诠释了法律事实不等同于客观事实。可见，对客观事实的追求在诉讼中也只能是一个良好的愿望罢了，对法律事实的追求才是法律人的正途。简言之，法律事实可简单表达为合法的证据并合法证明的案件事实。作为法律职业者，应深刻认识到诉讼中的事实具有深刻的法律性烙印。

（三）民事法律关系的认定是民事诉讼法律思维的首要判断

准确探究民事实体法律关系，进一步确定民事诉讼法律关系，这是民事诉讼中的首要判断。法律关系一定是基于法律的规定，主体与主体之间因一定的法律事实所形成的权利义务关系。法律规则的逻辑结构是：假定发生了某个法律事实，则产生什么法律权利义务。这是抽象的一般性的法律关系判定依据。在诉讼中却是需要以法律规则为据，将个案的事实与法律规则的假定事实加以对照，如果个案事实与假定事实高度一致，进而得出个案中存在的具体权利与义务关系，这是法律关系认定的基本逻辑思路。有鉴于此，对法律关系的确定是法律职业者在实务层面处理案件时的

---

① 樊崇义、赵培显：《法律真实哲理思维》，《中国刑事法杂志》2017 年第 3 期。

抓手，在案件的研究处理中形成以确定法律关系为首要任务的思维定式。

（四）民事权利的利益化、民事义务的责任化是民事诉讼法律思维的最终目标

法定权利与法律利益、法定义务与法律责任是内在统一的法律概念，正因为如此，学界也通常把法律责任称作第二性的法律义务。诉讼的动因是法定权利和义务未能正常实现，诉讼的根本目的是将抽象的法定权利和义务转化为具体的利益和责任。因而诉讼之初即应判断个案的主体之间存在什么权利义务，个案中存在的基本实体权利义务关系确定之后，其后即应依诉讼程序规则判断各个主体的诉讼地位及相应的法律责任，最终通过诉讼程序的运行法院以裁判的形式将抽象的实体权利和义务转化为具体的利益和责任。因此，应当深深烙下诉讼就是将权利利益化、将义务责任化的印记。

（五）诉讼程序思维是民事诉讼法律思维的核心要义

程序，是实现目的的规程、章法，将法定权利变为现实利益的过程坚决排斥任何非法的手段，哪怕该项利益在法律上、道义上是无比正当的。遵循程序实质上是目的的正当性和过程的正当性高度统一起来。现代社会对私力救济严格限制管控，建立保障实现利益诉求的机制和渠道，规范管控公权力运行，都是程序被高度重视的基本表现。一项利益诉求必然对应着一项责任承担，双方的主张都在法定的轨道得到看得见的公正对待，矛盾和冲突即得到最大化的吸纳和化解。民事诉讼程序就是表达和实现民事利益诉求的核心规则，是民事权利义务最终落到实处的根本保障，理应得到足够的尊崇。

（六）证据思维是民事诉讼法律思维的突出特点

俗话说打官司就是打证据，这个观念反映了证据在诉讼中极端重要的意义。诉讼的根本任务即在于通过规范程序，运用证据查明案件事实进而确定法律责任。以法律适用三段论推理来看，其基本模式是：法律前提，事实前提，结论（裁判结果）。已有的法律规则是法律前提，这在成文法国家是业已存在的。三段论推理的第二个前提是事实前提，这是在诉讼过程中要获得的，而事实毫无疑问是通过证据来加以证实的。因此，证据思维就要求我们诉讼中拿证据说话，牢固树立没有合法有效证据证明的事实是不存在的观念。与此相应，我们在分析、收集、提供、认定证据的具体过程中，充分重视证据的真实性、合法性、关联性，将证据逻辑严密地组织起来，达到强有力地支持事实主张的目的。证据是诉讼中的基础性要素，甚至是诉讼结果的决定性因素，没有证据诉讼即为无源之水无本之木。因此，我们应当树立根深蒂固的证据意识和观念。

（七）民事法律概念体系思维是民事诉讼法律思维的基本载体

就法律规则的形成而言，是由数量众多的法律概念，通过逻辑连接词形成法律命题，多个相互关联的法律命题进一步组合成法律规则。很显然，法律规则其实是由法律概念体系所组合形成的复合体。就思维而言，概念是思维的基本单位，法律概念的形成过程本身就存在着内涵和外延的确定性。易言之，所形成的法律概念是具有内在规定性的规范概念，包含着确定的法律思想内容。因此，思考问题时，我们就应精准使用法律概念，规范构建法律命题，真实有效进行法律推理。我们知道，语词是概念的语言形式或称物质载体，任何法律概念、命题、推理都需要借助于语言来表达。于是，法学研究和法律实务群体就构建和使用规范的法律语言体系。因此，法律职业者要善于用法律的语言来表达思想和传播信息，这其中的重中之重即为自然而然地使用法言法语，以避免误解和现实纷争。运用法律概念体系思考，运用法言法语表达，是法律职业者的基本素养。

三、民事诉讼法律思维的养成

（一）系统学习和掌握法学理论原理和法律规则

法学原理是法律规则的灵魂和指引，学习、研究和应用法律必须要做到知其然还要做到知其所以然。理论上讲，法学原理以及法律规则应当是内部协调自成体系。就法学理论体系来讲，从法哲学、法理学到各部门法学，都是在一定的哲学理念和价值追求的支配下搭建自己的理论体系，而这样的理论体系其构架犹如一棵枝繁叶茂的大树，其基本的法哲学价值基础就好比树根，在树根上生长出的树干就好比一些基础法学原理，树枝就好比部门法学原理，树叶就是从部门法学原理中派生出来的分散的理论关键点。完整的法学理论体系就如这棵生长旺盛的大树，从下到上存在着基本的支撑和决定关系。因此，我们应充分掌握和贯通法学理论原理体系，占据法律规则学习、研究运用的制高点。如此，在分析和解决问题的时候才能够高屋建瓴，透彻而准确。原理统领规则，法律规则无一不是由法学理论原理支撑下所形成的具体规定，如果不能占领法学原理的制高点，在研究分析法律规则以及进行法律适用时，就难免雾里看花，顾此失彼。因此，透彻理解和掌握基本法学原理体系，进而正确理解和掌握法律规则，是形成良好法律思维的基本功。对于诉讼法律思维的形成而言，也莫不如是。

（二）排除情感、臆断的理性思维习惯的养成

法律人的思维应当是理性的而不是感性的。就在张扣扣故意杀人案件见诸媒体的时候，网络上有这样一些声音：张扣扣为母报仇，手刃仇人，是"英雄"，应该"点赞"。也有人说，张扣扣连杀三人十恶不赦，应当将

其大卸八块。后来又有人断言张扣扣之母多年前被伤害致死一案，当地司法机关处理存在"黑幕"，可能存在凶手让未成年人"顶包"，要不杀了人为何才判了七年！不得不说义愤填膺的"点赞"，抑或是夸张的"口诛"，还有妄言的"黑幕"说，都带着强烈的感性和臆断，都极端缺乏应有的理性。带着理性尤其是法律人带着法律的理性来看待又该如何认识呢？法律人的理性认识应当是：张扣扣杀人了吗——张扣扣致三人死亡，不能确定其故意杀人；张扣扣犯罪了吗——因未经法院审理并判决有罪，他只有犯罪嫌疑；张扣扣是杀人犯吗——犯罪嫌疑人（而不是罪犯）；张扣扣该死吗——经司法机关侦查、起诉、判决之后，法院判处其死刑，那么他该死。乍一看，好别扭，但这恰好是训练有素的法律人应有的理性判断。法律专业素养的训练，就是要让人形成冷静的、理性的法律思维，法律、证据和事实是我们作出结论的依据——排斥情感、臆断的因素。在诉讼的领域，更加要有程序意识。拿鉴定意见这一证据来讲，诉讼法规定鉴定机构和鉴定人员必须有鉴定资质，这是程序要求。如对于双方存在争议的建设工程价款，有一定专业水平的人根据相关规则和合同约定，也可以计算出建设工程款数额，但只有具备鉴定资质的鉴定机构和人员作出的结论才是对的——合法正确的，其他人说了不算。即使鉴定人的意见可能是错误的，没有相反证据推翻鉴定意见的话，法院必须认定鉴定意见的结论，这就是程序规定下理性排斥感性的一个例子。

（三）严密的逻辑思维及发散性思维的综合养成

严密的逻辑思维是法律人的基本素养。逻辑思维是有别于发散性思维的线性思维，其强调结论的得出必然有充分可靠的理由支撑。逻辑思维的核心强调理性的因果关系，由因求果和由果溯因都强调有理有据，结论建立在理由依据的基础上，这有赖于有效正确的推理保障。其基本要求是：其一，思维对象确定，且具有一致性，不允许偷换概念、偷换论题；其二，推理过程中不允许存在自相矛盾；其三，推理过程中思维对象应当清楚确切，不应当模棱两可；其四，理由充足，即依据正确且与结论之间形成有力支持关系。总体而言，有关概念的正确使用、命题真假的判定等莫不服从和服务于上述逻辑思维的核心要求。逻辑思维是沿着一条"线"由因到果或由果及因是其思维的根本特征，发散性思维的基本特征即在于带着目的对原因和结果、目的和手段之间的关系进行"面"上乃至于"立体空间"思考。以解决问题为导向，对可能的手段、途径进行"撒网式"探寻，多措并举综合施策。线性思维能让结论无懈可击，发散性思维让得出结论的突破口柳暗花明。"条条大路通罗马""东方不亮西方亮"就是运用发散性思维的最好写照。在诉讼领域，"山重水复疑无路，柳暗花明又一村"的情况是经常现象。运用发散性思维"大胆假设"，拓宽解决问题的出路；运用线性思维"小心求证"，得到正确的结果。让"线""面"结合的思维习惯逐渐养成，对分析和解决诉讼中的问题意义非同寻常。

（四）形成较强的归纳概括能力

诉讼中所面对的案件的头绪和材料经常是众多而且纷繁芜杂的，经常有人感慨"还没理出个头绪"。可见，理出头绪，判断清楚争议的本质，是诉讼案件中重要的基础性的环节。如何才能理出头绪抓住案件争议的法律关系本质呢？我们要善于运用归纳和概括两个逻辑工具。所谓概括，则是将事物的一些非本质性的因素忽略掉，只保留核心主干，形成简洁直观的判断，从而清楚反映出事物的本质属性。简而言之概括就是将复杂问题简单化，现象问题本质化，目的是排除干扰拨云见日。善于概括即能抓住法律关系的本质，这是处理案件的基本抓手和制高点，在此基础上分析、判断、操作才能看得透、打得准、防得好。因此，我们要善于将与案件基本事实认定关系不大的材料搁置，把与法律定性关系不大的事实忽略，形成简洁明晰的判断。归纳就是将无序的纷乱事物给出条理和确定的关系，用某个法律关系的关键要素——如主体、事实、后果作为标准，将相关材料归位，有序组织起来。以机动车交通事故责任纠纷案的证据分组为例，把身份证、许可证、营业执照等材料作为一组用以证明法律关系的主体；将证实事实发生、发展和结果的材料作为一组，用以证明案件的基本事实；把事故责任认定书等作为一组，用以证明责任承担。如此，案件事实和争议即清楚展现出来。养成善于综合概括和归纳的思维习惯，能够在最短的时间内条理清楚地抓住案件争议的本质，形成准确而清晰的判断。

（五）形成准确使用法律语言的习惯

语言是思想的载体，我们传播信息表达思想都要借助于语言。亚里士多德有句至理名言"语言的准确性是优良风格的基础"，若借用于法律职业者来讲，法律语言的准确性是优良法律素养的基础。法学理论、法律规则和法律实务中所使用的语言表达的内容有其确定性和准确性，相似的语词表达的法律内容可能存在根本不同，绝不容模糊和混淆。一个众人传话的游戏，第一个人说一句话，在规定的时间内依次向后传，传到最后一个人他所接到的那句话已经与最初的原话风马牛不相及。通常，信息传递链越长，越容易失真。这个现象告诉我们语言的准确性对于捕捉信息和传递信息极为重要。由于法律语言本身具有极高的严谨性，我们必须形成严谨的语言表达习惯。正确运用概念内涵和外延之间的反变关系，对所使用的法律概念进行很好的限制和概括，是我们准确锤炼法律语言的不二法门。具体到语言表达上，其实质是在所要表达的对象前面准确增加或减少修饰词，增加修饰词使得所表达的对象包含的范围变小，减少修饰词使得所表达的对象包含的范围变大。我们表达得准与不准，取决于我们的语言修饰是否恰当。如刘晓庆在其所著的《我的路》一书中写道："做人难，做女人难，做单身名女人难乎其难"，即给我们清楚展示了修饰词的多少与表达对象范围大小的关系。字斟句酌应当成为我们使用法律语言的当然习惯。

（六）形成诉讼中战略战术结合思考的思维习惯

把法律变为现实的诉讼，有时极像打仗。既是打仗当然得讲究战略和战术。在诉讼中，是相关的人员通过自己的行为推进案件按照法定程序运行的动态过程,行为与后果直接相关。作为律师得讲究战略战术,战略当然是讲究站得高看得远,要避免"不识庐山真面目,只缘身在此山中"。要善于从案件本身纷繁复杂的现象和材料当中"超脱"出来,以案外人的眼光来发现案件的本质和当事人利益诉求的法律立足点,此基点找到了,就占领了战略制高点,后续行动均以此为宗。制胜的战略有了,宏观层面的问题解决了,还必须重视战术,须知道细节决定成败。为确保战略目标实现,精心备战,在事实方面,收集组织好相关证据,形成证据支持主张的有力逻辑架构。在论述方面,搭建好论据支持论题的紧密联系,且注重言之有据。在语言表达方面注意严谨、规范、简洁,考虑到书记员的记录和庭审的效果,甚至注意语言表达的语速、节奏、声调。在法律依据方面,法律、法规、司法解释、经典案例等都应全面纳入研究考量的范围。总之,既重视宏观层面的战略问题,又注重微观层面的战术问题,是制胜的两个方面。作为法官同样讲究战略战术问题,在诉讼中,法官虽为裁判者,但同样置身于战斗当中。律师作为战斗双方斗智斗勇,给谁看的?显然,双方律师都施展才能费尽心机以求对法官施加最大影响,想要得到法官支持的裁判结果,想要把法官"搞定"。于是乎,法官很难在诉讼争斗中超然地仅仅"坐山观虎斗"。其实,诉讼中也充斥着谎言、伪证,法官要能够真正作出以事实为依据以法律为准绳的公正裁判,也应有斗争的策略。战略上的目标是通过审理抓住案件争议的本质这一裁判案件的制高点。同时,战术上为确保正确合法高效审理和裁判案件,审理前的精心准备、诉讼进程的有效把控、对证据的审核判断采信、对各方陈述的去伪存真、对裁判文书的精心制作等诸多方面无一不是需要注重细节的。法官恰当运用战略战术,作出合法公正的裁判,打一场漂亮的胜仗。

第二专题 民事案件研判的目的、要点和方法

一、案件研判的目的

社会上有一种共识，经常性地把法律职业与医生职业相提并论。我们知道，庸医会耽误患者的治疗甚至夺人性命，那么半通不通的法官同样会制造冤假错案而夺人性命。医生的诊断，总是面对具体的患者和显示的症状，进行望闻问切和仪器检查，进而运用自己的专业知识对病患作出诊断结论，开具处方，治愈患者。而法律职业者也总是面对当事人所面临的具体情况，给出解决方案。律师运用自己的专业知识，收集证据资料，梳理法律关系，作出法律判断，进而运用专业知识和技能在法定程序中由法律职业共同体实现委托人合法的利益诉求，纠纷得以解决。如此，医生治好了患者的疾病，法律人治好了社会的疾病，何其相似。

案件研判的目的，当然是为了找准"病根"，即运用法律知识来明确判断什么人发生什么事现在怎么办。因此，案件研判的目的即在于通过听取当事人陈述，询问有关事实，审阅相关材料等诸多手段和方式确定：谁与谁发生了什么法律关系，形成了什么法律后果，谁该承担法律责任，如何落实法律责任。

二、案件研判的核心要点和方法

(一) 确定事实——明确案件事实和证据

确定主体。案件事实研判，首先应当确定到底是谁的事，即确定法律关系的主体。我们知道，基于法律规定法律关系的主体包括自然人、法人和其他组织，我们研判时要清楚有定力，不要被当事人误导。在实际生活中当事人不是法律专业人士，尤其法人制度是舶来品，法人观念在我国民众中是欠缺的，经常性地混同了法人和法定代表人，混同了法人的财产和法定代表人（股东）的财产。经常见到电视台播出的一些节目，主持人表述为"某某公司的法人某某某"，这种认识和表达显然是"违法"的。其他组织则是不具有法人资格而又不是自然人的组织，也不能混同为自然人和法人。我们带着专业的眼光来审视，务必分清楚主体是自然人、法人还是其他组织，以免发生根本性错误。

确定内容。常规知识告知我们法律关系是主体之间存在的法律上的权利义务关系。我们进行法律关系研判的时候，总是先面对的事实而不是法律条文，我们通过询问、查阅等多种方式明确到底是什么事。在此过程中，我们依然秉持法律人的严谨，一是弄清楚客观上到底发生了什么事，二是有证据能够证明到底是什么事。区分此二者非常重要，因为没有证据能够证明的事实，在法律上是不被认可的事实，在诉讼中也将是不会被法官认定的事实。有鉴于此，我们在获取事实真相的时候，绝对不能无视或忽略证据审查核实的极端重要性。我们在审查的时候应该摒弃主观臆断，而且要善于甄别当事人所陈述的事实哪些是有证据证实的事实，哪些是其主观臆断，哪些可能是事实但暂时还没有证据证明。在初步了解情况的基础上，对于有证据证明以及将来能够取得证据证明的事实进行确定。

确定证据。证据问题是诉讼的核心问题，对证据的收集和审核判断应予以足够重视。听取当事人的陈述之后，对相关问题进行询问澄清，初步判断案件的事实情况。在此基础上，逐一核查相关证据或证据线索。总体上要有较强的证据意识，当事人所陈述和主张的每个事实在诉讼中都是要有证据证实的。一般而言，书证具有较好的客观性和较强的证明力，首先应当考虑收集和审查书证。在没有书证的情况下，不得已而求其次，审查有没有能够证实相关事实的其他证据，如视听资料、电子证据、证人证言等。在初步判断缺乏相关证据的情况下，则应当考虑事情发生和发展的过程中所存在的相关线索，调查收集证据。以典型的机动车交通事故责任纠纷为例，首先确定双方的主体身份及车辆有关情况的证据，包括身份证、机动车行驶证、驾驶证、机动车投保资料等。其次是确定证实事发过程及责任的证据，如交通事故责任认定书、道路监控影像资料、车辆检验报告、出警记录等证据。再次是确定证实事故损害后果的证据，如诊断证明、住院病历、检验报告单、医疗费票据、护理费票据、误工损失方面的证据，需要损伤鉴定的还需确定鉴定意见书等证据。对上述多方面的证据，已经存在的只需收集，尚不存在的，考虑取证线索收集或形成证据。简而言之，确定证据的基本逻辑思路还是确定用以证实主体、过程、后果、责任等方面的证据。

（二）确定法律责任——以事实为依据，以法律为准绳确定案件法律责任

在确定事实的基础上，初级研判是把获取的事实与脑中"预存"的相关法律规定进行对照判断。判断的关键在于确定手头个案的事实与哪一部法律的那个规定的"假定事实"完全一致，对应清楚了，我们就可以据此初下结论：双方存在什么法律关系，进而可以判定存在什么法律责任。当然，这只是最常规的法律关系判断的基本方法和思路，而且是初判。现实中的事情总是复杂的，法律的规定也是庞杂的，进行法律关系判断的时候，我们不光要用到严谨的逻辑线性思维作出具体关系的精准判断，我们还要善于运用发散性思维考虑法律规定"面"的问题，即还要考虑到多部法律对该类问题都有规定，则需用手头个案事实与更多的法律规则"假定事实"进行对照，作出可能存在多个法律关系的正确判断。就具体研判的法规而言，首先应当找到适合于本案事实的现行有效的法律层面的依据，如前述机动车道路交通责任事故案，即应先探寻《中华人民共和国道路交通安全法》的规定。鉴于此类事故与民事侵权责任相关，情节严重的还可能与刑事责任相关联，因此，侵权责任法和刑法的相关规定也当然应纳入研判考量的范围。其次，探寻和研判更为具体的行政法规、司法解释、地方性法规以及部门规章的相关规定。在此层次的研判中，紧密结合前述上一个层级法律规定，得出明确具体的法律责任。再次，为稳妥起见，对于复杂案件，探寻权威指导性案例，用以验证前述判断的正确性。对于法律的理解，总会存在个体差异，不同的法院甚至同一法院的不同法官都有可能出现"同案不同判"的情况。深刻理解并充分认识到在成文法国家同案可能不同判这种裁判方面的差异是客观存在的，为验证前述法律责任判断的正确性，进一步确定最大可能性的法律责任，很有必要对类似案件的裁判案例进行检索。鉴于最高人民法院审判委员会讨论通过后发布的指导性案例，对各级人民法院审理类似案件具有重要指导作用，加之2010年以后更是明确要求各级人民法院对最高人民法院发布的指导性案例"应当参照"，明确赋予指导性案例一定的约束力。因此，查阅案例时应首选指导性案例。在没有指导性案例时，查询最高人民法院、高级人民法院等高级别法院裁判的类似案例，用作手头个案法律责任研判的验证和参考。

（三）确定路径——诉讼手段及风险的分析研判

这个问题是研判实现法定权利义务的途径问题。在这个环节需要考量方式问题、时机问题、风险问题。实现权利可以选择自力救济，也可以选择公力救济，哪种方式更妥不要轻易下结论。比如想要解除婚姻关系案件，可能首先选择协议离婚更为妥当，当判断协议离婚可能极难实现时才考虑诉讼手段。方式问题应针对个案综合研判。对于时机问题，这也是非常重要的一个研判要点。就诉讼而言，该诉时不诉可能贻误战机，不该诉时诉了可能铸成大错。笔者接待这样一个案例：当事人况某从某建筑公司承包了部分建设工程，双方签订有书面合同，约定了明确的建设工程款的计算办法和支付方式，对于应付工程款的数额和付款时间问题双方发生争议，当事人问怎么办。经过询问，该工程的现状是已经施工结束，双方未对工程款进行结算，据说房地产开发企业近期将对某建筑公司承建的工程进行竣工验收。判断清楚了双方的法律关系，排除了双方协商解决争议的可能性后，这就存在一个选择诉讼的时机问题。因为面临一个难点进而也是诉讼风险：包括当事人所做工程在内的全部建设工程尚未竣工验收，难以证明承包方已经全面履行了自己的义务。基于上述弱点，其支付工程款的请求可能存在举证不足而败诉的风险。于是告知当事人等一等，待发包方对某建筑公司承包施工的工程全部竣工验收合格后，再行启动工作，以避免风险。在等待约两个月后，所涉工程经全面竣工验收合格，但建筑公司未与当事人结算达成一致，也拒绝支付工程款。这时候，当事人起诉主张权利的时机成熟了，把握时机起诉从而败诉的风险大大降低。诉讼的风险问题，是一个非常复杂的问题，诉讼的风险存在于多个方面。一般情况下，可将风险纵向归入两个层面，其一是败诉的风险，其二是利益得不到实现的风险（执行风险）。对于败诉风险的判断和防范，主要在于对所涉法律法规进行精准理解和判断，包括对实体法权责的准确认识，也包括对诉讼程序运行结果的准确预判，还应该考虑诉讼的策略。败诉风险相当程度上源于证据方面，"有理"要能"讲清"，这种"讲清"要以法律职业的专业眼光和手段把证据准备扎实，而且把证据与待证事实之间的支持关系有力地组织起来，从而达到有理有据。当然，对于己方的薄弱环节也要心中有数，应设法补齐短板，最大可能防范和降低败诉风险。对于利益得不到实现的风险即执行风险问题，在形成诉讼策略时应通盘考虑。最为常规和有效的方式是获取财产线索，诉前或起诉时申请法院采取财产保全措施。

案件研判示例：张仁被继承人债务清偿纠纷案

张文（化名）任某研究中心（简称研究中心）实际负责人，2007年1月，张文以研究中心的名义与张仁（化名）签订借款合同一份，研究中心从张仁处借款 100 万元，年利息 15%，未约定还款期限。其后张仁将借款中的 50 万元打入该研究中心账户，其余 50 万元打入张文之弟张武（化名）任法定代表人的另外某科技有限公司（简称科技公司）账户，借款实际由张文支配使用。2010 年 1 月，张文从自己的账户给张仁支付了三年期间的借款利息。2011 年 12 月，张文突发疾病死亡。至 2017 年，因借款未得偿还，张仁拟诉至法院。经初步调查，还有如下事实：其一，研究中心为合伙型非企业单位，在民政部门登记的合伙人为张文及其弟张武，还有另外两名合伙人李四、王五，登记备案的章程明确规定合伙人为张文及其弟张武。李四已经死亡，王五下落不明，研究中心已于 2014 年被民政部门撤销。其二，张文之弟张武任科技公司名义法定代表人。其三，张文生前与其妻的共有房产已被其妻子于 2015 年过户至其个人名下，张文之子继承了其父生前在某矿业公司的全部股权，张文之女名下有一套房产，系张文生前 2009 年出资购买。

对此案件的分析研判：

首先，确定基本事实。调查收集证据，落实查明谁与谁之间发生了什么事。作为民间借贷关系的双方主体身份都应在调查考量范围内。通过调查了解出借人和借款人的身份信息，调查收集相关证实借贷关系存在的协议、借据、转款凭证，调查了解该双方主体的当前现实情况等，最终清楚确定双方存在的基本的民间借贷事实及现实情况。

其次，研判分析谁负有实体还款责任。在前述证据和事实基础上逐层剥笋：第一，研究中心无疑是还款义务主体。第二，由于研究中心不具备法人主体资格且已被撤销而未清算注销，成立该中心的合伙人依法负有还款义务。第三，对于实际合伙人，民政部门存档的研究中心章程中载明的合伙人只有张文及其弟张武两人，而合伙人登记资料显示合伙人还包括李四、王五，那就要确定实质上负有法律义务和责任的合伙人到底是谁。带着这个问题，进一步落实李四王五两人并未实际出资，只是凑人数，且研究中心也未实际运行，可以确定实质上合伙人的责任与该二人无关，张文、张武应承担实际合伙人的责任。第四，鉴于张文已经死亡，张文的继承人包括妻子、儿子、女儿依法应当在继承遗产的范围内偿还张文生前的个人债务，张武对合伙债务负连带责任。基于以上四点，至此可以确定负有还款责任的主体是张武以及继承了张文遗产的继承人。

再次，研判诉讼程序上该如何处理。第一种思路，既然张武为合伙债务的连带责任人之一，另一连带责任人张文已经死亡，可仅以张武为被告，要求其承担借款本息的还款责任。第二种思路，一并起诉张武及张文的继承人。由于实体责任的承担者为张武及继承了张文遗产的继承人，理论上当然可以起诉张武及张文的继承人。

最后，最终诉讼方案如何确定和实施。对于上述第一种思路，事实依据和法律依据都比较充分，能够顺畅推进。但是，经研判后认为，只起诉张武，其偿还能力有限，不利于最终实现债权。对于上述第二种思路，当然有利于最终实现债权。但是，本案中有两个法律关系（纠纷）存在：一个是民间借贷纠纷，一个是被继承人债务清偿纠纷。若一并起诉张武及张文的继承人，势必意味着两个纠纷一案解决。这就需要研判民间借贷纠纷和被继承人债务清偿纠纷，能在本案同一次诉讼中解决吗？很显然，以民间借贷纠纷为由起诉张武及张文的继承人，由于张文的继承人不是借款人，不负有还款义务，对张文继承人的诉讼请求难以成立。若以被继承人债务清偿纠纷为由起诉，要解决两个问题：其一，张文所负债务必须明确确定。其二，证实其继承人继承了张文的遗产。对于第一个问题，通过前述分析，可以明确地确定张文应对全部借款本息承担连带还款责任，这是清楚的，只是未被生效裁判确定而已。张文的此项连带还款责任当可以在被继承人债务清偿纠纷一案中审理和裁判，不是必须要以合伙债务纠纷的审理和裁判为前提（事实上，对方主张原告必须要以民间借贷纠纷案件审理和裁判后，才能以继承人债务清偿纠纷为由起诉各继承人）。对于第二个问题，已有证据证实张文之妻向某将原夫妻共有房屋变更登记为向某单独所有并已出卖；经查阅工商登记档案发现，张文之子将其父生前在某矿业公司的全部股权已变更登记至自己名下；张文之女名下的房产系张文生前出资购买。基于以上事实，张文的继承人继承了张文的遗产这一事实可以确定。分析至此，可以将被继承人债务的确定问题纳入被继承人清偿债务纠纷案中来认定，而不必另案认定。可以确定以被继承人债务清偿纠纷为案由，原告在起诉合伙人张武的同时，可一并起诉张文的各继承人要求其在继承遗产的范围内对借款本息的偿还与张武承担连带责任。这时候，诉讼的执行风险也应纳入考量范围，可考虑采取申请财产保全措施。分析研判清楚了，即按照既定思路实际操作实施。

第三专题 法律适用中的逻辑推理应用详解[①]

　　法律适用的过程，就是将法律规则或原则具体运用于个案，得出裁判结果，达到解决纠纷、息讼止争目的的过程，这一过程本质上就是一个法律推理过程。法律适用总是与逻辑推理紧密相连，无论是在英美法系的判例法国家，还是在大陆法系的成文法国家，无一不借助于逻辑推理的方法获得裁判结果。裁判结果的正确公正与否与法律推理过程中逻辑推理的运用恰当与否有着至为密切的关系。法律推理与公正存在着相互制约的关系，正如美国卡多佐所指出的，"在一种逻辑与另一种逻辑之间，通过指导人们行为，正义对逻辑起着作用，情感对理性起着作用。而反过来，通过清除情感中那些专断恣意的东西，通过制约否则的话也许过分的情感，通过将情感同方法、同秩序、融惯性和传统联系起来，理性又对情感起着作用。"[②] 在进行法律推理的过程中，演绎推理、归纳推理、类比推理以及辩证推理则起着基本的逻辑支撑作用。然而"普通法系（英美法系）国家中关于法律推理的著作集中在法官上，他们已发表的判决意见含有大量推理，而在民法法系（大陆法系）国家中，则更多地集中在法学家的著作上。"[③] 就成文法国家而论，法律推理未能充分体现到实务裁判中，不能不说是一

　　① 原文发表于 2008 年 1 月《陕西理工学院学报》，合作者为张其鸾，收入本书时略有改动。
　　② ［英］哈里斯：《法律哲学》，转引自沈宗灵：《法理学》，北京：北京大学出版社 2000 年版，第 556 页。
　　③ ［美］卡多佐：《司法中的类推》，苏力译，《外国法译评》1998 年第 1 期。

大缺憾。就我国而论，法律推理论述在大多数裁判中体现得并不充分，法律适用过程中的逻辑应用更加未达到自觉状态。有鉴于此，笔者拟深入到法律推理中对各种逻辑推理加以解析，揭示其作用方式和过程，以期推动法律实务尤其是法律裁判中对逻辑推理的自觉运用，增强其说理性。

一、演绎推理的作用过程和方式

就法律推理的核心过程而言，总体上当无疑问是演绎推理过程，也就是学者通常所说的从一般到个别的推理过程。"在法的推理和言论中，法律家通过其角色活动体现出来的最基本的思维方式，迄今为止仍然是逻辑演绎。"① 既有的法律规范是一般性的前提，查明的事实是进行推理的另一个前提，推理的结论就是案件最终的裁判结果。有学者对两大法系国家法律适用过程中的推理技术进行了区分，认为英美法系国家运用归纳法，大陆法系国家运用演绎法。② 这种说法并不完全正确。笔者经深入分析后认为，无论是成文法国家还是判例法国家，其法律适用的整体过程从宏观上来看是一个演绎推理过程，只是在不同环节运用的推理手段略有差异，但这并不是两大法系在推理技术上的根本区别。因为这样一个基本事实是不容否认的：在这个推理过程中，法律为一个前提，案件事实为另一个前提，推理结论为裁断的结果。就成文法国家而言，法律规则为一个推理前提当无疑问，而判例法国家法律适用是遵循先例，并不存在一个明确的法律规则，仿佛这一法律前提在判例法国家不存在。其实，这只是一个表象，判例法国家遵循先例中的"先例"，其实质指的是凝结在或适用于该先例判决中的法律规则。运用归纳推理和类比推理方式，从先例判决中寻

---

① ［英］麦考密克、魏英贝格尔：《制度法论》，周密译，北京：中国政法大学出版社1994年版，第2页。

② 孙国华：《法学基础理论》，北京：中国人民大学出版社1987年版，第129—130页；应松年：《2001年律师资格考试内容结构图解》，北京：国家行政学院出版社2001年版，第12页。

找出应当适用于其手头个案的法律规则。法官依循该先例判决中的法律规则，结合查明的案件事实，进行推理而得出裁判结论。此过程毫无疑问是一个演绎推理过程。之所以有人认为判例法国家法律推理运用的是归纳法，实际上是把法律推理的整个过程运用的推理方式与法律推理中的一个环节——获得法律规则环节运用的推理手段混为一谈的结果。就判例法国家而论，推理主体从与当前案件相同或相似的先例中归纳出可以适用的规则，再以该规则为大前提，以当前的案件事实为小前提，推演出法律结论。① 法律适用的整个推理过程予以简化则为：法律前提——事实前提——结论。由于判例法国家在获得此推理中的"法律前提"过程中使用的主要是归纳推理方式，被误认为是整个推理过程中的推理方式，故而形成片面的、不正确的认识。

法律适用中的演绎推理方式，主要有两种表现形态，一为三段论式；二为充分条件假言推理的肯定前件式。

三段论式演绎推理的典型逻辑结构形式为：

M　A　P

S　A　M

———————

S　A　P

其中 MAP 为三段论推理形式的大前提，也就是进行法律推理的法律前提；SAM 为三段论推理形式的小前提，也就是法律推理的事实前提；SAP 为三段论推理形式的结论，也就是法律推理的结果。在这一推理中起着关键纽带作用的是逻辑上称为中项的"M"，它在法律前提中处于主项的位置，从法律规范的逻辑结构来讲，也就是法律规范的假定部分；它在事实前提中处在谓项的位置，也就是审理查明的案件事实。这一推理的要旨就在于审理查明的事实"M"与法律规范中假定的"M"应具有实质上的同一性，则结论就具有必然性，即对法律关系的主体 S 而言就必然

———————

① ［德］茨威格特、H.克茨：《比较法总论》，潘汉典等译，贵阳：贵州人民出版社 1992 年版，第 465 页。

地获得 P 结果。如：

> 故意杀人致死者应处死刑，
>
> 张三是故意杀人致死者，
>
> 所以，张三应处死刑。

就本例而言，关键在于查明张三确属"故意杀人致死者"，这样才能保证结果的正确。对这样形态的法律推理，要保证裁判结论的正确，必须保证每一个前提都是真命题，即每个前提都必须是符合客观事实的。这就要求，依成文法判案的法官必须保证庭审查明的案件事实最大限度地符合客观真实并且与法律规范中的假定事实具有高度的契合性。对于依判例判案的法官而言，除最大限度地满足上述要求外，还必须保证第一个前提即法律前提为真命题，即作为该推理前提的法律规则必须是最适合应用于本案的法律规则。这样才能保证推理（裁判）结论的正确性、公正性。

演绎推理的另一种形式为复合式演绎推理，以充分条件假言推理的"肯定前件式"为典型代表。充分条件假言推理肯定前件式的符号形式为：

$$(P \rightarrow S) \wedge P \rightarrow S$$

在法律推理中，其中"P → S"为推理的法律前提；"P"为推理的事实前提；"∧"表明这两个前提之间的并列关系；S 为该推理的结论，亦即裁判结果。用通俗的自然语言解释则为：如果 P，那么 S；已知 P；所以 S。在此种推理形式当中，前一个"P"即"P → S"当中的"P"为法律规范当中的假定事实，后一个"P"为查明的案件事实，例如：

> （法律前提）如果以秘密的方式窃取他人财物据为己有且数额较大，那么其行为构成盗窃罪；
>
> （事实前提）张三以秘密方式窃取他人数额较大财物据为己有（价值 3000 元的摩托车一辆）；
>
> （结论）所以，张三的行为构成盗窃罪。

这是典型的法律适用中的复合式演绎逻辑推理，之所以将其称为肯定前件式，因为典型的法律规范本质上是充分条件假言命题，已查明的案件事实若满足该假言命题的前件，则结论就可以必然地得出该假言命题的后件（亦即裁判结果）。因而，要保证推理结论的正确，从逻辑上说，必须保证两个前提都是真命题。从法律适用的角度而言，就是要保证加以适用的法律规范应当是现行有效的法律规范，查明的案件事实应当有充分的证据支持且该事实必须与法律规范的假定部分具有同一性，这样才能充分保证裁判结论的正确，才能真正做到"以事实为依据，以法律为准绳"。

演绎推理的这两种形式，都是在法律适用过程中所体现出来的作用方式，实质上这二者之间并没有截然的界限，完全可以相互转化，即三段论式可以转化为充分条件假言推理，反之亦然。如上例就可以转化为下述三段论形式：

秘密窃取他人数额较大财物的人构成盗窃罪；
张三是秘密窃取他人数额较大财物的人。
所以，张三构成盗窃罪。

演绎推理是在法律适用整个过程中最后环节起作用的逻辑推理方式，也即得出裁判结果环节的推理方式。在笔者看来，确定法律规则及查明案件事实（无论借助于何种推理方式来完成）只不过是为获得进行演绎推理所必需的法律前提和事实前提的手段罢了。确定两个前提的最终目的是通过演绎推理方式得出裁判结果。正是在这个意义上，笔者认为法律适用过程是演绎推理过程。上述演绎推理都是在法律规则明确具体、查明的事实确定无疑的基础上进行的。演绎推理方式最为突出的意义在于，依其所获得的裁判结论具有无懈可击的严密性和最高程度的客观性。正如博登海默所说："形式逻辑作为平等、公正执法的重要工具而起作用的。它要求法官始终如一地、不具偏见地执行法律命令。"[①] 演绎推理充分体现了形式逻

___

① ［美］博登海默:《法理学——法哲学与法律方法》，邓正来译，北京:中国政法大

辑的这一特性。然而在适用法律的实践中，法律前提和事实前提的确定远非如此简单，这两个环节，演绎推理通常又显得无能为力，须借助于其他推理方式来完成。

二、归纳推理和类比推理的方式和作用过程

归纳推理和类比推理完全不同于演绎推理，其推理特性为个别到一般和个别到个别的或然性推理，其结论的得出虽不具有演绎推理结论的必然性，但这两种推理方式在法律适用中的作用比起演绎推理也毫不逊色。其作用主要表现在两个环节，一是判例法国家确定法律规则；二是查明案件事实。

就归纳推理而言，归纳推理的典型逻辑形式为：

S1 具有属性 P

S2 具有属性 P

……

Sn 具有属性 P

所以，所有 S 都具有属性 P

其中 S1……Sn 是每一个事物的个体，归纳推理通过研究事物的多个个体发现均具有 P 属性，最后得出了一个一般性的结论：该类事物具有 P 属性。这种推理的特性与判例法国家通过研究先前判例得出一般性法律规则的内在需求具有高度的契合性，因而这种推理方式就成为判例法国家确定应予适用的法律规则这一过程中起根本支撑作用的推理方式。长期以来，判例法国家在经验的基础上早就采用这种方式探求判例中蕴含的法律规则，直到 18 世纪英国弗兰西斯·培根建立了归纳逻辑系统，才为判例法国家的法律推理给出了科学的阐释和基本的逻辑理论支持。正如有的学

学出版社 1994 年版，第 496 页。

者所指出的，培根的贡献在于它提供了归纳推理的方法，为普通法的生存找到了理论依据，并为其发展前景提供了方法论的支持。[①]

就类比推理而言，其作用是明显和突出的，其典型逻辑形式为：

> A 对象具有 a、b、c、d 属性
>
> B 对象具有 a、b、c 属性
>
> 所以，B 对象也具有 d 属性

A 个体具有 a、b、c、d 等多个属性，B 个体具有 a、b、c 等属性，从而推知 B 个体也具有 d 属性。很显然，这是一种个别性前提推出个别性结论的推理方式。

就归纳推理和类比推理的作用过程来看，这二者往往是紧密相连，共同作用。由于笔者将确定法律规则作为法律适用之一个环节来看待，在判例法国家从判例中获取法律规则，归纳推理及类比推理方式，有着异乎寻常的作用。而成文法国家确定法律规则采用的是另外的方式，在此恕不赘述。本处着重论及归纳推理和类比推理对查明案件事实以及判例法国家确定法律规则环节的作用方式，从中可以清楚地看到这二者相辅相成的共同作用。在判例法国家，由于判例具有拘束力，因而审理案件的法官须研究以前的与本案事实具有相同性或最为相似性的多个裁判，通过对照研究，发现 S1 判例适用了 P 规则，S2 判例适用了 P 规则 ……Sn 判例适用了 P 规则。即可得出结论：所有与 S 类判例具有实质同一性的案件均适用 P 规则。这一过程就是对先前多个个别性的裁判所适用的法律规则进行归纳得出一个具有一般意义的法律规则，用以作为判案的法的依据。在运用归纳推理得出法律规则这一过程中，所依据的事实和适用规则所要求的事实应当具有同一性，这并不要求在每一点上都完全相同，而是指与法律有关联的法律事实的同一性。这个同一性的认定即须借助于类比推理来完成。如 A 判例的事实具有 a、b、c、d 等数个基本要点，B 判例的事实具有 a、b、

---

① 洪川：《培根库克与英国普通法》，《人民法院报》2001 年 10 月 22 日。

c 等多个基本要点，即可认定 A 判例所依据的事实与 B 判例所依据的事实是相同的。有学者把这一过程表述为："识别一个权威性的基点或判例；在判例与一个问题案件间识别事实上的相同点与不同点；判断事实上的相同点与不同点哪个更为重要，并因此决定依照判例还是区别判例。类比推理的基准点是先例判决与问题案件的联结点。"① 同理，多个判例适用的法律规则的同一，也须通过类比推理加以识别。只有当先前判例中的事实和法律规则分别具有同一性的前提下，据以进行归纳推理的前提才更具有可靠性，从而得出的将用以裁判本案的法律规则才能够满足法律之公正所要求的"同样案件同样对待"。

再看在查明案件事实环节归纳推理作用的过程。事实，从哲学上来讲是客观存在，不以人的意志为转移，而在诉讼过程中对事实的查明是对过去已经发生的事件和行为通过证据展示而加以再现的过程。随着时间变迁，证据的变少或灭失加之法律对取证手段的约束等因素的影响，很多情形下是无法通过完全展示证据充分而毫无疑问地证明案件事实，因而法律适用过程中的查明的案件事实，并不一定就是客观事实，所谓查明案件事实只不过是最大限度地接近客观真实而已。归纳推理方式与这一过程的特征和要求是相契合的，因而起着极其重要的作用。这一过程就是搭建证据和待证事实之间的支持关系，搭建这一支持关系据以进行的推理手段即为归纳推理。其作用过程为：a1 证据可以证明 A 事实，a2 证据可以证明 A 事实……an 证据可以证明 A 事实。所以，A 事实成立。其中，这一组证据分别以 a、a1……an 标记，已出示的若干证据可以直接或间接证明案件事实，最后可以得出结论本案中的证据 a 证实了事实 A。即使有这么多证据支持案件事实，但所得出的案件事实结论依然具有或然性而不是必然性。易言之，查明的案件事实可能和客观事实相符，也可能和客观事实不符。因此，对于一个归纳推理，我们只能用可靠性的强和弱来加以衡量，可靠性越强，推理的质量相对也就越高，查明的案件事实也就最符合客观实际。增强归纳推理的可靠性要求：考察的对象尽

---

① 刘克毅：《试论类比法律推理及其制度基础》，《法商研究》2005 年第 6 期。

可能全面，考察的属性尽可能多且是本质的，考察对象之间应当有紧密关联。因此，从证据的角度来说，这就有几个方面的要求：其一，收集证据要全面。各个证据从不同的角度与待证的案件事实发生联系，亦即从不同的角度来展示事实的发生和发展过程，这样才有可能掌握案件事实的全貌。其二，证据尽可能是实质性的。证据与待证事实的关系并不是证据数量越多就越好，而是越具有实质性的证明力的证据越好，不作无谓的证据堆砌，万不可仅凭证明事实的证据的多少来判断证据是否充分。其三，证据必须是合法、真实的。证据的形式和获取手段必须合法这是基本要求，在司法实务中应当严格按照相关法律已有的规定贯彻非法证据排除规则，法律规定尚欠明晰的，审判人员也应当按照法律规定的原则和精神对非法证据予以排除，不作为认定事实的依据。对证据的真伪要加以甄别，去伪存真。对证明内容的可信度也应予以充分判明，对于内容真实性难以把握的证人证言这种证据形式，更应当按照相关诉讼法及司法解释的规定从严掌控，大大减少或拒绝非有正当理由拒不出庭的证人的证言的采信。其四，证据与待证事实之间的关联性要强。对证据的审核和采信，应充分衡量其关联性的有无和大小，尽可能多收集和采用与待证事实之间具有直接的关联性直接证据。间接证据关联性的衡量就相对复杂，差异也比较大，使用时必须结合具体情况深入分析判定。上述四个方面，是增强归纳推理可靠性的基本保障，也就是查明案件事实阶段的关键所在。上述四个方面做得越充分，即进行归纳推理的前提越充分，所获得的案件事实越真实可靠。这有赖于司法工作人员在司法工作中自觉地、有意识地加以应用，来提高归纳推理的水平以达到正确认定案件事实。

三、辩证推理及其运用

演绎推理、归纳推理以及类比推理在法律适用过程中各自有其表现形态和重要作用，共同构成了两大法系法律推理的逻辑基础。但法律推理有着极强的法律实践性，"法律推理不同于逻辑推理也不同于和价值无涉的科学推理，推理结论与现有规则之间并不存在形式逻辑的必然性，法律推理实质上是一定原则指导下的价值判断与行为选择。"① 因此，法律适用中确定应予适用的法律规则的时候，无论演绎推理、归纳推理还是类比推理均无法完成对法律规则选取的价值判断。法律生活纷繁芜杂，许多情况下，法律规则不明确、法律规则缺失或法律规则冲突，这时运用演绎推理、归纳推理或类比等推理方法进行形式逻辑的推理是难以奏效的。这就需要进行实质推理，也即辩证推理来完成对法律规则的选取或确立。关于辩证推理本身，自古希腊传入罗马后被法学家运用于法律推理。时至今日，辩证推理已是法律裁判领域里的一种重要的思维方法和推理技术②。然而，关于辩证推理这一概念本身，尚没有形成一个规范严谨并能够被普遍认同的定义。

有学者称辩证推理为实质推理③，虽得到较大的认同，但并未清楚揭示出辩证推理的本质特征。有人认为"辩证推理，又称实质推理，是指在两个相互矛盾的，都有一定的道理的陈述中选择其一的推理。"④ 还有人对先前的众多说法分析后指出："司法裁判中的辩证推理是指法官断案处于两难选择时，进行价值判断做出抉择并予以说明论证并据此得出裁判结论的一种法律推理。"⑤ 应当说，这些说法都有一定道理，但仍未能全部涵盖辩证推理的应有之义。

要准确把握辩证推理，必须从辩证推理的作用过程加以解析方能窥其全貌，仅停留在上述层面尚不足以揭示其内涵。笔者认为回答清楚下述三个问题，才算是把握了其准确内涵和作用过程。问题一，辩证推理在何种情况下使用？问题二，辩证推理究竟解决的是什么问题？问题三，辩证推

① 李桂林：《法律推理与实践性原则》，《法学评论》2005 年第 4 期。

② 胡玉鸿：《法律原理与技术》，北京：中国政法大学出版社 2002 年版，第 413 页。

③ 孙国华、朱景文：《法理学》，北京：中国人民大学出版社 1999 年版，第 348 页。

④ 印大双：《法律推理中的必然性推理、或然性推理和辩证推理》，《探索》2001 年第 5 期。

⑤ 邱爱民、张宝瑜：《论司法裁判中的辩证推理》，《经济与社会发展》2004 年第 1 期。

理到底是如何进行的？笔者从对这三个问题的回答来论述辩证推理及其作用过程。

首先，辩证推理主要用于法律规则缺失、模糊或冲突的情形。前文已经述及，对于典型法律规则存在且清楚的时候，直接以其为法律前提即可导出裁判结果，无须辩证推理。而在法律规则缺失、模糊或者相互矛盾冲突的情况下，由于据以进行法律推理的法律前提难以确定，无法运用演绎推理方式直接进行法律推理。这恰好是辩证推理的用武之地。由此看来，辩证推理适用的主要情形是法律规则缺失、模糊或矛盾冲突。

其次，其解决的问题是确定法律规则。从最终来看，辩证推理当然也是为得出裁判结果而采用，当细究起来，我们就会发现其解决的是确定法律规则，亦即据以推理的法律前提问题。易言之，辩证推理的作用本质上是确定法律推理的法律前提。而确定法律前提仅为法律适用过程中推理之一个环节，从确定法律前提这个作用上来讲，辩证推理与归纳推理的作用并无二致，只不过归纳推理是从判例中通过归纳得出规则，而辩证推理则采用的是价值判断手段确定或选取规则。持此看法的理由在于：事实前提的确定显然不是辩证推理在起作用；而裁判结果得出又是在事实前提和法律前提确定之后通过演绎推理而得出的，也不是辩证推理在起作用；因此只可能得出：辩证推理在法律推理中的作用是确定法律前提即应予适用的法律规则。"在推理过程中，社会的道德、政治发展目标、法律达成的目的等因素共同构成了法律推理的实质理由。"[①] 辩证推理，目的即在于根据一系列价值评判准则，对相互冲突的法律规则之间进行取舍；或者是法律规则模糊不清可做多种解释的情形下根据立法本意或更高层面的法的精神及法律原则来明确法律规则的应有之义；而当法律规则缺失时，法官会依据公平正义以及社会一般道德、观念以及国家政策等作为价值判断的准则来确立法律规则。因而，辩证推理之于法律规则的确定其实质是一个价值判断和行为选择过程。

再次，辩证推理过程中所采用的形式逻辑手段为选言推理方式。辩证

---

① 李桂林：《法律推理与实践性原则》，《法学评论》2005 年第 4 期。

推理据以进行的逻辑形式是一个选言推理形式，则要从选言推理本身来加以探明。选言推理的典型符号形式为：

（A∨B）∧¬ A → B

其中的"A"和"B"分别代表了可供选择的命题，"¬ A"则表明的是对 A 命题的抛弃，B 命题就是当然的结果。这种推理形式，属于演绎推理的范畴且是有效的推理形式，能够保证给出正确的前提不会得出错误的结论。如果说最后出现了不正确或者不公正结论，那也只能是由于价值选择过程对命题的取舍不合适，绝不是推理形式本身的问题。这种推理形式在法律规则冲突或法律规则模糊的时候，在辩证推理过程中的运用是最为明显的。如对于同样的案件事实，既可以适用法律规则 A，又可以适用法律规则 B，而规则 A 和 B 又是相互冲突的。这时候，通过辩证推理选取应予适用的法律规则时，法官会采用社会道德观念、公平正义以及政治发展目标等因素作为价值评判的标准，来对法律规则进行价值评判，排除彼规则而确定本案应适用此规则，最后依此规则对案件加以裁判。这一充满理性的论证过程，其逻辑形式上显然采用的是选言推理形式。当法律规则模糊而有几种解释时，法官依照前述评判标准进行价值判断，进行逐一论证排除，最后确定应予适用的法律规则，显然上述过程中采用的逻辑推理形式仍然是选言推理。

基于上述分析，笔者认为辩证推理是指法官在法律规则冲突、模糊以及缺失的情况下，以一定的价值尺度为评判手段，对应予适用的法律规则进行选择和重新确立的思维过程。辩证推理在法律推理这一实践的推理过程中起着极其重要的作用，某些情况下，是法院裁判结果公正合理的实质性最终保障，能够体现法的精神和社会的价值导向，能够弥补现有法律制度的诸多不足。但辩证推理有着自身的缺陷，它不如演绎推理的严谨规范能够对法官用法做到最有效的制约，它也不如归纳推理有诸多的判例规则予以强有力地支撑和约束。进行辩证推理确定法律规则，法官在此过程中有着最大的自主性，因而具有极强的个人主观色彩，难免会使依此辩证推理确定的规则裁判出不公正的结果。实质推理是非形式逻辑思维，要求根据一定的价值来作出判断，具有一定的灵活性，但也为法官留下了滥用权力的空隙。① 为使辩证推理更大地发挥其正面的效用，笔者认为，下述几个方面是进行辩证推理时应予坚持的。其一，辩证推理运用前提条件应予从严掌握，以使法官不至于随意抛开既有法律而滥用自由裁量权。其二，辩证推理的价值评判手段应当具有公理性，以使得选取或确立的法律规则具有更强的正义性和普遍的社会意义。其三，辩证推理的论证过程应当充分，真正做到以法以理服人，高质量解决纠纷而息讼止争。

演绎推理、归纳推理、类比推理以及辩证推理是法律适用过程中所采用的逻辑推理方式，这几种基本推理手段各有其独特的作用方式和过程，在法律推理中优势互补、相得益彰，共同构成法律推理赖以进行的逻辑工具体系。在理论研究中和实务中应予以同等重视，在法律实务尤其是法律适用中，主动且熟练地运用多种方式来完成法律推理，必将有助于法律适用之正确和公正。

---

① 沈宗灵：《法理学研究》，上海：上海人民出版社 1990 年版，第 339—349 页。

第四专题　案例指导制度与法的适用

一、案例指导制度及相关概念的界定

（一）案例指导制度

关于案例指导制度的内涵应当如何定义，却暂无定论，理论学界存在众多观点。一是某些学者坚持的习惯法说，认为指导案例具有强制效力，特别是最高法院的指导性案例，下级法院必须遵守。二是法律解释说，这种观点认为案例是司法解释体制的主要形式，通过将案例引入可以更好地发挥司法的各种功能。三是案例之判例化改造说，这些学者认为虽然最高人民法院发布的案例在事实上对下级法院产生了约束力，但并没有具体的、相应的制度来加以调整和约束，具有明显的随意性与不规范性。四是折中说，这种观点认为我们的司法模式即依法司法，判例只是弥补司法僵硬的一种手段，而不是倒置为重判例的模式，不是彻底改造现有的依法司法的模式。本书对案例指导制度也无意给出准确定义，只表述该制度之概要。案例指导制度是一项具有中国特色的制度，其核心是由最高人民法院通过一定的程序遴选具有重大指导意义的裁判案例，经最高人民法院审判委员会讨论通过后，发布于最高人民法院公报，供各级人民法院审判类似案件时予以参照的制度。同时，各高级人民法院也遴选发布指导本区域案件审判的参考性案例。最高人民检察院也遴选发布指导检察机关办案的指导性案例，暂不在本书讨论范围内。

（二）判例制度

1.英美法系的判例法制度

判例法（case law）是英美法系国家法律制度的主要特色。"先例（precedent）"是英美法中最为重要的概念之一，"遵循先例"原则（The Doctrine of Precedent），在英美法的发展中具有重要意义。所谓先例，"就是法院的判决，是同级或者下级法院以后处理相同或类似法律问题的范例。"遵循先例的实质是遵循案例中的判决理由（ratio decidendi），由于判决的理由实际就相当于法律依据，所以遵循先例的实质就是遵循先例中的司法规则。经过数个世纪的发展，英美的判例法制度从法官自主采用，到立法正式确认遵循先例原则，从适用规则到适用技术都发展到了很高阶段。在普通法国家，由于遵循先例是法院工作的主要内容，因此，详细阐述普通法的原则和技术的文献众多，英国戴雪《英宪精义》，美国霍姆斯《普通法》以及德沃金《法律帝国》等，均是该领域名声显赫，影响极大的著作。目前关于判例法制度的争论主要是"法官造法"的合法性问题。

2.大陆法系的判例制度

英国的遵循先例制度获得了很大的成功，于是该制度被引进到了大陆法系国家。"判例"是一个大陆法系国家的概念，在法语中，与判例相对的是"jurisprudence"和"prejuge"，或者"precedent"。先例与判例的主要区别如下：（1）先例是英美法系国家的法律术语，泛指包含有处理类似问题的法律规则的判决。判例是大陆法系国家的法律术语。判例是指可以作为裁判类似案件的依据的法院判决。（2）一般而言，先例比判例的范围更广泛，在英美法系国家，任何一个法院判决都有可能作为先例在后案中得到援引；而判例一般是通过某种法定程序，赋予某些案例以判例的效力，它们对以后的类似案件具有拘束力。

（三）法的适用和实施

法的适用，通常是指国家司法机关根据法定职权和法定程序，具体应用法律处理案件的专门活动。由于这种活动是以国家名义来进行，因此也称为"司法"，法的适用是实施法律的一种方式。法的实施是一个外延相对较大的概念，通常是指法在社会生活中被人们实际施行。包括法的执行、法的适用、法的遵守和法律监督。

二、我国案例指导制度的发展过程

关于在人民法院推进指导案例工作的萌芽可以追溯到 1985 年最高人民法院通过《最高人民法院公报》发布典型案例。时任最高人民法院院长郑天翔指出，发布案例的最初动机主要是"对一些重大的、复杂的刑事案件统一量刑标准；对一些新出现的刑事案件的定罪量刑提供范例；对审理一些在改革开放中新出现的民事、经济案件提供范例"。此时学者们在讨论时多使用"判例"或者"先例"的说法。我国的案例指导制度与英美判例法制度以及大陆法系的判例制度近似，且在 20 世纪 80 年代末期和 21 世纪初曾经出现判例制讨论的热潮。刘作翔《我国为什么要实行案例指导制度》，徐景和《中国判例制度研究》均倡导实行案例指导制度。最高人民法院于 2005 年 10 月 26 日发布的人民法院第二个五年改革纲要（2004 - 2008）明确提出建立和完善"案例指导制度"。2010 年 11 月 26 日最高人民法院发布了《关于案例指导工作的规定》使案例指导制度从几年前的宏观规划走向实际操作的阶段，该规定明确要求各级法院应当参照指导性案例。2015 年 5 月 13 日最高人民法院发布了《〈最高人民法院关于案例指导工作的规定〉实施细则》细化了工作规则。2020 年 7 月 27 日，最高人民法院发布《最高人民法院关于统一法律适用加强类案检索的指导意见（试行）》，要求各级人民法院法官裁判案件时在特定情形下进行类案检索，推进案例制度向纵深发展。

三、我国案例指导制度的法治实践意义

法律的权威有赖于社会普遍遵从，法治国家和法治社会必然要求社会主体对自己的行为在法律上有一个可预期的和相对确定的评价和后果。相似的行为应得到相似的法律评价，不能让人无所适从。法官通常是通过减损一方当事人的利益来增进另一方当事人的利益，而且，法官对眼前个案的处理，既涉及当事者本人，也是在重申一条普遍的规则，或是在创设一个先例，这等于是向社会宣布无论人们愿意与否，从今以后，类似的"病人"都必须接受类似的"治疗"。① 由于法律规则本身可能存在缺陷和疏漏，加之适用法律的主体存在对法律规则理解和认识上的差异等诸多因素，相似的行为可能会得到不同的裁判结果，会妨碍到法律的权威，影响司法的公信力。案例指导制度的根本任务即在于解决同案不同判问题，其法治意义是重大而深远的。具体表现在以下几个方面。

第一，填补法律空白或者缺漏。无论立法者考虑多么完善，都不可能将我们生活的方方面面都纳入其中，所以有些情况下直接援引法律条文恰当地适用于个案可能无法实现。比如实践中出现且普遍存在的让与担保类型案件、新型物权纠纷案件等，现有的法律规定似难以直接适用，而法官又不得拒绝裁判，致使无所适从。已经形成的应当参照的权威案例，给出了类似案件的裁判规则，就可以很好地弥补成文法的空白或缺漏。

第二，丰富和规范法律规则的适用，使法律规则适用更加具体、精准。法律规范具有普适性，立法者当竭力使得法律规范的表达尽可能囊括更多的普遍性行为，又力求语句的简洁，势必对个体化差异难以做到面面俱到。指导性案例在基本的法律规则之下，结合个案的类型给出更加具体精准的法律规则适用指导，避免法律适用的偏差，使得法律适用的结果更

---

① 郑成良：《论法治理念与法律思维》，《吉林大学社会科学学报》2000 年第 4 期。

加精当。如前些年对于储户与金融机构的储蓄存款合同纠纷案件，储户的账户资金被盗刷，对于举证责任的承担以及最终法律责任的确定，笔者查阅了全国多地法院的判决，可谓"百花齐放"，差异极大。就举证来讲，有的法院要求储户对卡内资金被盗刷要证明自己无过错，有的要求金融机构证明储户有过错，有的要求金融机构证明自己无过错。对于资金损失最终责任承担，有的法院判五五开，有的法院判三七开，有的判银行全责，有的判储户全责等等不一而足。最高人民法院公报2009年第二期刊载一个指导性案例，其裁判摘要的主旨是，犯罪分子通过犯罪手段盗取储户借记卡账户内的钱款的，商业银行以储户借记卡内的资金短缺是由于犯罪行为所致，不应由其承担民事责任为由进行抗辩的，对其抗辩主张人民法院不予支持。最高人民法院[2003]民一他字第16号复函对举证责任作了阐述，储户提交了存折和取款卡证明自己与储蓄单位之间存在储蓄合同关系，证明自己的存款数目，存折和取款卡没有丢失，即已完成了举证责任。该指导案例和复函，都是以个案的形式对此类案件的举证责任和最终责任承担予以确定，明确和细化了裁判规则。其后，同案不同判的情况将得到根本改观。

第三，弥补法官个体对法律的认识差异所带来的不足，规范自由裁量权。在法官审理案件的过程中，即便找到应适用于该案件的法律条文，对于该条文所承载的规则与手头案件事实相结合的过程也难以做到准确无误。尤其是法官在运用法律规定幅度内的自由裁量权时，每个法官的法学储备、办案经验、社会经验都是各不相同，不同法官的自由裁量权来裁判案件，形成极具差异性的个案裁判，妨害司法公信力。推行案例指导制度形成类案统一裁判规则，并强制性要求法官进行类案检索，可最大限度地避免人为地造成法律适用不统一的问题，做到同案同判。

第四，为法的实施提供具体生动的遵循规则，增强法的实施效果。对于刑事案件，统一和规范裁判标准相对容易实现，近些年最高人民法院和高级人民法院大力推进量刑规范化，以制定普遍规则的方式统一量刑标准和尺度，为确保同案同判发挥了很好的作用。对于民事案件，由于类型的复杂多样，无法做到如制定规范刑事案件量刑的指导意见。以指导案例规范法律适用，是一个上佳选择。具体案例相较于抽象规则，更加具体、生动、易懂，专业人士和一般公众都能理解，也便于普及和传播。最高司法机关制定一系列规定，推进案例指导制度的实施，由法官强制遵守到自觉遵循，确保全域范围内同案同判，意义重大。在 2018 年 8 月 27 日晚，发生于江苏昆山的"于海明正当防卫案"，引起全民热议，公安和检察机关及时对于海明的行为定性为正当防卫不负刑事责任。这个偶发的热点案件在社会公众与司法机关的良性互动中，客观上促成了正当防卫在司法实践中的认定标准的标杆，也促成了社会公众对正当防卫的深刻认知。其后，该案被最高人民检察院遴选为指导性案例，明确了正当防卫的界限标准：行凶已经造成严重危及人身安全的紧迫危险，即使没有发生严重的实害后果，也不影响正当防卫的成立。该个案的实际处理结果对全国范围内司法部门对正当防卫的认定标准具有极好的示范指导意义。案例指导制度所确立的以具体案例为载体所形成的指导和指引效果，其影响是重大而深远的。

四、实施和遵守案例指导制度的方法与路径

(一) 国家推动实施案例指导制度的基本路径

第一，规范遴选发布指导性案例。《最高人民法院关于案例指导工作的规定》第九条规定："本规定施行前，最高人民法院已经发布的对全国法院审判、执行工作具有指导意义的案例，根据本规定清理、编纂后，作为指导性案例公布。"这个规定为发布指导性案例提出了基本要求。发布指导性案例应当注重合法性、规范性、科学性、实用性。发布的指导性案例，确定的裁判规则，不得与现行法律相悖，这是基本要求。发布指导性案例，程序要规范，效力要明确，如在发布时明确规定此案例各级人民法院审理案件应当参照。以此做法，区别于其他供参考的案例。发布的指导性案例，应当注重科学性和实用性，便于检索和援引。当前以裁判要点作

为指导性案例的核心部分，是对案件背后涉及的法律规则、司法理念、审判方式、审理程序等一系列问题的浓缩和精练，裁判要点是保证指导性案例发挥功效的基础和关键，是非常科学合理的。应当进一步探索类案检索要点的设置更加符合当前网络检索这一主渠道的实际需求，应当建立统一高效的检索平台，给法官和当事人提供通畅快捷的检索服务。

第二，明确指导性案例的适用规则。首先，遵循法前例后规则。我国是非常典型的成文法国家，所以在案件分析说理时首先应当适用现有的成文法规定，只有当穷尽现有法律仍然无法解决案件问题时，才需要对比寻找是否有相同或相似指导性案例来解决问题。其次，遵循指导性案例裁判要点规则。中国特色案例指导制度其中一大特色就是每一个指导案例都有确定的裁判要点，法官适用指导性案例时应当遵循裁判要点或必要时对裁判要点进行扩大解释，但是在援引过程中不可以背离其裁判要点。再次，援引指导性案例说理时应进行指导性案例类案比较。在适用指导性案例时对于援引哪个具体的指导性案例如何确定，必须要有明确的对比规则。我国现在的对比规则还是较为欠缺，但大部分学者的观点还是统一的，即案由相同、法律关系属于同一种类、案件事实类似、争议焦点类似即可。最后，明确遵循指导性案例的具体要求。一是要明确指导性案例的启动程序：一种是法官主动援引，一种是诉讼参与人例如原被告、辩护人、上诉人、被上诉人等援引。规范和引导法官主动援引指导性案例，鼓励和引导当事人积极援引案例，当事人认为指导性案例可以支持自己的诉求的，可以在诉讼时提出，一旦当事人提出和援引，法官则必须予以回应。二是要说理充分。在指导性案例被适用或被排除适用，法官应当充分说理论证。

第三，注重监督实施。对于监督制度而言，最主要的就是确定监督主体。笔者认为大体可以分为三个监督主体。一是案件当事人，当事人作为案件的直接参与人可以敏锐地察觉法官在适用指导性案例时是否存在错误，而且如果适用错误当事人的利益就极有可能受损，当事人也会有很高的积极性进行监督。二是上级法院，在我国上下级法院并不是隶属关系，但是在中国的司法环境下，上级法院对下级法院有极高的影响力，所以上级法院对下级法院是否错误适用指导性案例进行监督是最有效、最有执行力的一种方式。三是检察院对法院的监督，检察院其主要职能就是司法监督，同时对案例指导工作进行监督也是可行的。当然，法院自己建立内部监督体系也是进行监督的一种方式，同时对法官实行个人负责，更能提高法官适用指导性案例的严谨性和积极性。如果当事人因为法官没有正确遵循案例指导制度而被侵犯合法权益，那么没有正确参照指导性案例可以成为当事人上诉、请求检察院抗诉的理由，这样当事人就可以通过我国的审级制度来维护自己的合法权益。

（二）法律实务中遵循案例指导制度的方法

首先，检索查阅相关法律法规，形成综合法律判断。成文法国家的法律适用，成文法律法规毫无疑问是法院裁判案件和当事人维护权利的基本依据。在进行法律依据查找的时候，首先要查找法律、行政法规、地方性法规部门规章等条文依据，以此作为法律适用或参照适用的法的依据，就不同部门、不同层级的法律法规全面找寻，然后运用相关法律适用的规则和原理，结合个案的事实综合作出法律判断，就个案作出法律后果和责任的基本判断。

其次，检索查阅识别规范程序发布的参照性案例的裁判规则，进一步对个案法律后果和责任进行判断。案件个体差异较大，一般性的法律规则适用于具有个别差异的案件，是否正确适当是一个并不简单的问题。因此，对于相对简单典型的案件，依据明确的条文化规定即可作出确定的法律判断时，再能检索到同类指导性案例予以验证和支持，结论就更加确定。基于民事案件的复杂性，根据既有的明文规定可能难以形成确定的判断，这时候检索查阅同类型指导性案例就成为必要，有助于法规和案例相结合形成较为确定的法律判断。而且，通过规范程序发布且明确为应予参照的指导性案例（可将此类案例称之为"参照性"指导案例），其裁判规则是有约束力的，更应该主动检索，准确运用。可以下这样一个结论：进行类案检索进而援引或排除援引"参照性"案例在个案中的适用，是法律研判中不可或缺的一环。

再次，检索查阅识别在一定地域内具有指导参考性意义的裁判案例的裁判规则。还有一些案例，虽然非经最高司法机关规范发布，并未明确作为应予参照适用的案例，但在一定的地域范围内确实又具有较强的指导意义，这一类案例可称之为"参考性"指导案例。如各高级人民法院遴选发布的指导本区域内各级人民法院审理案件参考的案例，在本区域内有着不可低估的影响力，事实上对案件的法律适用起着规范指导作用。因此，对于本地高级人民法院发布的指导性案例，也纳入法律适用考量范围有着积极意义。而且，在没有相应的"参照性"案例的情况下，此种"参考性"案例的作用就更加凸显。

最后，综合归纳得出法律适用的相关规则依据。个案的法律适用，其基本逻辑框架就是法律规则为大前提，案件事实为小前提，进行三段论推理就得到案件结果。因此，对于已经查询获得的成文法规则、"参照性"案例规则以及"参考性"案例规则，需要进一步结合个案的事实进行综合分析，确保个案的事实在前述多个层面规则适用之下，都集中指向一个具体明确的法律后果和责任，个案的法律适用研判才算大功告成。

第五专题　民事诉讼中的法庭论辩

　　狭义的法庭论辩就是在诉讼过程中开庭审理时，当事人及其代理人为支持己方的主张反驳对方的主张，以口头的方式就诉讼所涉事实、法律以及程序发表意见的过程。这一过程是以直接言词的方式集中呈现己方观点、理由和依据的过程，目的是促使法庭认同并接受己方合理合法的诉求，最终获得有利于己方的裁判结果。"我们认为协调性论辩和一致性论辩相当程度上主要是运用修辞手段把后果主义论辩得出的结论同既有法律尽可能联系起来，把它打扮得更像是出自权威的法律，而非论辩人自己的后果主义考量，从而增强其说服力。"① 这一过程，对于法律职业者而言是一个集中展示自己职业能力和水平的重要一环，是综合能力素养的体现。法庭论辩中，有多方面的能力要求，如：信息处理能力，证据、事实和法律综合驾驭能力，逻辑思维能力，语言表达能力，应变能力等。

一、法庭论辩的信息处理能力

　　现实当中，经常见到因语言表达不准所引起的误解和误会，可能就源于捕捉信息不准或表达信息不准而形成的。法庭论辩中捕捉信息不准或表达信息不准是非常糟糕的。在这一过程中，综合用到听、说两个方面，信

---

① 张伟强：《麦考密克法律论辩理论的经济学解读》，《政法论丛》2008 年第 4 期。

息的捕捉和传递是其核心。因此，法庭论辩能力首先体现在敏锐捕捉信息和精准表达信息两个方面。

(一) 敏锐捕捉信息

敏锐捕捉信息，主要涉及的是听的方面，要求快速准确抓住对方观点、意见的核心内容，一是反应快，二是抓得准。在听取对方发言时，在集中精力听的时候，对对方所谈关键信息，应当随手记下关键要点，至少记下关键词，一边记一边梳理归纳，在对方发言结束时能够做到有条不紊地总结梳理出对方所谈的关键要点，便于己方发言时有的放矢。由于在己方发言时需要引述对方的观点并作为批驳的靶子，我们不能张冠李戴或无的放矢，因此信息捕捉必须要准。这一过程中，要做到每一句话都记下来是不可能的，而且，很多情况下对方的发言可能是杂乱无章的，我们依然能够将其关键信息捕捉并固定下来。在听取法庭的询问或指令时，也应掌握关键点，准确领会询问内容以及询问的目的，以免答非所问。

(二) 准确表达信息

捕捉信息是基础，精准表达信息是另一个重要方面。在贯彻以审判为中心模式下，在庭审中直接言词原则指导下，法庭论辩中的说，是表达己方观点理由的根本手段。准确表达信息，一是说"想说的"，二是说"该说的"。所谓说想说的，就是口头语言所实际表达的就是自己想要表达的，即词要达意。不能所说与所想割裂，也不能手忙脚乱累得满头大汗说不清楚。准确表达有赖于平时的语言锤炼，形成良好的语言表达习惯。说该说的是指说的内容带有目的性，即要以支持己方主张或驳斥对方主张为所表达内容的灵魂，使所表达的内容服从和服务于诉讼的立场和目的，不能忘乎所以。

二、内容上注重证据、事实、法律的有机结合

法庭论辩要摆事实、讲道理，事实是建立在证据证实的基础上的，道理是建立在法律依据及法定程序的基础上的，于是在法庭论辩中证据、事实、法律理所当然地是其核心内容，而且构成一个有机整体。

（一）对证据的恰当分析运用

法庭论辩是在法庭调查之后进行的，在前一个法庭调查阶段，各方已经对证据完成了举证、质证，法庭也发表了认证意见。已经被法庭采信的证据和有待综合认定的证据，应当是论辩中的对象和依据。对于证据的分析和运用离不开证据的"三性"，即围绕证据的真实性、合法性、关联性加以论述和反驳。法庭论辩中的基础性武器就是证据，搭建好证据支持事实的有力支持关系。如果有多个证据支持某个事实，则应将多个证据集中形成合力。对证据的运用最终落脚到己方的证据足以证明某个事实或者对方的证据不能证明其所主张的事实。在证据证明的事实框定之后，顺理成章即应以相关具体法律规定为依据，论证双方所存在的法律关系或反驳对方所主张的法律关系，并进而推导出法律责任的有无和大小。

（二）言必有据，切忌空谈

事实主张必有证据支持，权利主张必有法律支持。字正腔圆地夸夸其谈也许有一定的表演效果，但实际却背离法庭论辩的目的。法庭论辩不是吵架，更不能是泼妇骂街，己方的观点理由既是说给对方听的，更重要的是说给裁判者法官听的，并促使裁判者认同和接受。空洞的高谈阔论就犹如拳手舞拳，拳势虎虎生风但全没落在得分点上。

(三) 逻辑性强，雄辩有力

有人说辩论就是"打嘴仗"，此说不无道理。既是打仗，就得讲战略战术，得要用好手中武器。基本武器是依据，包括事实依据和法律依据。用好武器，首先得遵循论辩的逻辑，将论题、论据和论证方式完美结合。论辩中要简洁直观地展示出基于什么事实，按照什么法律规定，应当承担什么法律责任。即将"事实——法律——责任"这三者之间的紧密关系按照法律适用三段论的模式简洁明晰地展示出来，体现逻辑力量。法律适用三段论是一种演绎推理，其结论具有逻辑上的必然性，以此为框架的推导论辩，雄辩有力，结论令人信服。在一个合同纠纷案件中，双方在法庭辩论中就合同是否有效争论激烈，最后，原告方律师说："如果最终法庭认定合同有效，被告没有履行合同而构成违约，应当承担违约责任；如果法庭最终认定合同无效，显然是被告的过错行为所导致的，应当承担过错赔偿责任。总之，无论认定合同有效还是无效，被告都要承担法律责任（要么承担违约责任要么承担赔偿责任）。"这就是一例采用二难推理逻辑手段加强论辩力量的具体表现。雄辩不是狡辩，狡辩采用花言巧语，而其实质上要么缺乏依据，要么存在逻辑谬误，哗众取宠，经不起推敲和检验。因此，法庭论辩中欢迎雄辩排斥狡辩。

(四) 站稳立场、占领制高点

所谓站稳立场，指在论辩中十分清楚并始终保持己方的观点立场，一以贯之。站稳立场，要求在论辩的过程中，对于证据的分析运用，对于诉讼理由的表述，对于法律依据的适用，对于法律责任的主张等始终保持内在统一，首尾一贯。这就要求遵循思维的基本规律和规则，遵循思维的三大规律的要求，论辩中所持观点、理由和依据始终保持其自身的同一性，所使用的概念的内涵和外延始终确定，既不能存在自相矛盾，也不能含糊不清。古时候有一位风水先生，看见一位秀才居住于两条河的中间地带，穷困潦倒。于是风水先生说，你家风水不好，两条河把你家的什么好事都给冲走了，你不穷才怪呢。后来，秀才科考中了状元，风水先生不请自到，对秀才说："恭贺状元郎，你家旁边两条河就像轿子一样把你抬着，必然高中。"在这个过程中，风水先生就没有保持自己的一贯立场，对"两条河"的解释自相矛盾，这是论辩之大忌。站稳立场是基本要求，根基不牢地动山摇，立场要经得起攻击和反驳。站稳立场的关键是占领法律论辩的制高点，并以此制高点作为立场的根本依托。这个制高点到底是什么？如何占领制高点呢？所谓占领制高点则是指找到论辩主张最根本的立足点，是己方在对全案透彻研判之后站在相当高度之后"俯视"视角下经过归纳概括所形成的最根本判断。这个制高点就是论辩的统帅，诉讼中的一切行为均服从于它。这个制高点实质上是对本案事实和法律相结合所作的一个对基本法律关系乃至于法律责任的决定性判断。以此为统领，尤其是涉及证据庞杂、法律依据众多案情复杂的情况下，才不会在论辩中自乱阵脚。这个制高点是建立在对己方所有证据能够证实的事实之上，并且对相关法律、法规、司法解释以及案例充分掌握分析研究的基础上，还要对对方反驳观点理由有清晰判断的情况下，所找到的己方立论、驳斥对方的根本立足点。优秀的辩手，要能够并善于找到论辩的制高点，以免在"自由辩论"的时候信马由缰进退失据。有这样一个案件：2012 年 5 月，王汉（化名）以天马公司（化名）的名义与阎谋（化名）签订项目转让协议书，双方约定以 3000 万元的价格，阎谋将建达房地产公司（化名）的房地产开发项目转让给天马公司，同时约定阎谋将在建达公司全部股权一并过户给王汉。其后，王汉以个人名义和天马公司的名义给阎谋付款 1200 万元，阎谋也将项目及资产移交给了王汉。到 2013 年，双方为履行协议发生争议，在中间人的参加下三次座谈，陆续签署了三份书面的座谈纪要，约定了双方争议的处理办法。2015 年，阎谋等人接管公司及项目建设，陆续清偿了相关债务。2019 年 6 月，王汉和天马公司起诉阎谋和建达公司要求继续履行项目转让协议，即要求移交资产和办理股权过户登记。站在阎谋和建达公司的立场上，分析判断阎谋和建达公司应对诉讼维护自身利益基本立足点至关重要。起初阎谋和建达公司代理人的立足点是：项目转让协议无效，故不存在继续履行的问题。所持理由为：协议为两个自然人签订，都不具有房地产项目转让的主体资格。笔者介入后，对阎谋和建达公司的诉讼立足点分析研判后，发现存在难以自圆其说之处：其一，主张合同为两个自然人签订，但是有证据证实所涉两个公司之间也在实际履行协议约定义务，且对方均未提出异议，显然不足以认定项目转让协议仅仅是两个自然人之间的协议。其二，协议还涉及股权转让内容，两个自然人之间转让股权总是有效的吧，但面对原告要求股权过户的诉求被告如何应对？显然，以协议无效为由对抗继续履行的诉讼请求，恐难成立。在此基础上，经对案件材料反复分析研究，发现双方争议形成之后三次座谈所签署的座谈纪要，其核心是明确了王汉及天马公司退出项目，先前投入的资金和所完成的工程量和价款如何计算，双方都签字认可。三次座谈所形成的协议内容表明，座谈纪要已经变更了此前的项目转让协议。到此，眼前豁然开朗，对抗原告诉求的立足点找到了：项目转让协议已由双方的座谈纪要所变更，原告要求继续履行原项目转让协议的主张不能成立。形成这一判断以后，无需再纠结于项目转让协议有效或无效所带来的不确定的后果。因此，全案的立场和制高点即在于原法律关系已"变更"，以此统领全案的证据、立场、辩论，当立于不败之地。事实上，后来法院判决果然是认定项目转让协议部分有效部分无效，并认定原项目转让相关约定已被座谈纪要的约定变更，据此驳回原告的诉讼请求。

三、准确规范使用法律概念

准确使用法律概念，也就是说在诉讼中应当使用专业术语。法律条款是由法律专业术语所构成，诉讼本质上是以法律规则作为依据或标准，证明本案事实完全符合法律规则所规定的"假定事实"，进而寻求法律规则所预先规定的法律后果。根本上讲，"案件事实"应当与法律条款中的"假定事实"必须具有实质上的同一性，才能适用该条款。因此，尽可能使用法律条款中的概念，不应随意。不规范使用法律概念，容易导致信息交流的混乱或者无谓的争吵，有时会陷于尴尬。在一次开庭审理中，一方代理律师当庭向法庭提交一份书证，审判长说"我不要"。律师很吃惊看着审判长，缓缓说道："尊敬的审判长，法律没有规定法庭有权拒收当事人提供的证据；而证据是否采信，您有权说了算。"说完之后依然将证据呈递给审判长，审判长尴尬地接下。这一声"我不要"显然不是规范用语，于法无据。在一次法庭辩论中，一位律师说："事实上，对方是信口雌黄，连诉讼标的都没有就来打官司……"，这明显带有不恰当的人身攻击，对方律师答："其一，信口雌黄不应出自律师之口；其二，本案法庭审理和裁判的对象就是诉讼标的，诉讼标的和诉讼标的额是不同的概念，这也能混淆?!"对方听罢瞬间脸红。这是在论辩中误用法律概念且人身攻击所致的尴尬。此外，用语不规范，也会在法庭留下"不专业"的糟糕印象，论辩效果大受影响。

四、恰当得体的语言表达手段

作为律师，在法庭辩论中要具有驾驭、支配辩论形势的能力。在庭审辩论中，律师应当做到：第一，沉稳冷静，充满信心。在辩论中，应当形成一定的"势"，这种"势"表现为对法庭注意力焦点的有效吸引，表现为对所讲内容的从容不迫，表现为对辩论观点的不容置疑。当然，这种势不能是虚张声势，它应当是建立在对自己观点和理由的坚定自信的基础上的高效法庭表达。既然在法庭捍卫权利维护正义，要有一种我讲的就是"真理"的一种信念和姿态，以形成论辩的有利情势。沉稳冷静，也是要求要有足够的定力，临场作出理性机智的判断和应对，占据论辩的主动而不是跟着对方跑疲于应付。慌张、怯懦是论辩之大忌。第二，吐字清晰，控制语调、语速。律师在庭审辩论时，做好语言表达的抑扬顿挫，以提高论辩感染效果。应当做到口齿清楚，发音准确，准确有效传达出信息，便于参加人员听清楚。同时，注意语速快慢适度，便于书记员能记录下来重要信息。很多情况下法官在写判决书的时候，也不能完全回忆起庭审情况，非常依赖书记员当时所做的庭审记录。因此，在表述关键内容时应适当提高语调放慢语速，以使其能被有效记录在案，发挥应有的作用。第三，句式恰当，言简意赅。基于法庭论辩专业性、严肃性和口头性的特点，其语言风格当介于书面语和口语之间，既不呆板也不随意。因此，句式不应当使用书面语表达那样包含过多修饰词的长句，因为长句固然更加严谨，但是却不便于即时抓住主旨，长句不利于法庭论辩表达。句式的构成要有利于迅速准确表达信息且要有利于受众捕捉信息。当然，语句也不宜过简过短，意思应当完备清楚，也便于书记员的正确记录。第四，首尾呼应，收放自如。论辩中应当充分考虑到表达观点的完整性、有效性，应当恰当使用一些引导信息传递的过渡性衔接词语，如"理由如下"、"综上所述"、"方面"、"总之"等。恰当的信息传递引导便于受众沿着辩者想要表达的思路和方向接收信息。由于关键信息的传递和接受，是需要加重和突出的，应当有简要地归纳和概括，理、据结合强调观点，故应首尾呼应，收放自如。

五、机智灵活，随机应变

　　法庭论辩是以口头的方式论述己方主张，同时反驳对方的主张。要求论辩的参与者在有限的时间内且承受一定庭审压力的情况下，难免存在自身准备疏漏或对方忙中出错露出破绽的情形。有时候庭审的情况与预想当中会存在较大差异，这就需要根据新情况随机应变。历史上，林肯在做美国总统之前是一位律师，在一次为被告人小阿姆斯特朗辩护的诉讼中，控方证人出庭作证陈述他亲眼看见小阿姆斯特朗杀人。林肯敏锐捕捉到了证人陈述的漏洞，当即指出证人在作伪证，其证言不可信。他指出当时月亮在西边，被告人在东边，证人在被告人东边三十米远的地方，如果当时被告人的脸向着月亮，被告人东边三十米远的证人只能看见被告人的后脑勺而看不清脸孔；如果被告人的脸背着月亮，月光照着被告人的后脑勺，其脸孔是月光下的阴影，东边三十米远的证人只是看见了脸部阴影而无法看清脸孔。因此，无论当时被告人的脸向着月亮还是背着月亮，证人都无法看清被告人的脸孔，其证言不可信。林肯先生在法庭的机智应变堪称经典。在证据质证论辩中，通常的准备就是对对方提供证据的真实性、合法性和关联性提出质疑，意图否定或削弱对方证据最终的证明作用。但是，在诉讼中对方提供的证据中可能会存在对己方极为有利的证据，这时候更需要随机应变，牢牢抓住该证据，以子之矛攻子之盾，肯定其对己方主张的证明作用。如在一次合作合同纠纷一案庭审中，对方主张与我方公司下属分公司签订了合作协议，之后向我方下属分公司账户转款50万元，我下属分公司按对方的要求将款项转付给第三方。后来合作项目未进行，现要求我公司退还其款项并承担损失。应对这个诉讼本来对我方十分不利，但是，在对对方提供的证据进行质证时突然发现，证据当中有一份借据，是第三方出具给原告的，载明合作事项无法进行，原来的款项50万元被其挪用了，作为其向原告的借款，按照年24%承担利息，原告签字同意。这份证据的出现显属我方意外，我方立即表示，对该借据的真实性、合法性均无异议，但其证明的内容与原告的主张背道而驰，该双方达成一致的借据足以证实原告与我公司下属分公司之间的项目合作合同关系已经终止，已经由该双方合意变更为民间借贷关系，我公司不应承担向原告退还款项的义务。我方主张最终被法院支持。在辩论中，面对突发情况，随机应变，迅速调整策略会取得较好的效果。

第六专题　民事诉讼法律文书制作精要

一、法律文书制作的概要叙述

法律文书是法律实施过程中所形成的具有法律意义的文字表达形式。法律文书是法律工作者及其他主体参与法律事务产生一定法律效果的文字凭据和书面记载。法律文书的制作与法律职业有着极为密切的关系，文书的制作水平直接反映法律职业者的业务素养和工作水平，在一定程度上甚至可以说法律文书的水平的高低影响着案件进程和结果。所谓"刀笔吏"一说，文书制作者所用之笔也即是刀，能断生死。历史上著名的"绍兴师爷"，想必其文书制作水平非同寻常。纵观法律实施的过程，刑事法律文书事关自由与生死，民事法律文书事关权利与利益，行政法律文书事关权力与是非。法律职业者对于法律文书的作用和意义要有足够的认识，对文书制作水平的训练和提高当是提高专业素养的重要一环。本书对法律文书制作的一般性知识只作简要交代，格式问题也只顺带一提，非论辩类法律文书即叙述类、表格类文书的制作相对比较简单，在此略过，重点在于探寻诉讼中论辩类法律文书制作的思维范式、行文结构和语言表达。

（一）诉讼法律文书的作用

诉讼法律文书是具体实施法律的重要手段。从当事人和代理律师的角度，通过文字的形式陈述案件事实、表达自己的主张、启动或参与诉讼程序而行使法定权利。司法机关通过法律文书对权力、权利和利益纷争依照法律规定加以判断和确定，并通过强制手段变为现实。其他涉法参与者也莫不是通过法律文书这一基本载体实施法律将其变为现实。

诉讼法律文书是有关诉讼法律活动的忠实记录。诉讼法律文书及其内容，也是对参与诉讼的各方主体相关活动的记载，不仅表达了案件事实，不同的文书也直接或间接地表现出诉讼进程。

诉讼法律文书是评价律师业务水平的标准。书写法律文书不仅仅要求制作者有扎实的法律理论知识，还要求其具有较强的语言表达能力。文书的结构布局、用词、语法等都能够评判一个律师的能力。

诉讼法律文书是进行法制宣传的生动教材。诉讼法律文书尤其是法院的裁判文书彰显"以案说法"的功能，人们可以通过查阅裁判文书，从具体的案例中了解法律的具体规定，以规范自己的行为。

（二）诉讼法律文书的特点

诉讼法律文书制作的合法性。诉讼法律文书制作的合法性，一方面是指法律文书制作程序的合法性，即权力或权利行使依据的合法性；另一方面是指诉讼法律文书内容的合法性，主要指确定实体权利、义务要有合法的依据。因此，诉讼法律文书的制作中，其程序和内容的合法性要求是贯穿始终的。

诉讼法律文书格式的规范性。首先，同一类法律文书的结构是固定的，其特点在于有固定的篇章结构，固定的位置表达固定的内容，这样有利于各诉讼参加人迅速准确理解和掌握文书的制作依据和核心内容，不同类型的文书有相对固定的格式规范。其次，文书记载的事项是固定的。在诉讼的不同阶段使用的各种文书，记载的事项都是固定的。比如申请强制执行的申请书记载的都是申请人与被申请人的信息，还有判决结果、申请人的申请请求。而起诉阶段的起诉书记载的不仅是原、被告的身份信息，还要记载原告的诉讼主张、提起诉讼的事实和理由。最后，文书名称和当事人的称谓是固定的。诉讼法律文书大多有固定的名称，而且是在首页正中醒目标示出来。文书中的人称表达意味着当事人在司法审判中的地位，法律文书中的人称必须严格按照法律规定来进行表达，不能将其混为一谈。而且，同一份法律文书中，当事人的称谓必须始终如一。例如，在一审诉讼中，当事人分别称为原告、被告，二审诉讼中分别称为上诉人、被上诉人，再审诉讼中称为申请人、被申请人，执行案件中称为申请执行人、被执行人等。

诉讼法律文书文书语言的精确性。诉讼法律文书语言的精确性要求，源自于文书承载实施法律的重要功能之需要。法律规则本来是严谨规范的，差之毫厘谬以千里。而法律实施的过程，本质上是将抽象的法律假定变为现实。法律本身又是由专门的法律概念体系所构成，法律文书制作中援引法律规定和法律概念必然需要和法律规定本身保持完全一致。如"用人单位"与"用工单位"有根本区别，"劳动关系"和"劳务关系"更不能混淆。

二、论辩类法律文书的主题

论辩类法律文书，内容的核心是论述和争辩，此类文书的制作要求相对较高，应当努力做到有利、有理、有力、有节。围绕这样的要求，在此对论辩类法律文书的主题进行简要剖析和探讨。

所谓主题，在此指的是符合法律文书制作目的的文书的核心内容。法律文书的主题应当服从和服务于文书制作的目的，主题应当鲜明突出，便于文书的接受者抓住主旨。论辩类法律文书因在不同的诉讼阶段，因为不同的诉讼目的而存在差异。在此，对几种主要的论辩类文书的主题做一简要叙述。民事一审答辩状，答辩人制作文书的目的在于针对原告起诉的请求、理由进行辩解，从而达到不承担或少承担法律责任的目的。据此，一审民事答辩状制作的主题即为原告的诉求不能成立。围绕这个主题，着重从事实和法律依据等几个方面来驳斥原告的主张。民事一审代理词，应用于法庭辩论阶段，站在原告方的立场上，其主题应为依据事实和法律论证原告的诉讼请求和理由成立应当被法庭支持。站在被告方的立场上，代理词的主题当然就是依据事实和法律驳斥原告方的主张和理由。与一审答辩状相比，因为代理词发表于开庭审理的法庭调查之后的辩论阶段，证明事实主张的证据已经完成了举证、质证和认证，对事实的论述应当立足于庭审查实的证据基础上，体现证据、事实和法律的有机结合。民事上诉状，制作的目的是因为上诉人不服一审判决而向上一级人民法院提出上诉。其主题即在于指出一审判决的错误或不当，要求依法纠正（可能是要求撤销一审判决、依法改判、发回重审等）。在这一基本主题的统领下，判断确定一审判决的主要错误或不当到底是哪个方面。通常而言一审的错误或不当一般可归结为三个方面：事实认定方面、法律适用方面和审判程序方面。判断确定一审判决的主要错误或不当到底是哪个方面——是事实认定错误、是法律适用错误还是审理程序违法。在此基础上有侧重地明晰主题集中发力。总之，制作法律文书首先要根据所处不同诉讼阶段，围绕诉讼的目的和具体诉求来确定论辩类法律文书主题。

三、论辩类法律文书的行文结构

论辩类法律文书，其本质就在于以有证据证明的事实为事实依据，以现行法律法规为法律依据，把这二者有效组织起来进行论理，论证自己的诉讼主张，反驳对方的主张。因而，法律文书的论证和反驳既要有条理，又要有力度。先总述后分述和先分述后总述是两种基本的论述行文结构，可称之为总分式和分总式。总分式的特点是开门见山，分总式的特点是水到渠成。

（一）总分式：先总述后分述

例举：根据前述公司法的相关规定，被告作为时任公司法定代表人，所出售的财产系公司拥有所有权的基酒，出售所得毫无疑问应当归公司所有。

被告辩称，其签订股权出让协议后，已按照协议约定数量向新的股东交了基酒，多出来的这 112.02 吨理应归其所有，并据此认为被告出售基酒所得应归其个人所有。被告的主张存在几个基本错误：

其一，被告声称多出来的这 112.02 吨是其经营所得，这是根本错误的。公司没有进行解散清算，也没有清偿公司所负巨额债务，股东财产与公司财产尚未剥离，"经营所得"从何谈起呢？其主张显然是错误的。

其二，被告方主张公司原股东就是被告父子两人，且公司是非国有企业，故被告把出售基酒所得归自己并无不当。这个主张也是极其错误的。这显然是置公司法关于公司财产所有权的规定于不顾，认识上和做法上把公司财产与股东财产混同的表现，这也是股东侵害公司财产，同时也必然损害公司债权人利益的违法行为，甚至已经涉嫌职务侵占。企业的性质是非国有企业，并不影响被告侵害公司利益行为的性质。

其三，被告的主张混淆了股权转让和企业资产转让二者的关系。资产转让交易的是资产，出让方向受让方交付约定财产即可，当然不用交付约定之外的财产。但是，股权转让交易的只是股权，公司的财产数量以及公司的财产所有权均不发生变化，包括股东、法定代表人在内的任何人均无权将公司财产据为己有。被告以资产转让关系中的权利义务相关法律规定，错误运用于本案所涉股权转让关系，进而提出了错误的抗辩主张。

（二）分总式：先分述后总括

例举：其一，本案所涉工程的洽谈、协商均是由我和村委会相关负责人之间进行，挂靠费也是由我向三建司东大分公司缴纳，在签订合同时，王某是受我委托签字。

其二，工程修建过程中，王某经我和某市三建司东大分公司的同意从东大村委会借支了 120 万元款项用于购买工程材料。工程施工结束后，王某就款项的支出情况向我交账，向我详细地列明了共计五页的支出清单并附上了部分支出款项的条据原件、工资表原件及王某经手的烟酒款的收据及欠据原件。

其三，工程修建过程中，我向村委会缴纳了施工水电费 6000 元，村委会向我开具收条一份。

其四，工程竣工验收合格后，村委会向我提交了相关工程款数据，由我办理税款缴纳事宜。

其五，2015 年 2 月 4 日，我将最后一笔税款缴纳完毕后，我和村委会就全部工程款进行结算，经过双方核算，村委会向我出具了合计1950000 元"扣回预借工程款"的收据两份。

综上，就一审中提交的证据而言，书证介绍信、保证书证明合同的洽谈主体是我；书证缴纳水电费票据证实我承担了施工中的全部水电费用支出；书证税务票据证实我承担了全部工程税款；书证工程款结算票据证实由我办理工程款决算。我作为所涉工程的实际权利义务主体，有上述客观存在的书证证实，且形成完整的证据锁链。

四、论辩类法律文书的语言表达范式

（一）诉讼类法律文书主题应当鲜明、突出

前已述及不同种类的诉讼法律文书，其主题也不相同，但无论是哪种文书，都应紧紧扣住主题，而且该主题应该鲜明突出，给人深刻印象。在该种文书主题的统领下，集中形成几个方面的核心要点以支持该主题，文书的主题是精神内核，核心要点是外在文字表现。要做到主题鲜明突出，最有效的做法是将梳理出的几个关键核心要点，准确概括为几个观点明晰突出的标题，这些标题应当是字斟句酌的精准表达，然后以这些标题各自统御具体的内容表达，再将这些标题及其所辖内容按照所需的表达顺序，有机组合成整篇文书。"法律语言多用陈述句，总是把被陈述的对象和陈

述的对象交代得十分清楚，使之不产生丝毫歧义。"① 这种处理方式，既便于文书制作者集中表达观点，也便于文书接受者集中掌握观点。为进一步加强表达效果增强其影响力，还应注重首尾呼应。文书最末，以标志性的语词"综上所述"、"总之"等引领，以最集中简练的语言重申观点和诉求，最终体现主题鲜明突出。

（二）诉讼类法律文书语言应当规范严谨专业

"如果说法律语言的属性是准确性和模糊性的辩证统一，那么它们应当统一和服务于法律语言最典型最本质的特征——严谨性。"② 法律文书是依据法律规定来书面化有理有据表达利益诉求的载体，所涉及的权利必有法的依据。就法律规则本身的构成而言，它的基本构成单位是法律概念，将法律概念通过规范的连接词连接在一起就形成法律命题，多个法律命题最终有机结合构成一项法律规则。这些命题有的表达假定条件，有的表达行为模式，有的表达法律后果，最终结合在一起形成逻辑结构健全的法律规则。由此可知，基本法律概念的准确使用就是准确规范严谨使用法律语言的重中之重。就法律概念的形成来讲，它是在法学研究和法律实践中所逐渐形成和固定下来的，它一旦形成和固定下来以后，每一个法律概念其内涵和外延即具有确定的内容，这个确定的内容就是大家的共识。人们表达法律现象的语言，经过长期的实践，用哪个词表达什么法律现象即成为约定俗成。所以，立法当中所使用的语言就是用来表达法律这一事物的工具或称为载体，语言一旦作为法律规则的语言，其所代表的法律意义也就是确定的。现实当中，存在大量的语言形式相近而法律意义相去甚远的概念，决不允许混淆。如"诉讼标的"和"诉讼标的额""诉讼标的物"，"被告"和"被告人"，"罚款"和"罚金"，"法人"和"法定代表人"，"定金"和"订金"等。经常听到一些人说律师老是喜欢"抠字眼"，甚至加以调

---

① 邵健：《论法律语言的语体风格》，《山东社会科学》1997 年第 2 期。
② 罗士俐：《法律语言本质特征的批判性分析》，《北方法学》2011 年第 4 期。

侃和嘲笑。每一个法律概念都有确定的内容，不准确甄别使用，差之毫厘谬以千里，那才会闹笑话。法律文书中的用语语法结构也要规范。要注意句子成分的搭配要恰当，使用人称代词的时候应当更加细致慎重，避免误解和歧义。笔者曾经见到某保险公司的保险条款中有这样的规定："如果被保险人在第一个保单年度后且年满 70 周岁后的首个保险单周年日零时之前（不含零时）身故，我们按被保险人身故时本附加合同基本保险金额的 10 倍给付私家车意外身故保险金。"仔细辨别，此条款显然有歧义，这是不应该出现的。法律文书中的法律援引要规范。法律规范的层次一般有条/款/项，援引法律依据时不要表达错误，不能断章取义，内容更不能曲解。为使得依据准确充分有说服力，尽量准确援引带引号的法律原文，尽量不要用自己的话概括模糊表达法律依据。

（三）诉讼类法律文书的句式结构宜简不宜繁

法律文书的句式结构和语言风格当介于书面语和口语之间，既不呆板也不随意。使用长句，修饰和限定较为充分，能够达到表达准确严谨规范，这是书面语的典型风格。作为法律文书的用语，如果要通过分析句子的成分和搭配，来准确把握所表达的内容，显然给阅读者增加了额外的负担，不便于对文书表达信息的捕捉，从而妨碍到文书的影响效果。口语的特点是生动、活泼、快捷，便于传递和捕捉信息，其不足之处是往往准确性欠缺。因此，为准确快捷地传递信息，句式结构即不应过于复杂繁琐，使用前后衔接的两个短句比使用一个复杂长句效果要好。例如：《中华人民共和国民法典》第 22 条规定："不能完全辨认自己行为的未成年人为限制行为能力人，实施民事法律行为由其法定代理人代理或者经其法定代理人同意、追认；但是可以独立实施纯获利益的民事法律行为或者与其智力、精神状况相适应的民事法律行为。"这是典型的书面语句式，准确地表达了立法本意，但在通常情况下，即便是专业人士，不经过解读也难以做到阅读一遍就准确捕捉到这条规定所表达的准确信息。诉讼类法律文书的制作，不宜采用这么复杂的文句，让阅读者来反复"解读"才能获得信息，增加了阅读者的负担，效果大打折扣。"要实现法律活动的有效性，就不能不关注法律言语行为的'易读性'。易读，是由法律言语行为的根本目的决定的构成性规则之一。"① 因此，诉讼类法律文书，既面向法律专业人士，又面向普通群众，宜采用便于识读和快捷掌握信息的短句，这样会收到理想的表达效果。

（四）注重过渡衔接的表达，使得传播信息和接收信息精准

诉讼类法律文书的语言表达，始终抓住传递和接收信息的两个方面，不但充分考虑我说清楚了，还要充分考虑他（她）看明白了。法律文书行文应当条理清楚，层次分明，语义连贯，线索明显。就我们自身的阅读而言，也不希望我们看到的文章杂乱无章，己所不欲勿施于人。因此，在制作文书时首先考虑的是说清楚。充分考虑整体上写几个部分，每一个部分写哪几个要点，形成严谨有序的结构体系，这是实质。形式上，用好序号和标题，按照汉语语言文字的一般标准来选取序号，对于文书中整体上的"几个部分"，一般采用"一、二、三"这样一级的序号，对于每一部分之下的"几个要点"应当用低一层级的序号如"（一）（二）（三）"或"1.2.3"，层次越多，序号的使用越要严格区分，以免造成混乱。当然，既然列了序号冠于标题之前，就不应当是仅仅将几部分内容或几个要点所涉及的几段文字简单排序，应当将该段文字所表达的内容进行凝练，形成一个明确表达观点立场的陈述式语句，作为单独成行的标题或置于句首的标题，做到条理清楚，层次分明，语意连贯，线索明显，便于阅读者能够轻松看明白。"一般来说，论点置于理由之前，有利于抓住受众的注意力，增加论证影响力；只是当语境不利时或者论点靠归纳概括时，才将论点置于理由之后，以便逐步影响受众。"②

---

① 陈佳璇：《法律语言的"易读性准则"与"易读性"测量》，《修辞学习》2006 年第 4 期。
② 余 芳、张大松：《法律论辩建构与评价的方法论探析》，《湖北社会科学》2008 年第 9 期。

（五）自觉依推理架构行文，增强逻辑力量

前文已经述及，法律适用的整体逻辑框架是以法律规定为一个前提，以案件事实为另一个前提，进行三段论推理的结果应是裁判结果。在案件事实的叙述以及论证的时候，应当着重关注两个重点：一是紧密围绕待适用的某个法律规则所"假定"的事实来写，因为只有本案的事实和法律规定的假定事实具有同一性，才能够适用该规则。二是事实的叙述立足于证据的分析论证的基础上。总之，在行文中，自觉以推理的基本逻辑框架为指引，做到结论得出有理有据水到渠成。

第七专题　民事诉讼中的法律职业伦理

民事诉讼由来已久，从古巴比伦的《汉穆拉比法典》、古罗马的《十二铜表法》以及罗马后期制定的《国法大全》等世界闻名的法典中，我们充分认识到民事诉讼不但源远流长，而且在世界人类发展史中占据重要地位。从所涉领域来讲，民事诉讼更是包罗万象，与人们日常生活关系最为密切，因而备受人们的关注。自美国总统尼克松水门事件之后，法律职业伦理引爆了美国舆论对律师不当行为的猛烈抨击，从而开启世界范围内长达半个世纪的法律职业伦理的研究和发展，这在客观上也推进了民事诉讼中法律职业伦理的不断进步和完善。研究民事诉讼中的法律职业伦理，应当明晰伦理的概念，进而了解法律职业伦理的特点，结合民事诉讼的本质特征，才能全面而深刻地认识其内部结构和相互关系，从而正确指导民事诉讼中法律职业伦理体系的构建，并在民事诉讼中恪守职业伦理。

一、伦理与法律职业伦理

（一）伦理概述

伦理一词在《说文解字》中的解释是："伦，从人，辈也，明道也；理，从玉，治玉也。"即调理人伦关系的条理、道理、原则，也即"伦类的道理"。其含义是处理人与人之间相互关系的道理和原则，显然伦理的含义较之道德更深一层，它是道德的概括，即研究道德的理论。① 在中国古代，伦理这一概念形成于秦汉时期，并产生了包含道德理论、行为规范和教育方法的《礼记》和《孝经》等著作。

在西方，著名的古希腊哲学家亚里士多德就把他关于人的道德品性的学问称之为"伦理学"，其后，伦理学便成为一门独立学科在西欧各国日益发展起来。② 在 20 世纪 80 年代，学者的观点是利益与道德的关系是伦理学的基本问题。这体现了马克思主义历史唯物主义的基本观点，反映了唯物主义理论在伦理学上的具体化。而将利益引入伦理学也意义重大，给研究伦理学注入了新的血液。

纵观古今中外，考察伦理学的内在的、本质的特征，归根到底还是道德问题。有学者主张伦理学是研究人的本性的学问，通过研究人性，即善和恶这类人的最基本的问题，来探索其规律。③ 据此可将伦理学概括为：它是研究人们在社会关系中道德品性（善恶）的学科。罗国杰在《马克思主义伦理学探索》一书中总结：伦理学是一门研究道德现象的科学。由于伦理学主要是从规律上探讨道德的，所以，也可以说是一门研究道德起源、本质、发展、变化及社会作用的规律的学科。④ 由此看来，伦理学是对道德现象的研究成为学界的共识，同时马克思主义伦理学主张在阶级观的前提，坚持历史唯物主义方法论，强调道德实践的重要意义，成为我国当代伦理学界的主流观点。

（二）法律职业伦理的释义

伦理学的研究对象决定了不同社会关系中具有不同的伦理内容，区分

---

① 唐凯麟：《简明马克思主义伦理学》，武汉：湖北人民出版社 1983 年版，第 6 页。

② 罗国杰：《马克思主义伦理学的探索》，北京：中国人民大学出版社 2018 年版，第 5 页。

③ 石文龙：《法伦理学》，北京：中国法制出版社 2011 年版，第 6 页。

④ 罗国杰：《马克思主义伦理学的探索》，北京：中国人民大学出版社 2018 年版，第 6 页。

社会关系的标准往往是行业标准，行业的不同决定了其伦理标准、目的和具体内容的不同，也赋予职业伦理不同的内涵。但本质上，任何职业伦理都不能脱离伦理学的范畴，而同时又不可避免地体现出不同职业特点与伦理学的融合，有的虽然没有形成相应的学科，但却产生了诸多完整的职业伦理体系，比如法律职业伦理。

同理，法律职业伦理既不能脱离伦理学而单独存在，也不能不以法律职业为前提，因而其本质上既具有社会伦理基础，又具备法律职业特点的专业性伦理。它是现代法治的产物，是一种社会伦理现象，它体现并服从伦理的一般性规定，它是法律职业共同体在社会活动中所形成的具有道德约束力和外部强制性规范的一种行为准则，具有高度专业化和专门化的结晶，具有符合社会价值取向的职业准则。

法律职业共同体即法律职业人，是指由法官、检察官、律师、法学家以及其他从事法律职业的人员所构成的群体，是受过法律职业训练，具有特别思维方式，以法律为业的群体，他们共同构成法律职业伦理的主体。其所影响和作用的对象构成法律职业伦理的客体，也是法律职业伦理自内而外约束的对象：一是各类法律职业行为；二是法律职业关系。法律职业伦理通过评价主体作用于客体的各种行为和现象，从而产生法律职业后果，承担法律或伦理责任。

二、法律职业伦理的基本特征

（一）法律职业伦理的基础源于法律职业，具有专业性

从法律职业共同体的定义我们可以了解到，法律职业有其专业性的特征，未经过法律职业培训，不具备法律思维并不以法律为业的人不能称之为法律职业人，也谈不到法律职业伦理的约束。因而，法律职业伦理从主体上讲具有特定性，其受到法律职业伦理约束的根本性原因也就一目了然。法律职业的专业性决定了其在职业中具备法律资源的独占性，体现在

资格准入的强制性、专业培训的特殊性和职业角色的独立性，具备这样特征的人群处于这样一种优势地位，决定了其行为不能是非专业的、违反共同价值的、甚至是违反伦理规范的，因而必然会产生针对该人群的、不仅要求其具备较高的职业素养，还受到相应职业规范的约束体系，从而催生了法律职业伦理。法律的规范性和强制性决定了法律职业的特殊性和专业性，它是法律职业伦理存在的前提，但法律职业的专业性才是法律职业伦理的最根本特征。

（二）法律职业伦理不能脱离道德而独立存在，具有道德性

法律职业伦理本质上属于伦理的分支，因而离不开伦理的根本问题——道德问题。不仅如此，法律本身与道德也密不可分，所以道德与法律职业伦理处于双重交织状态。本书仅考察法律职业伦理与道德的关系，不考察宏观的法与道德的关系。

法律职业伦理其本身离不开内在道德约束力，道德无疑是法律职业人伦理素养的内核，是根植于其内心的理念、贯穿于职业全过程的原则、影响其外部行为的规范。脱离道德的职业伦理仅仅是职业规范，不具备思想的约束、传承和影响，也没有外在的风俗、习惯，更没有内在的品质和品德，因而我们不能把道德与法律职业伦理割裂来看，而要将道德的主流价值作为法律职业伦理的特点来看。例如：人和人性、善恶观、真善美、保护弱者、情与理等道德基本问题都是法律职业伦理需要面对的。

（三）法律职业伦理离不开外部职业规范，具有规范性

我们不赞成脱离道德谈伦理，但同时我们也反对泛道德化，不论伦理学界是否认同伦理与道德没有区别，我们坚持认为二者存在包含关系。具体到法律职业伦理，我们认为其不但具有专业性、道德性，还具备系统的职业规范性。法律职业规范体系不仅包括各类法律中涉及法律职业人的内容，还包括区分角色制定的法律规范，以及行业规范等内容。例如，我国

在贯彻职业伦理的立法方面，通过分类立法的形式出台过《法官法》《检察官法》《人民警察法》《律师法》《公证法》等适用于不同法律职业人员的法律，在各部法律中都有着针对不同适用对象所规定的相应职业伦理内容。也有诸多文件分类规范了法律人职业操守和职业道德，例如《法官职业道德基本准则》《检察官职业道德规范》《律师职业道德和职业纪律规定》《公证员职业道德基本准则》《检察官职业道德基本准则》和《律师职业道德基本准则》等。此外还有中华全国律师协会发布的《律师执业行为规范（试行）》属于行业规范。

三、法律职业伦理对民事诉讼法律制度的重要引领作用

法律职业伦理的道德属性决定了其存在于整个法律体系范畴，贯穿于民事法律体系始终，在法律体系内部产生作用，发生效力，影响法律制度设计。因此，法律职业伦理的要求在民事法律制度设计中的很多地方都有体现，并体现于民事诉讼程序规则，贯穿于民事诉讼全过程。

（一）保障人权必须成为法律职业伦理的目标价值导向

在实体法方面，2020 年 5 月 28 日公布的《民法典》中，第四编"人格权"赫然在列，这宣示了我国在立法层面对人权保护的跨时代进步。人权是人在自然状态下所应有的权利，是人之所以为人所应当享有的权利。早在2004 年，我国宪法修正案就明确规定了："国家尊重和保障人权"，乃至于我国各大部门法均贯穿着人权保障的思想。民法是权利法，而人权在近代法律界已经产生了巨大影响，成为世界范围内具有共同价值的概念。人权在民事领域主要表现在人格权和财产权的保护。人权保障在民事诉讼中重大意义在于，赋予了当事人诉权，从而开启了诉讼之门，成为司法救济之必由途径。这与法律职业伦理的目标是相一致的，人权保障毋庸置疑也是法律职业伦理所追求的价值。

此外，人权中包含的隐私权还赋予对委托人具有重大意义的保密权，相应的产生律师的保密义务，该义务是律师职业伦理的重要内容之一。2017年修订的《中华人民共和国律师法》也随处可见对人权的保障，包括为了保障委托人的人身和财产权利，规定了律师的保密义务和禁止收受委托人财物的限制。

民事自决权来自人权，它不同于民族自决权属于集体人权，该权利属于民法领域的个人处分权。民事诉讼自决权与民法的意思自治原则保持了程序上和实体上的高度一致。意思自治，即民事主体享有为民事法律不禁止的任何民事活动的自由，而民事诉讼中的自决权是诉讼主体对其享有的诉讼权利享有任意的处分权。该权利体现在诉讼中就表现为相应的程序性权利，也是贯穿于民事诉讼始终的一项权利，从起诉、委托代理人、变更、放弃诉讼请求、承认或反诉等一系列民事诉讼活动均来自于民事自决权。因而在民事诉讼中，不但律师要尊重该权利，而且法官、检察官也要保障该权利，这也是法律职业伦理的重要价值之一。

民事诉讼的当事人具有平等地位，这是由民法的私法本质决定的，民法是人格平等法，是调整平等主体之间人身财产关系的法律规范的总和，因而在诉讼主体中，除了法院，其他参与人的法律地位一律平等。平等权在诉讼中对职业伦理的影响在于，法官具有保障双方当事人诉讼地位和权利平等的义务，任何不平等的行为都可能影响程序的公正性，从而使法官只能居中公正裁判，而不能先入为主，失之偏颇，该原则也出现在《民事诉讼法》《法官法》总则之中。

人权作为当今世界范围内的共同价值，在各大法律部门中无处不在，它既是近现代法律追求的终极目标，同时也是法律职业伦理所追求的终极价值。法律职业伦理对于民事诉讼中人权的保障是通过对法律职业人的规制来实现的，是具有代表性的，因而其作用是具有导向性的。

（二）贯彻诚实信用原则必须坚持法律职业伦理的道德导向

不论是《民法典》还是《民事诉讼法》，在总则中都规定了诚实信用原则，这个在实体、程序中都作为原则性条款强调的原因，不单是因为民事法律部门需要，而且是因为这也是一个基本的道德准则，具有构成任何职业伦理的通用价值，当然同样体现于法律职业伦理。

民法中的诚实信用主要体现为信守契约的精神，而民事诉讼中的诚实信用原则对法律职业伦理意义重大。在民事诉讼实践中，当事人滥用诉讼权利的情形，如恶意诉讼、虚假诉讼、诉讼中的虚假陈述、拖延诉讼、伪造证据等时有发生，为了引导、规范人们的诉讼行为，也有助于提升整个社会的诚信度，2012年修改民诉法时将诚实信用原则法定化。这对民事诉讼中的律师职业带来了伦理上的要求，对于为了其他目的而实施不正当的诉讼行为的代理，为了高额代理费帮助当事人违反诚实信用原则实现不正当利益等相关问题，《律师法》也规定了相应的违反诚实信用原则的处罚措施。此外，应当认为法官、检察官在办理民事案件中也应当遵守诚实信用原则，比如应当主动回避的情形。

诚实信用原则不但在民法中有"帝王条款"之称，并逐渐超越私法领域，走入公法领域，成为普遍的法律原则，当然也成为法律职业伦理中的原则之一，是规制法律职业人的重要准则，对其产生重要影响，从而达到对民事法律中诚实信用原则贯彻的道德引领作用。

（三）实现司法公正必须坚持法律职业伦理之正义导向

英国著名法学家阿尔弗雷德·汤普森·丹宁在《法律的正当程序》一书中说："正义不仅应得到实现，而且要以人们看得见的方式加以实现。"在我国，最高法院的一名法官曾在一个撤销判决中表示："正当程序概念是一个法官的基本素养，正当程序原则是理所应当，无需论证的。"由此，我们可以看到程序的正义无疑是所有诉讼法都必须遵循的重要原则，程序正义也是法律的重要价值之一，同时也是所有法律职业人所应当具备的基本素养，更是法律职业伦理所追求的价值。

民事诉讼的程序正义一般仅指程序正当性，即纠纷的解决和审判在整体上为当事人以及社会上一般人所认同、接受和信任的性质或属性。包括程序开始、过程和结果的正当性，这是法官职业伦理所关注的核心，因而不但要考虑其形式上的正当性，还要考察其价值取向。作者认为其价值追求应以"均衡"为原则，在兼容并蓄的基础上实现自由、秩序、公正与效率的协调一致性，并将其共同融入"正当性"这一民事诉讼程序的价值之中。法律职业伦理中所追求的正义伦理价值实现于民事诉讼中的程序正义。

（四）体现利益均衡原则必须坚持法律职业伦理的公平导向

利益均衡并不是民事诉讼的宏观目标，而是作为法官审理个案时，根据具体案情综合考虑多方因素，对利害关系进行比较衡量所作出的实体性判断，所以其实现的是微观目标。利益均衡理念虽然不是法律基础理论，也没有法律条文的规定，但却蕴含在民法的各个原则之中，例如诚实信用原则、公平原则、公序良俗原则等，特别是在公平原则中，法官在裁量诉讼主体实体利益分配与衡量时最常见的一种原则。

公平强调实质正义和实体正义，核心是公正平等。由于利益均衡原则通常在法无明文规定的情况下才适用，具有主观性强、裁量空间大等特点，往往涉及当事人实体权利，还要求法官对其裁判进行解释和说理，而他们通常适用通行的风俗、习惯和符合事物发展的客观规律等，其中牵涉诸多伦理因素，因而往往职业伦理决定了裁判是否公平。此外，法官在处理利益分配时往往也涉及自身廉洁问题，同样也取决于职业伦理，对法官的法律职业伦理素养提出了较高的要求，这也是法官职业伦理对民事诉讼中利益均衡原则具有导向作用的原因。

（五）落实法官居中裁判制度必须坚持法律职业伦理的公正导向

公正强调形式正义和实质正义，核心是无私和中立。这也是法官居中裁判的核心，要求法官在审理案件过程中，要客观、中立，与控辩双方保持同等距离，以事实为根据，以法律为准绳，公正地裁判。在民事诉讼中，原被告双方在法律上的地位是平等的，没有谁主谁次之分。原告的主张，即为案件启动的前提条件，法院只按原告提出的诉讼请求作出判决，不得超越诉求判决，也不得对部分诉求置之不理，妄自裁判。法官居中裁判追求的目标，就是要确保审判公平、司法公正，这正是法律职业伦理要求法律职业人遵守伦理规则所要达到的目标，从而职业伦理形成了法官职业素养的基础，也形成了保证居中裁判制度的基础，即要求法官要超然于原被告双方之外，以客观、公正、理性、全面审查证据为基本方法，不偏不倚，公正裁判。同时，律师在该制度下充分保障当事人的诉讼权利，对法官违反职业伦理的行为也形成监督和评价。

此外，法律职业伦理作用于民事诉讼法律制度中的很多规定，二者之间具体连接千丝万缕，不一而足。

四、民事诉讼中法律职业伦理的内在道德理念

（一）民事诉讼中的法律职业伦理要求对待法律的善意

伯尔曼在《法与宗教》中提到："法律必须被信仰，否则它将形同虚设。"其意义在于告诉世人，没有灵魂和思想的法律，只是机械的法条而已。在中国，有学者提出社会伦理学最基本的问题，也即道德的基本问题是善和恶的问题，这很符合中国的道德传承和国情，以善来培养法律职业伦理是本质的，也是本源性的。法律在被善待时才能充分发挥其社会作用，而善待法律则是法律职业道德的基本要求。善待法律当然包括立法、执法、司法和监督等法律运行全过程，对于法律职业道德而言，具有现实意义的是善意的守法和司法。具体包括以下方面。

1. 要善意地使用法律。霍布斯和边沁认为，法律是一种必要的恶。这就要求法律职业人在使用法律作为手段时，慎重考虑，应当将其作为最后手段。即使在非使用不可的时候，也应当考虑目的的正当性，保持最基本

的是非观，以最大的善意对待法律，不能滥用诉权进行恶意诉讼。

2. 要善意地解释法律。善意解释法律虽然尚未成为我国的法律规则，但在国际法中已经有了相应的规定，《维也纳条约法》中规定："条约应依其用语按上下文并参照条约之目的及宗旨所具有之通常意义，善意解释之。"善意解释的本质在于没有恶意，法律职业人不能为达到其目的故意曲解法律，尤其是法官，不得故意回避相应法律适用其他有利于其目的的法律规定进行裁判。

3. 要善意地适用法律。法律运行的各个环节都应体现善意，尤其是在适用法律进行裁判时。民事裁判往往涉及人身和财产关系，关系当事人切身利益，因而在考虑法律适用具有多种合理选择时，应当在尊重事实的基础上，充分考虑各方面的因素，适用更适合案情和有利于保护当事人利益的法律。这是民事诉讼中对法官的职业伦理要求。

（二）民事诉讼中的法律职业伦理要求与时俱进的法律道德思维

从民事立法的总体趋势来看，越来越多的道德理念陆续被写入法律条文之中，比如早期的诚实信用原则，后来的公序良俗原则，2020 年颁布的《民法典》第一百八十四条，写入了见义勇为的免责条款，这都充分说明道德的观念逐渐与法律产生融合。同样，在民事司法审判中也相继出现了"四川泸州二奶案"、"西安闻天科技案"等案例，最高法人民法院也公布了多起典型案例，分别从家庭美德、社会公德、公序良俗、友善互助、诚信经营、诚信诉讼、诚实守法、环境公益等不同角度体现我国司法领域的价值目标、价值取向、价值准则。在民事诉讼领域道德理念永远伴随着法律，并作为法律的内核，只有具备良好的法律道德思维，才能在民事诉讼中充分考虑道德因素、运用道德理念，养成良好的法律职业素养。

（三）民事诉讼中的法律职业伦理要求善于从法律条文中发现职业道德规则

法律职业伦理，毕竟根植于法律，离不开法律的土壤，因而任何法律职业人不论社会伦理水平有多高，道德有多高尚，不具备专业系统的法律知识来谈法律职业伦理，一切都是枉然。在民事诉讼领域，要通过民法和民事诉讼法，熟知其法理和内部关系，从而能够运用自如，通过对专业知识的充分掌握，才能明晰法律职业道德中的相关规定的内在原因，在法律规定背后发现内在道德规则，从而提升或影响职业道德素养。例如，《民法典》中第一百八十三条、第一百八十四条规定的见义勇为条款背后其实是一种道德价值的引领，法律职业人对相类似的行为应当鼓励、支持和认可，这当然对职业道德产生相应的影响，甚至直接影响实体的判决结果；有关拾得遗失物（物权编第三百一十四条至第三百一十八条）、拾得漂流物、发现埋藏物或者隐藏物（物权编第三百一十九条）的制度设计均是以道德或伦理为前提的，对于同样弘扬社会主义道德风尚的应当予以支持，否则应当予以禁止或惩罚，这同样对职业伦理产生无形的道德影响；婚姻家庭编第一千零六十四条规定的所谓"共债共签"制度，便典型反映了道德与法律针对社会现实的相互影响，在职业伦理层面，要对相类似的恶债进行道德判断，决定是否代理及如何裁判。此中源于民事法律条文，产生道德判断，进而影响职业伦理的很多，在此不一一赘述。

五、恪守法律和职业规范是民事诉讼中法律职业伦理的底线

法律职业共同体是具备法律专业知识的人群，在培养法律职业道德的同时，必须严格遵守法律职业伦理规范，这既是法律职业人的底线，也是法律职业伦理的外在表现形式。其中不仅包括法律，还有区分角色的具体

职业道德规范以及行业规范，本书不逐一摘录，仅针对主要原则进行简述，具体规则不再赘述。

（一）民事诉讼律师应恪守职业伦理

"律师队伍是依法治国的一支重要力量，在保障法律正确实施、维护当事人合法权益、维护社会公平正义、支持司法机关定分止争、提高司法公信力中能够发挥十分重要的作用。"[①] 律师职业伦理，是指作为律师业务从业人员和律师执业机构所应当遵守的行为规范的总称。律师职业要求的标准是一种对违规律师、律师事务所来追究职业责任的根据。其适用范围不仅包括了公司律师、公职律师在内的广大律师，也适用于实习律师和律师助理等人员。在多年的法治建设中，我国法律体系中已经有了诸多关于律师职业伦理的规范性文件，其中包括了法律、司法解释、规章。此外，律师协会还制定了相应的行业规范，如《中华全国律师协会章程》《律师执业行为规范》《律师协会会员违规行为处分规则（试行）》等都属于律师协会的自律性行业规范。

1.民事诉讼律师应当严守诚实信用原则

我国《律师执业行为规范》第六条规定："律师应当诚实守信，勤勉尽责，依据事实和法律维护当事人合法权益，维护法律正确实施，维护社会公平和正义。"诚实信用在民事诉讼中具有举足轻重的地位，也是民事诉讼律师基本的道德铭牌，是取得社会公信力的重要保证，也是律师顺利开展自身业务的重要前提。

朱熹曾在《四书章句集注》中这样描述诚实，"所谓诚其意者，毋自欺也，如恶恶臭，如好好色，此之谓自谦，故君子必慎其独也"。[②] 这种慎独的思想对于法律从业者也有着极大的运用意义。优秀的律师对自己要

---

① 张文显：《习近平法治思想研究（下）——习近平全面依法治国的核心观点》，《法制与社会发展》2015 年第 4 期。

② 陈双珠：《朱子"意"的诠释及工夫——兼论朱子对工夫的贯通》，《中国哲学史》2017 年第 3 期。

有所要求规范，对于当事人的义务性条款应当有明确的规定，不应擅自免除自己的责任或加重相对人的责任，也不应当虚假承诺或者乱收费，否则都会对律师的形象造成极大损害。例如，收费无标准、任意压价争抢案源、走后门办关系案以及虚假宣传等都是有违律师职业伦理的。

2. 民事诉讼律师应当严守保密原则

在《律师法》和《律师执业行为规范》上都对律师职业的保密原则有所规定，律师的保密义务的对象主要是国家和委托人。《律师法》规定："律师应当保守在执业活动中知悉的国家秘密、商业秘密，不得泄露当事人的隐私。"《律师执业行为规范》规定："律师应当保守在执业活动中知悉的国家秘密、商业秘密，不得泄露当事人的隐私。律师对在执业活动中知悉的委托人和其他人不愿泄露的情况和信息，应当予以保密。"最高人民法院、最高人民检察院、公安部、司法部1981年4月27日《关于律师参加诉讼的几项具体规定的联合通知》中也规定："律师对于阅卷中接触到的国家机密和个人隐私，应当严格保守秘密。"

在民事诉讼中，基于法律的规定，当事人对律师职业的认可和信任，律师才能掌握当事人大量个人信息，其中既包括个人人身隐私、财产隐私和商业秘密，因此，作为律师来讲，责无旁贷具有保密义务。律师事务所、律师及其辅助人员都有责任不泄露委托人的秘密信息，保密义务的范围不仅包括委托人的商业秘密和个人隐私，还包括通过办理委托人的法律事务所了解的委托人的其他信息。在代理工作结束后，有关事项的秘密性也不会因此消灭，律师对此仍有保密义务。但实践中，有部分律师炒作或推广业务将自己所代理的业务信息在网上进行披露发布，这些行为都是不当的。

3. 民事诉讼律师应当按照委托权限代理

民事诉讼中清晰的代理范围和明确的权限划分作为一种重要前提，对于律师和委托人来说具有重要意义。律师只能在委托权限之内从事代理活动，不得超越此范围。

委托权限在律师接受委托时就应该被明确约定，包括程序法和实体法两方面，并且应有一份合法有效的授权委托书。如需特别授权，则应事先取得委托人的书面确认。我国《民事诉讼法》第五十九条规定："委托他人代为诉讼，必须向人民法院提交由委托人签名或者盖章的授权委托书。""授权委托书必须记明委托事项和权限。诉讼代理人代为承认、放弃、变更诉讼请求，进行和解，提起反诉或者上诉，必须有委托人的特别授权。"第六十条规定："诉讼代理人的权限如果变更或者解除，当事人应当书面告知人民法院，并由人民法院通知对方当事人。"《律师办理民事诉讼案件规范》第十条第二款第（三）项规定："律师事务所与委托人签订委托代理合同及委托人签署授权委托书时，应当记明具体的委托事项和权限，委托权限应注明是一般授权还是特别授权。变更、放弃、承认诉讼请求和进行和解，提起反诉和上诉，转委托，签收法律文书，应当有委托人的特别授权。"

如有情势变更，委托人所授予的权限不能满足要求，律师应当及时告知委托人。在未经委托人同意或办理有关的授权委托手续之前，律师仅能在授权范围内办理法律事务。在委托权限内，律师完成了受托的法律事务后，应当及时地告知委托人。律师与委托人明确解除委托关系后，律师不得再以被委托人的名义进行活动。

未经委托人同意，律师不得将委托人委托的法律事务转委托他人办理。律师在接受委托后出现突患疾病、工作调动等情况，需要更换律师的，应当及时告知委托人。委托人同意更换律师的，律师之间要及时移交材料，并通过律师事务所办理相关手续。非经委托人的同意，律师不能因为变更委托而增加委托人的经济负担。

4. 民事诉讼律师应当遵守行业内部规范

民事诉讼代理往往涉及更多的利益问题，尤其是代理费问题，因而严格遵守行业内部规范也成为民事律师执业规范的重要环节。律师事务所是律师的执业机构，律师如果想承接法律业务，首先应当在律师事务所中注册执业。对于律师在律师事务所中的活动也有诸多规范约束，从财务管理到具体行为。例如根据《律师法》第二十三条规定，律师事务所应当建立健全执业管理、利益冲突审查、收费与财务管理、投诉查处、年度考核、档案管理等制度，对律师在执业活动中遵守职业道德、执业纪律的情况进行监督。根据该法第二十五条规定，律师承办业务，由律师事务所统一接受委托，与委托人签订书面委托合同，按照国家规定统一收取费用并如实入账。律师事务所和律师应当依法纳税。

在实践中，应当明确与委托人签订法律服务合同的主体是律师事务所，而不是律师。根据《律师执业行为规范》的规定，律师在执业机构中有着许多应当遵守的行为规范。律师在承办受托事务时，对出现的不可克服的困难和风险应当及时向律师事务所报告。律师与委托人发生纠纷的，律师应当接受律师事务所的解决方案。律师因执业过错给律师事务所造成损失的，律师事务所有权向律师追究。律师对受其指派办理事务的辅助人员出现的错误，应当采取制止或者补救措施，并承担责任。律师变更执业机构的，应当按规定办理转所手续。转所后的律师，不得损害原所属律师事务所的利益，应当信守对其作出的保守商业秘密的承诺；不得为原所属律师事务所正在提供法律服务的委托人提供法律服务。接受转所律师的律师事务所应当在接受转所律师时注意排除不正当竞争因素，不得要求、纵容或协助转所律师从事有损于原所属律师事务所利益的行为。

5. 民事诉讼律师应当遵守回避规定

《律师法》、《法官法》、《检察官法》与《关于审判人员严格执行回避制度的若干规定》中都对于律师的回避义务有所提及。律师执业回避制度能有效避免利益冲突，维护我国司法公正。该规则在各大诉讼中均适用，但在民事诉讼中，律师的回避尤其能够体现其职业伦理素养，同时律师对法官申请回避，同样是律师专业性的体现。

在职业回避方面，《关于审判人员严格执行回避制度的若干规定》第四条规定：审判人员及法院其他工作人员离任二年内，担任诉讼代理人或者辩护人的，人民法院不予准许。审判人员及法院其他工作人员离任二年后，担任原任职法院审理案件的诉讼代理人或者辩护人，对方当事人认为可能影响公正审判而提出异议的，人民法院应当支持，不予准许本院离任人员担任诉讼代理人或者辩护人。

在亲属回避方面，《关于审判人员严格执行回避制度的若干规定》第五条规定，审判人员及法院其他工作人员的配偶、子女或者父母，担任其所在法院审理案件的诉讼代理人或者辩护人的,人民法院不予准许。

在执业回避方面,《律师法》第三十九条规定,律师不得在同一案件中为双方当事人担任代理人,不得代理与本人或者其近亲属有利益冲突的法律事务。处于回避情形之中的律师,应当主动地谢绝当事人的委托,抑或解除委托代理合同。

(二)民事诉讼中法官应恪守职业伦理

司法的职能包括了维护个案的公平公正和坚守社会秩序的底线,审判活动是司法活动的重中之重。为了确保审判的公正性,审判主体人员理应遵循一定的规则,作为这种伦理规则的审判伦理在法律职业伦理中的地位至关重要。

在我国的法律体系中有着诸多对于审判伦理的规定,《民事诉讼法》《法官法》和《法官职业道德基本准则》以及《法官行为规范》中都有所体现。法官是否有良好的职业道德直接关系着司法权威与司法目的被实现的可能性,因而法官职业伦理对于司法实践的意义也是不容忽视的。

1. 严守公正审判原则

审判权作为国家统治权的重要表现形态,是维护社会秩序与保护社会主体权利的重要手段。审判公正有利于保护人们对诉讼的信任与期待,抑制与防止侵权行为的发生,有效保护当事人的合法权益。审判公正包括了程序公正与实体公正,两者的关系是辩证统一的。实体公正需要依靠程序公正来获得,程序公正则是一种追求实体公正的手段。

程序公正对于司法公正有着突出意义,正如马克思所说:"审判程序和法二者之间的联系如此紧密,就象植物的外形和植物的联系,动物的外形和血肉的联系一样。"[①] 将这种原则具体化后,以规范的形式进行呈现。首先,审判官在断案时不能自己审理自己。对于涉及自身利益的案件,也不能进行审理。其次,应该平等地对待双方当事人,给他们相同的地位与

---

① 《马克思恩格斯全集》第 1 卷,北京:人民出版社 2001 年版,第 178 页。

相同的权利大小，给当事人以同等机会和权利接受审判。概括来说，程序公正可以体现为法院公开审判，当事人有权聘请律师，公平分担举证责任，判决书要写判决理由，判决公开，当事人有上诉权利，控制可能发生的藐视法庭的行为，等等。在不公正的程序下难以实现实体公正，因而程序公正具有重要意义。

实体公正，是审判公正的实际内容。离开实体公正的审判活动是没有实际意义的。当然，案件的客观真实是难以到达的，线性的时间下历史不能重现，只能在一定程度上实现真实。切实可靠的证据与真实可信的陈述都有利于实体正义的实现。为了实现实体公正，在法律和的事实结合上法官在办案时应当尽量减少因为自己的实践经验与固化逻辑带来的主观影响。

程序公正和实体公正，两者均不可偏废。既应当考量程序公正，也不能偏废实体公正，才能到达真正的审判公正。

2. 严守正义原则

美国法官约翰·小努南曾经引用亚里士多德在《伦理学》中的观点说道，"理想的法官就是公正的化身"。① 法学家史尚宽在《宪法论丛》中则有着更为具体的论述："虽有完美的保障审判独立之制度，有彻底的法学之研究，然若受外界之引诱，物欲之蒙蔽，舞文弄墨，徇私枉法，则反以其法学知识为作奸犯科之工具，有如虎附翼。是以法学修养虽为切要，而品格修养尤为重要。""法官应独立审判，不可为贫贱所移，为富贵所淫，为威武所屈，应时时以正义为念，须臾不离。法官应不畏艰难，任劳任怨，不为报章所惑，不为时好所摇，不为俗论所动，不为虚荣所牵，不为党派所胁，不为私利所诱，不为私情所移，不为升高自己人望地位或达成自己个人野心而利用其职权。总之，法官应养成高尚人格，聪明正直以达成其神圣任务。"②

我国法官在驶向正义规范的路上存在一些共性的问题，除了人情重于

---

① ［美］约翰·T.小努南：《法官的教育，才智和品质》，吴玉章译，《法学译丛》1989年第2期。

② 史尚宽：《宪法论丛》，台湾荣泰印书馆1973年版，第329页。

法理的历史文化背景，还存在业务素质参差不齐、司法腐败问题以及受到舆论过度影响等问题。这些都说明了一些法官对于正义规范的认识尚有不足，或者难以将理论照进现实的业务之中。在我国法治进程之中，加强德法教育与职业伦理制度建设都是保证审判正义的重要手段。

3. 遵从效率原则

波斯纳曾经在《法律的经济分析》中指出："正义的第二种含义——也许是最普通的含义是效率。"[①] 正如谚语中说的那样，"迟到的正义就是非正义"。没有效率的公正并不能带来实际的社会效益，偏离了正义本身应有的作用。保证审判效率有利于保证公平正义，减少诉讼成本，维持社会公信力。

在民事诉讼中，普遍存在案件数量多、范围广、民事主体随意性大的特点，增大了追求效率的难度。作为民事诉讼法官应当负责勤勉，在工作时间内进行有效工作。审理案件时各个流程应当遵照规定，在保证办案质量的情况下尽快进行立案、审理和裁决。能够当庭完成的案件不要拖到直到接近法定审理期限作出裁决，甚至于逾期裁判。此外，应当从细节入手，注重效率，合理安排各个环节的事务。克服粗心大意与拖延心理，力求做到高效便民。

（三）民事诉讼中检察官应遵守职业伦理

从广义上来说，检察官是指从事检察事务的国家官员。根据我国《检察官法》的规定，检察官是依法行使国家检察权的检察人员，包括最高人民检察院、地方各级人民检察院和军事检察院的检察长、副检察长、检察委员会委员、检察员和助理检察员。

检察工作作为一种专门从事检察事务的司法工作，也应遵守职业道德。除了《检察官职业道德基本准则》、《检察人员办案纪律》、《检察人员

---

① ［美］波斯纳：《法律的经济分析》，蒋兆康译，北京：中国大百科全书出版社1997年版，第31页。

纪律处分条例》、《廉洁从检十项纪律》、《人民检察院执法过错责任追究条例》和《检察人员任职回避和公务回避暂行办法》等文件规范之外，检察人员的职业道德伦理还在检察界的公约、誓词、纪律中有所体现。

检察官的职业本身就暗含一种特殊的示范性，故而在实践领域对应的伦理道德规范应当比一般的职业伦理道德规范更严格。既执行法律，又要监督法律实施。当进行监督法律实施的工作时，处于旁观者与审视者的视角，故而更应以身作则来取得群众与社会的高度信任。

1. 坚持客观公正原则

检察官有着保持客观公正的义务，是不同法系国家和地区的共识。作为"法律守护人"和"法律监督者"，唯有保持公正才能更好地满足平衡控辩实力、实现控辩平等的需要。"没有这种法律监督权的存在，一元分立的权力架构就必然难以维持。"[1] 我国 2019 年修订的《中华人民共和国检察官法》第五条对该义务作出了明确规定，并将它规定为检察官履职的一项重要原则："检察官履行职责，应当以事实为根据，以法律为准绳，秉持客观公正的立场。"该规定明确提及了客观公正原则的必要性，对检察官作出了要求。在司法实践中，客观公正原则在认罪认罚从宽制度中尤为明显，检察官能否做到坚持客观公正原则，将会对案件能否得到公正处理有直接影响。

检察官在民事诉讼中不应当背离检察机关的角色定位，把自己混同于刑事诉讼的公诉人，应当始终牢记检察机关作为国家的法律监督机关的定位，始终保障法律精神的顺利贯彻，维护社会公平正义，正确行使民事诉讼中的民事监督权和公益诉讼的诉权。在监督工作中应当秉持公正，以查明事实为基础，判断审判程序的正当性，维护当事人合法权益，同时还要抵制住权力、金钱、人情等法外因素对检察官客观公正原则和司法公正的干扰，确保公正廉洁司法。

2. 奉行忠诚原则

习近平总书记指出：理想信念是共产党人精神上的"钙"，没有理想

---

① 樊崇义：《法律监督职能哲理论纲》，《人民检察》2010 年第 1 期。

信念，理想和信念不坚定，精神就会"缺钙"，就会得"软骨病"。检察官是国家利益、公共利益、人民利益的守护者，应当对党、国家与人民保持忠诚，时时刻刻以国家、社会与群众利益为重。此外，对于宪法与法律也应当保持忠诚，"有法可依，有法必依，执法必严，违法必究"。检察人员不仅自身要遵照宪法、法律的规定，还要监督和督促国家机关团体、企事业单位和个人遵守执行法律。除此之外，应当忠于事物真相，还原案件的真实情况，不能妄加臆断、歪曲事实，在认识事物的过程中本着忠诚于本质的心态去追寻真相。

3. 秉持严明原则

检察人员在办案时应当严明执法，既要严格认真也要保持文明。例如，不在办案过程中实施有伤风化的措施，尽量避免有伤风化的举动，尊重法官和律师，保护弱势群体。这些都是检察官应当注意到的，在工作时不该忽视人道主义精神与人文情怀。

民事诉讼中法律职业规范与其他诉讼法的相关规范具有高度一致性，但同时又有所不同，主要体现在民事主体的平等性、民事权利自决性和民事诉讼的特殊性，从而使得民事诉讼中的法律职业人必须在遵守民事规则的前提下，对其规则适用时灵活掌握，但仍然要坚持不违反强制性规定为前提。比如律师的保密义务中，当事人很难将其犯罪意图或计划告知委托律师，因而也就基本不存在保密义务的例外情况。

综上所述，民事诉讼中的法律职业伦理，不能仅限于遵守法律法规和行业规定，因为实际上道德的标准往往是高于法律的，伦理的要求也不会停留在明文的规范上，更多的则是隐藏在法律条文背后、社会的共同价值或者社会伦理等无形的规范之中。然而，法律、社会价值和社会伦理都不是一成不变的，要构建伴随法律、道德的不断变化且与时俱进的、专业的职业伦理理念，必须建立在民事法律部门的主导思想和原则之下，深刻理解其对职业伦理的影响。同时在法律规定的条文和现实判例中发现职业道德规则，在符合社会伦理主流思想的大前提下，树立的法律职业伦理观。

第八专题　民事诉讼中职业交往的策略与技巧

　　在全面推进依法治国的今天，法治观念已经深入人心，加强法律职业共同体之间的良性互动对于法治国家的建设有着至关重要的作用。法律职业共同体是在法治化进程中，接受了法律知识教育，并具备统一的法律信仰，以法律为职业的人群形成的联结体。① 法官、检察官和律师均是法律职业共同体中的最重要分子，他们有着共同的职责和使命，加强各主体之间的沟通和交流对案件的顺畅解决以及对于维护当事人的正当、合法权益起着至关重要的作用。在诉讼实务中，加强律师与当事人、法官、检察官的沟通以及加强法官、检察官与当事人、律师的高效沟通，无疑对推进案件进展、平息纠纷和社会矛盾有重大作用。本书拟重点就民事实务中律师、法官、检察官以及诉讼当事人在诉讼过程中相互交往的策略和技巧进行阐述。

一、律师与当事人、法官之间交往的技巧与方法

（一）律师与当事人交往的技巧和策略

　　无论是民事诉讼业务还是非诉讼业务，当事人一旦与律师事务所建立

---

①　张文显、信春鹰、孙谦：《司法改革报告——法律职业共同体研究》，法律出版社2003 年版，第 24 页。

委托代理关系，承办律师与当事人之间就开始建立起了紧密的联系。在办理案件过程中，律师与当事人建立信任与高效率的沟通是律师的必修课，同时也体现了律师的"软实力"。律师是否取得当事人的信任及能否与当事人建立高效率沟通在一定程度上决定了案件进展的顺利与否。笔者结合实务经验，就律师与当事人交往过程中的技巧和策略简要列举如下。

1.认真、耐心倾听当事人的诉求

当事人既然能来找律师，肯定是遇到了法律上的难题，需要律师提供较为全面有效的法律意见和帮助。因此，律师接待当事人要尽可能耐心，尤其是某些离婚案件当事人，在向律师陈述事实或表达相关诉求时可能出现情绪激动，存在表达不准确的情况。面对此种情形，律师应当换位思考，给予当事人适当的心理疏导和安慰，而不能表现出不耐烦，简单咨询了事。同时，在沟通过程中，当事人陈述的大部分事实可能在法律上是无关紧要的，但是律师不宜轻易打断当事人的陈述，应当认真倾听并从中提取有价值的信息，或者律师可以从法律层面引导当事人讲出相关案件事实。

2.尊重、善待当事人，善于运用礼貌性语言

尊重是相互的，律师想要获得当事人的尊重，首先应当学会尊重和善待当事人。律师在与当事人的相处过程中，应尽可能使用礼貌性语言，常常把"您好、请、不客气"等礼貌性用语挂在嘴边，这样不仅能取得当事人的信任，也给当事人形成良好的印象，有利于案件的顺利推进。

3.律师应谦虚谨慎，以专业的解答和服务取得当事人的信任

律师面对的当事人形形色色，当事人的性格及文化素养等也参差不齐。无论面对何种类型的当事人，律师都应当秉持谦虚、谨慎的态度与当事人沟通，既不吹嘘自己，也不低估当事人。在与当事人交流过程中，以自己的专业素养和简洁明了的方式解答当事人的各种法律疑问，从而取得当事人的信任。律师只有与当事人建立起了良好的信任，才能在诉讼过程中与当事人建立起良好的沟通，当事人与律师的交往才会顺畅、舒适。

4.客观分析案件，切勿给当事人打包票

律师在分析当事人的案件时，应当客观、全面。对于案件中存在的诉讼风险律师应当及时与当事人沟通，并形成书面的谈话笔录，不能为了与当事人建立委托关系而避而不谈案件客观存在的风险，更不能给当事人打包票，保证案件的胜诉。对于一部分当事人要求律师确保案件的胜诉，律师一方面应当明确向当事人告知律师不能就案件的结果对当事人做出承诺，另一方面律师也应当表明态度，在案件办理过程中会尽自己的最大努力保障当事人的合法权益。正反两面的沟通让当事人更容易接受，也能拉近律师与当事人之间的距离。

5. 及时告知当事人诉讼进展情况

在诉讼过程中，当事人是最为关心案件进展的，因此，律师在办理立案、开展调查取证活动以及与法官沟通案情等事宜时，都应当及时将相关情况告知当事人，让当事人了解律师在诉讼过程中所做的工作，这在律师与当事人的交往中是非常重要的环节。

（二）律师与法官交往的技巧和策略

原最高人民法院院长周强指出，"律师与法官同为法律人，同为社会主义法治国家的建设者，虽然在法治舞台上扮演着不同角色，但担负着共同的责任、共同的使命，应当彼此尊重、平等相待，相互支持、相互监督，共同保障当事人的合法权益，共同确保法律正确实施，共同维护社会公平正义"。因此，律师与法官作为法律职业共同体的中坚力量，彼此间形成良性互动的关系对构建法律职业共同体、全面推进法治国家的建设有着至关重要的作用。但诉讼实务中，律师和法官分属于不同的社会领域，具有不同的职业定位，双方之间的关系多多少少也存在一定的冲突，故进一步解决该双方之间的冲突，进一步加强律师与法官之间的良性交往和互动对于诉讼的顺畅进行具有重大意义。律师在与法官交往过程中应把握以下几个方面。

1. 注重职业形象，给法官形成良好印象

良好的职业形象既能够体现律师的自信，也能够给法官留下较好的印象。简单、优雅的着装对沟通可能起到事半功倍的效果。律师在职业过程中着装一定要大方、得体，最好着正装。从着装就要体现律师工作的严谨，切不能以一身运动、休闲服出现在法官的视野中。交往中的言语和态度，应当不卑不亢，持沟通协作的态度。

2.尊重、体谅和理解法官

职业共同体应相互尊重，法官代表着国家的司法权威，律师应当给予法官足够的尊重。随着诉讼案件的增加，法院每名法官办理案件的数量也在逐渐增加。尤其是一部分基层法院法官，每年办理案件的数量暴增，有的甚至两三天就要办结一个案件。因此，面对如此海量的工作，法院法官和律师一样都承受着巨大的压力。故律师在案件办理过程中维护当事人的合法权益无可厚非，但对于法官有时的急躁应予以体谅。加之法官的立场代表了法律实施的正确和维护利益的公正平衡，律师往往代表委托人一方的利益，观点上的分歧应能够正确平和对待。理解和体谅法官是律师与法官高效沟通的起点。

3.简洁、高效表达自己的观点

律师在办理案件时，不可避免地需要和法官沟通案情等。在沟通过程中，无论是电话沟通还是面对面与法官沟通，律师都要做到言简意赅、重点突出，啰啰嗦嗦只会让法官失去耐心，律师也会被怀疑口语表达能力不佳、逻辑思维能力差。同时，在与法官沟通之前，律师可以将相关的问题罗列一个清单并组织好语言，否则乱问一通只会让法官怀疑律师的专业素养。

4.写好法律文书，充分展现律师的专业素养

诉讼案件中，律师因工作需要，会将大量法律文书提交到法院，如在立案时提交的起诉书、案件开庭后提交的代理意见等。在诉讼案件中法律文书起着非常重要的作用，律师在起草法律文书过程中，要重点突出、认真校对、逻辑结构有序。律师书写的优质的法律文书最终可能会直接被法官引用，成为法官裁判的依据。一份被法官引用的法律文书无疑会让法官高度认可律师的专业素养。

二、法官与当事人、律师之间交往的技巧及策略

法官作为民事案件的最终裁判者，对于社会矛盾的化解、纠纷的顺利解决起着至关重要的作用。法官与当事人、律师之间的有效、顺畅的沟通有助于赢得当事人的信任并有助于消除可能出现的阻碍因素，保障诉讼案件的顺利进行。因此，加强法官与当事人、律师之间的交流和互动非常必要。

(一) 法官与当事人之间交往的技巧和策略

民事实务中，一部分法官在面对当事人时，趾高气扬，没有亲和力，更有甚者以命令式的口吻和当事人沟通，导致当事人无法在轻松的氛围中和法官交流，造成法官与当事人的关系紧张。同时，有的法官在案件未开庭审理前贸然对案件进行先入为主的判断和分析，这极容易给当事人造成一种法官与对方当事人之间存在利益关系的印象，不利于案件的顺利解决。因此，加强法官与当事人的交流尤为必要，以下就法官和当事人之间交往的技巧进行简要的总结。

1. 注重法官形象

法官这一职业给当事人的感觉是神圣和威严的，而这种神圣和威严在很大程度上是通过法官个人的外在形象树立的。制服、国徽和天平构成的徽章、威严得体的言行、刚正不阿的气质使当事人产生敬畏和信赖，有助于法官权威的确立和审判活动的顺利进行。反之，法官着装不规范、口叼香烟、不修边幅地出现在当事人面前，其形象必然受损，给当事人留下不好的印象。因此，法官在与当事人接触过程中均应当严格按照法院的着装要求进行着装，给当事人留下良好的外在印象，以体现法律的庄重和威严。法官的言语应当严谨规范，不偏不倚，切忌信口开河。

2. 善于倾听当事人的合理诉求

法官在民事诉讼中常常被当事人作为倾诉的对象，当事人给法官陈述

自己的想法时，法官要善于倾听当事人的诉求，了解当事人对案件的基本想法。这不仅可以在法官与当事人之间建立良好的信任关系，也有助于纠纷的顺利解决。在倾听之前，法官可以提前告知当事人需要重点陈述的事实，当事人在陈述时才能选择性地陈述，做到详略得当。在倾听当事人的陈述时，法官应当注意与当事人的眼神交流，不可对当事人的陈述不屑一顾，更不能在当事人未陈述完毕时贸然打断当事人的陈述。对于当事人陈述的与案件无关的事实，法官应当及时向当事人进行释明，不可表现出不耐烦的表情。同时，法官在倾听当事人的陈述时，应当对当事人陈述的重要事实予以记录，这不仅能让当事人感受到法官对案件的重视，也有利于法官查明案件的基本事实。对于当事人明显不成立的主张和诉求，不应嗤之以鼻断然拒绝，可进行适度解释疏导。

3.保持客观中立

法官作为居中裁判者，应当不动声色，尤其在庭审过程中应多听各方当事人及代理人的意见，不宜过多表达法官自己对案件的主观看法。法官在庭审过程中一旦表达过多，必然会不自觉流露出自己对案件的观点，而这种流露极容易给当事人的心理造成波动，导致当事人对法官的中立性产生怀疑。在案件审理过程中，对于一方当事人或代理人陈述有误的地方，法官不能随意发表评判意见。庭后与当事人进一步沟通案情、发表意见时，应当首先告诉当事人法官仅是基于案件事实发表意见，该意见不是作为最终判决的意见。总之，法官在与当事人交流过程中应当谨记客观、中立、不偏袒任意一方。

4.控制情绪，善于沟通

法官在裁判过程中，可能会受到部分当事人的言语威胁，有的离婚案件中当事人家属可能会用言语侮辱法官。在此种情况下，作为法官应当克制自己的情绪，不能和当事人发生大的冲突，更不能采取"以牙还牙"方式用语言攻击甚至大声与当事人争论、侮辱当事人。同时，民事纠纷出现在法院时那就意味着原被告双方在私下无法达成一致意见，这时候法院最终做出的裁判可能会造成某一方当事人的极度不满，在此种情况下，法官应当耐心地对当事人进行解释，就相关的法律规定给当事人进行讲解，不能急躁，保持容忍克制。当然，对于哄闹法庭的违法行为也应断然制止。

（二）法官与律师之间交往的技巧和策略

法官和律师都是法律从业人员，他们是法律共同体的组成部分，他们有着相同的法律理念，有着专业的法律素养，有着共同的法律情操。[①] 法官在诉讼过程中应当加强与律师的沟通，充分尊重律师，与律师共同平息社会矛盾，解决当事人的纠纷。法官在与律师交往过程中，应当注意以下几个方面。

1. 充分尊重律师，不把律师当作对立面

周强强调，律师的代理或者辩护，目的就是要促进公正司法，维护和实现公平正义。因此，各级法院都要充分尊重和保护律师的权利，这实际上就是尊重和保护诉讼当事人的诉权。因此，法官在案件办理过程中应当充分尊重律师，善于听取律师的意见。实践中，一部分律师为维护当事人的合法权益向法院提出了一些程序上的请求，比如管辖权异议申请等，这本来是法律赋予律师的基本权利，而很多法官将律师的程序性申请当作是律师对法官工作的不配合，从而将律师当作法官的对立面。还有一些法官违反规定，拒绝律师要求阅卷等方面的正当权利，甚至在法庭上因律师直言而将其轰出法庭。[②] 这些做法显然是对律师的不尊重，不仅不利于案件的顺利进行，也不利于解决原被告双方的纠纷。因此，法官在与律师交往的过程中，应当充分尊重律师，对于律师提交的相关意见积极与律师进行沟通。

2. 保持独立和公正地位，不办"金钱案"、"人情案"、"关系案"

法官在审判活动中，应遵循职业道德，与律师交往过程中始终保持独立和公正地位。法官只有保持中立的地位，才能做出居中裁判，才能保障

---

① ［德］拉德布鲁赫：《法学导论》，米健、朱林译，北京：中国大百科全书出版社 1997 年版，第 50 页。

② 王利明：《法官和律师的相互关系》，见《司法改革研究（修改版）》，北京：法律出版社 2001 年版，第 20 页。

法治社会的有效建立。法官不能私下接受律师及当事人的请客送礼，也不能以私下与律师的社会关系好为由故意偏袒一方，作出违反法官职业道德和执业纪律的行为。法官应当恪守职业道德，时刻把握与律师交往的红线，做到不越线，坚持清正廉洁，自觉与律师保持正当关系。

此外，法官在与律师交往过程中也应当注重法官形象，认真倾听律师发表的意见等。

三、检察官、当事人、律师之间相互交往的技巧和策略

（一）检察官与当事人之间交往的技巧和策略

实践中，有一些民事案件的当事人会向人民检察院申请再审检察建议或者抗诉。此类抗诉案件在承办检察官办理之前，已经经过法院的审理，案件可能存在一些较为复杂的争议焦点。因此，检察官在办理这类案件时，在严格审查案件的同时更要注重与案件当事人的交流，善于倾听当事人的诉求，尽可能更好地化解矛盾。检察官在与当事人交往时应当注意以下几个方面的策略与技巧。

1. 善于倾听当事人的诉求

当事人向人民检察院申请再审检察建议或抗诉，就意味着对法院的判决结果不服，需要向人民检察院寻求权利救济。因此，检察官在与当事人沟通过程中需要善于倾听当事人的诉求，对于当事人重点强调的意见检察官应当予以记录，让当事人从心理上感受到检察官对于案件的重视，这对于案件的顺利解决有至关重要的作用。同时，对于当事人陈述的意见不符合案件事实和法律规定时，检察官不要粗暴打断当事人的陈述，应及时将案件事实和具体的法律规定给当事人释明，让当事人能更好地接受。

2. 保持客观中立，切勿对案件进行先入为主的判断

检察官作为民事诉讼案件的监督者，应当全面听取各方当事人及代理律师的意见，在听取意见过程中检察官不宜过多发表自己对案件的看法，

更不能贸然对某一方发表的意见直接予以否决。检察官一旦对案件进行先入为主的判断，缺失了对案件的客观中立性，就会严重影响案件的进展，也给当事人带来司法不公的印象。

（二）检察官与律师之间交往的技巧和策略

检察官与律师同为法律从业人员，在案件事实和法律适用上可能存在不同的认识。这就要求检察官在与律师交往过程中充分尊重律师，认真倾听律师对于案件的意见，与律师建立良好的关系。检察官与律师建立良好的关系对于案件的顺畅解决有重大意义。检察官在与律师交往过程中，应当注意以下几个方面。

1. 充分尊重律师，耐心倾听律师意见

检察官在办理案件过程中与律师的观点不一致是常有的事情，但检察官不能因此就一概否决律师的观点，更不能将律师的据理力争当作是律师强词夺理。对于律师发表的意见和观点，检察官应当耐心倾听并做好记录。检察官在做出决定时也应当充分考量律师所提出的意见。检察官只有充分尊重律师，耐心倾听律师的意见，才能更顺畅地解决案件，更好地让各方当事人服从检察官的意见。

2. 恪守职业道德，公平公正地处理案件

检察官与律师交往过程中应恪守检察官职业道德，始终保持客观公正。检察官不得接受律师的请客送礼，也不能因与个别律师社会关系好就刻意偏袒一方当事人。检察官在办理案件时应严格审查案件基本事实和相关法律规定，不办金钱案、人情案。检察官只有恪守职业道德才能做到公平公正审理案件，才能更好地维护司法权威。

法律职业需要智商，但更需要情商，情商就体现在法律职业共同体及当事人相互交往的基础上。因此，加强法官、检察官、律师、当事人互之间的沟通和交流，减少冲突和矛盾才能妥善解决纠纷，保障公民权利，维护司法公正。也只有加强民事诉讼各参与人之间的交往，才能营造出良好的法治环境，才能为构建法治社会、实现法治中国梦奠定扎实基础。

第二部分
民事诉讼实例研习

案例一 关某、魏某机动车交通事故责任纠纷案

一、基本案情

2014 年 8 月 1 日 23 时 20 分，关某骑自行车载乘坐人魏某（其妻）由北至南行至 ×× 区东一环路某中学南路段时，田某驾驶陕 ××34× 小型轿车由南至北行至该路段发生碰撞，致关某和魏某受伤。该事故经 ×× 市公安局交警支队一大队认定：田某承担本次事故全部责任，关某和魏某无责任。魏某住院治疗 86 天后出院休养，关某经住院治疗 189 天后出院休养。经交警队调查核实，田某所驾轿车，车主为向某，该车辆投保了 ×× 财产保险股份有限公司 ×× 中心支公司的机动车交通事故责任强制险和第三者责任险。对于关某和魏某的损失，车方已支付关某医疗费 185400 元。对其余损失，经多次交涉，尚未支付。

二、分析研判

对于本案当中的一些问题，分析研判如下：第一，本案当中相关法律关系。本案所涉主要是侵权法律关系，是非机动车和行人与机动车之间发生的道路交通事故，机动车方是侵权方。应适用的主要法律依据是《中华人民共和国道路交通安全法》、《中华人民共和国侵权责任法》以及《最高人民法院关于审理人身损害赔偿案件适用法律若干问题的解释》。第二，

关于本案的诉讼主体。原告即为两个受害人，被告首先应该是直接侵权人即肇事司机。至于保险公司，因为车主投保交强险，按照法律规定（而不仅仅是保险合同约定）保险公司在交强险限额内有义务直接向受害人赔偿，因此，基于交强险的规定和约定，本案中保险公司应为被告之一当无疑议。而在车主投保第三者责任险的保险合同法律关系当中，车主和保险公司是直接当事人，保险公司须就车主所投保车辆的交通事故赔偿责任在约定限额内买单（审理法院在此问题上所存在的分歧，仅仅体现为是受害者有权直接要求保险公司在三责险限额内向其赔付，还是车主向保险公司理赔后再由车主向受害者赔付。实践中，大多倾向于后者）。由于车主是第三者责任险的合同的相对人，诉讼程序中将被保险人即车主一并列入被告有利于纠纷一揽子解决。因此，在诉讼中也应该将车主列为被告。第三，关于独立诉讼还是合并诉讼问题。两个原告到底是各自单独提起诉讼还是共同提起诉讼？由于两个伤者应得赔偿都在交强险的赔偿范围内，而且根据计算都不能得到足额赔偿，这就涉及交强险限额内对两位伤者按比例赔付的问题，按比例赔付不足部分涉及车主所购买的第三者责任险和肇事司机的赔偿责任。因此，从诉讼的角度讲，虽然两个伤者可以独立提起诉讼，但从交强险的比例分配问题来看，必须在一案中解决，两个伤者应当作为原告在同一案件中来提起诉讼。即使分别诉讼，法院也应当合并审理。第四，关于证据与证明事实的问题。按照最高人民法院关于审理人身损害赔偿案件的司法解释，赔偿的项目和范围都有明确的规定，原告要有证据证明本案的赔偿要求符合司法解释的规定。其一，原告的身份问题，即两原告到底是按照城镇居民还是农村居民的身份赔偿（按照当时的法律，须区分农村居民还是城镇居民）。经过调查了解，两原告户籍登记为农村居民，但有证据证实其居住在城镇并且收入也来源于城镇，初步确定应该按照城镇居民来对待。应当收集相关证据予以证实，所收集的证据可以是住房方面的也可以是收入来源方面的，最好是既有住房方面的又有收入来源方面的。其二，调查收集车辆投保交强险和第三者责任险的相关证据。其三，关于残疾赔偿金的赔偿标准问题。需要确定伤者的伤残等级以及误工、营养、护理等费用计算标准，这些内容的确定原则上都需要进行司法鉴定，故应当及时委托司法鉴定。其四，被赡、扶养人生活费问题。经调查了解，伤者的子女均已成年，但有一母亲健在，其母亲属于此项赔偿人员范围，因此要落实其母亲的身份情况及其兄弟姐妹的情况，因为这涉及被扶养人生活费负担比例问题，也与最终的此项赔偿金额密切相关。其五，费用构成情况。根据相关票据确定医疗等相关总费用和实际承担的情况，为此要收集住院护理等相关费用的票据。第四，车主是否有垫付责任的问题。根据道路交通安全法的规定，车主有过错时才承担相应法律责任。经过初步了解，车主有较好的经济实力，车主不存在法律规定的明显过错，车方已经实际垫付近 20 万元。在此情形下，车主就可能主张从三者险保险赔偿款中将垫付的款项扣回，如果将已垫付款项从保险赔偿款中扣回，会导致伤者得不到有效赔偿的风险增加。因此诉讼中要事先对此加以足够注意，力争能通过证据否定其提出该项主张。第五，伤者的护理依赖问题。关某受伤极其严重，可能会涉及后半生的护理问题，委托鉴定时，要充分考虑到此事实，应按照相关法律规定委托做护理依赖等级鉴定，以便根据鉴定意见确定后续护理费。本案当中所涉及的护理赔偿金额巨大，但是被告的赔偿能力有限，也可能会因此落空。基于此种考虑，可暂时提出一定年限的护理依赖所涉相关费用，待恢复情况而定，如果此后确实需要长期护理，届时再另行起诉。

三、操作过程

（一）起诉

民事起诉书

原告：关某，男，汉族，生于 1962 年 × 月 25 日，身份证号 61××25××××，现住 ×× 省 ×× 市 ×× 区 ×× 路中段 ×× 小区 × 号楼 × 层 × 室，联系电话：（关某之子）150××××。

原告：魏某，女，汉族，生于 1964 年 × 月 30 日，身份证号

61××25××××，现住××省××市××区××路中段××小区×号楼×层×室，联系电话：（关某之子）150××××。

被告：田某，男，生于1986年×月29日，驾驶证号61××28××××，住××省××市××县××镇×村魏家桥小组，联系电话：181××××。

被告：向某，住××省××市××县××镇北门社区新街××号住宅楼二单元二楼。联系电话：182××××。

被告：××财产保险股份有限公司××中心支公司。住所地：××市××区××大厦二层。联系电话：268××××。

组织机构代码证：77696×××-6

法定代表人：张××，该公司经理。

案由：机动车交通事故责任纠纷。

诉讼请求：

1.要求被告田某、向某向原告关某赔偿医疗费、住院伙食补助费、护理费、营养费、误工费、辅助器具费、残疾赔偿金、被扶养人生活费、精神抚慰金、鉴定费、后期护理费等各项损失共计1056257.09元（包含被告已支付的医疗费185400元）；

2.要求被告田某、向某向原告魏某赔偿医疗费、住院伙食补助费、护理费、营养费、误工费、残疾赔偿金、精神抚慰金、鉴定费等各项损失共计195214.61元；

3.要求被告××财产保险股份有限公司××中心支公司在交强险和第三者责任险赔偿范围内向原告关某、魏某承担赔偿责任；

4.本案诉讼费由被告承担。

事实与理由：

2014年8月1日23时20分，原告关某骑自行车载乘坐人原告魏某（其妻）由北至南行至××区东一环路××中学南路段时，被告田某驾驶陕FVV3××小型轿车由南至北行至该路段发生碰撞，致二位原告受伤。该事故经××市公安局交警支队一大队认定：被告田某承担本次事故全部责任，二位原告无责任。原告关某经住院治疗189天后出院休养。

经委托鉴定，原告关某颅脑损伤治疗后为二级伤残，胸部损伤治疗后为八级伤残，左侧锁骨损伤治疗后为八级伤残，右耻骨、右髋骨治疗后为九级伤残，右眼球剜除治疗后为七级伤残；综合评定误工306日，营养306日，护理306日；需大部分护理依赖。被告田某的行为给原告关某造成各项损失总计1056257.09元。原告魏某经住院治疗86天后出院休养。经委托鉴定，原告魏某右肩损伤治疗后为八级伤残；综合评定误工120日，营养60日，护理60日。被告田某的行为给原告魏某造成各项损失总计195214.61元。经交警队调查核实，被告田某所驾轿车，车主为被告向某，该车辆投保了被告××财产保险股份有限公司××中心支公司的机动车交通事故责任强制险和第三者责任险。依据道路交通安全法的有关规定，被告××财产保险股份有限公司××中心支公司有赔偿义务。对于二位原告的损失，被告已支付原告关某医疗费185400元。对其余损失，经多次与被告交涉，被告置之不理，现诉至贵院，请依法支持二位原告的诉讼请求，维护二位原告的合法权益。

　　此致
××区人民法院
　　附：
1.主张各项损失清单各一份共2页；
2.证据复印件各一套分别为164页、79页。

起诉人：关某

魏某

2015年8月26日

（二）举证

原告关某、魏某提供证据清单

第一组　关某、魏某身份情况的证明材料

1.关某的身份证

2.魏某的身份证

3.关某与魏某的结婚证

本组证据证明：原告关某、魏某的身份，关某与魏某是夫妻的事实。

第二组　关某夫妇长期在山西从事饮食服务业等情况的证明材料

1.关某户籍地 ××× 村出具的证明

2.个体工商户营业执照副本

3.魏某夫妇从事餐饮业个体工商户营业执照

4.饮食门店照片

5.租赁合同

6.饮食店门面房屋出租人刘 ×× 出具的证明

7.饮食店门面房屋出租人刘 ×× 的身份证明

8.住宅房屋出租人杨 ×× 出具的证明

本组证据证明：关某夫妇长期在山西 ×× 市 ×× 区 ×× 步行街经营"×× 市 ×× 区魏某米线店"，该夫妻二人从事的是饮食服务业，其收入来源于城镇。

第三组　关某夫妇在 ×× 市 ×× 区居住情况的证明材料

1.×× 市房权证第 172× 号

2.×× 市房权证第 172×× 号

3.关某夫妇购买商品房合同

4.2014 年 ×× 物业公司收款凭证

5.2015 年 ×× 物业公司收款凭证

6.2014 年 2 月天然气管道安装费发票

7.2014 年 3 月缴纳水电费的发票

本组证据证明：关某夫妇在 ×× 市 ×× 区城镇购房，并实际居住于 ×× 市 ×× 区。

第四组　道路交通事故责任认定书及相关材料

1.道路交通事故责任认定书

2.机动车驾驶证、肇事车辆行驶证

3.保险单

本组证据证明：被告田某承担全部事故责任，原告关某、魏某无责

任；被告田某所驾轿车在 ×× 财产保险股份有限公司 ×× 省分公司 ××
中心支公司投保了交强险和第三者责任商业保险（限额为 500000 元）。

第五组　医院诊断证明及住院治疗病历

本组证据证明：原告关某、魏某因伤住院治疗的相关情况。

第六组　司法鉴定意见书

本组证据证明：原告关某因伤住院治疗后，构成颅脑损伤二级伤残，
胸部损伤八级伤残，左侧锁骨损伤八级伤残，右耻骨、右髋骨九级伤残，
右眼球七级伤残；综合评定误工 306 日，营养 306 日，护理 306 日；需大
部分护理依赖的事实。原告魏某因伤住院治疗后，构成右肩八级伤残；综
合评定误工 120 日，营养 60 日，护理 60 日的事实。

第七组　原告关某、魏某因伤住院期间医疗费、护理费以及出院后的
门诊医疗费、辅助器具费、鉴定费等证据材料

本组证据证明：原告关某及魏某住院期间住院医疗费、护理费以及出
院后的门诊医疗费、辅助器具费、鉴定费等相关费用支出。

第八组　被赡养人刘 ×× 的身份及子女情况证据材料

本组证据证明：原告关某对其母亲刘 ×× 负有五分之一的赡养义务。

提交日期：2015 年 8 月 26 日

关某伤残赔偿项目明细

一、医疗费

253932.25+2530.65=256462.90 元。

二、住院伙食补助费

住院伙食补助费 30 元 / 天，共计 189 天，计 5670 元。

三、营养费

按照 30 元 / 天标准计算，共计 306，计 9180 元。

四、误工费

按照 143.73 元 / 天标准计算，共计 306 天，计 43981.38 元。

五、护理费

按照 120 元 / 天标准计算，共计 306 天，计 36720 元。

六、残疾赔偿金

总额为：24366 元 / 年 ×20 年 ×100% = 487320 元。

七、残疾辅助器具费等

2876.81 元

八、被赡养人生活费

17546 元 / 年 ×5 年 ÷5 人 ×100% = 17546 元

九、精神损害抚慰金

50000 元。

十、鉴定费

2500 元。

十一、后期护理费（暂计五年）

36000 元 / 年 ×5 年 ×80% = 144000 元。

以上十一项总计：1056257.09 元，此数额中包含被告已支付的医疗费 185400 元。

提交日期：2015 年 8 月 26 日

魏某伤残赔偿项目明细

一、医疗费

8278.71+612.30=8891.01 元。

二、住院伙食补助费

住院伙食补助费 30 元 / 天，共计 86 天，计 2580 元。

三、营养费

按照 30 元 / 天标准计算，共计 60 天，计 1800 元。

四、误工费

按照 143.73 元 / 天标准计算，共计 120 天，计 17247.60 元。

五、护理费

按照 120 元 / 天标准计算，共计 60 天，计 7200 元。

六、残疾赔偿金

以八级伤残 30% 计算，总额：24366 元 ×20 年 ×30% = 146196 元。

七、精神损害抚慰金

10000 元。

八、鉴定费

1300 元。

以上八项总计：195214.61 元。

提交日期：2015 年 8 月 26 日

（三）双方的辩论

被告××财产保险公司××中心支公司及被告向某的辩论意见要点：

一、原告依据被告向某投保的第三者责任险的保险合同关系起诉，由于保险合同具有相对性，原告不具有在第三者责任险范围内的诉讼主体资格。

二、由于肇事者田某肇事逃逸，根据保险合同免责条款的约定，保险公司有权拒绝理赔。

三、最高人民法院的公报案例的判决支持了保险公司因肇事逃逸免赔的抗辩主张，应予参照该案例判决本案。

四、被告向某主张作为车主他无过错，不承担赔偿责任，此前垫付的款项应当从保险赔偿款中扣回。

原告关某等的辩论意见：

一、被告××财产保险股份有限公司××中心支公司主张的抗辩理由不能成立，其应当就肇事机动车方全部责任在交强险和第三者责任险限额内承担赔偿责任。理由如下：

第一，本案交通事故的发生是在本案机动车交强险和商业第三者责任险有效期内，事故责任也在保险理赔范围内。

第二，交通事故责任认定书，认定造成交通事故的原因是因为驾驶员违背道路交通安全法第四十二条之规定。根据该条规定，驾驶员应当在极端天气和极端路况条件下谨慎驾驶，减速慢行。被告田某违背该条规定形成交通事故。虽然该责任认定书上也记载了被告田某驾车离开现场，但田某离开现场的行为，并不是事故形成的原因，也不是认定驾驶员承担全部事故责任的原因。更何况，从道路交通安全法的规定来看，肇事后逃离现场，并且逃离行为使得责任无法分清或事故后果加重，这才可能是肇事逃逸。很显然，本案当中并不存在因驾驶员逃逸行为使得责任无法分清或事故后果加重的事实。因此，本案当中并不存在法律意义上的逃逸行为。而且，第三者责任险是保险人对被保险人给第三方造成的责任所承担的风险。保险公司在保单中将保险车辆肇事逃逸列为免责事由，但没有列明具体情况，因此，应当考虑是否相应增加了保险公司的赔付风险和赔偿负担，并结合保险的最大诚信原则、合理转移被保险人的经营风险、为事故受害人提供必要的救济保障等因素综合分析。应当遵循诚实信用、公平合理的原则来设定彼此的权利义务，该条款应当解释为当事人的逃逸行为客观上加重了保险人的合同义务时，保险公司才能免责。就本案而言，田某肇事离开现场严重违反了道路交通管理方面的法律法规，田某在事故发生后的逃离行为，并未加重保险公司的赔偿风险和赔偿负担。保险公司不能仅以其保险条款的单方面规定和对该条款进行有利的解释来拒绝赔偿。

第三，本案受害人直接起诉保险公司，是法律赋予受害人的原告主体资格，被告保险公司不能以其与投保人签订的保险合同条款来抗辩原告的请求。保险合同是投保人与保险公司所签，是该双方权利义务的依据，本案原告不是该保险合同的当事人，合同中免责条款充其量对该双方有一定约束力，对本案原告不具有直接约束力。也就是说，如果事故责任方已经对原告赔偿完毕，以原告身份起诉保险公司主张赔偿，保险公司才可以免责条款抗辩，而不能直接对该合同以外的第三方以免责条款抗辩。被告保险公司举出支持其主张的案例，该案中原告是肇事逃逸的驾驶人，在向受害人赔付后向保险公司要求理赔，法院判决不予支持有其合理性。但本案所不同的是，原告是受害人且未得到责任方赔付，该案例对本案不具有可参照性。

第四，保险公司据以抗辩的合同免责条款，并无证据证实该免责条款已与投保人协商或已给投保人明示，且明显存在减轻保险公司责任而加重对方负担的事实，该免责条款违反合同法的多条规定，也背离订立保险合同的目的，依法不应当支持该条款的效力。

第五，保险公司主张因驾驶员肇事逃逸而免责，就意味着：因驾驶员违反道路交通安全法第70条，保险公司即可因驾驶员的违法行为不必向受害人赔偿而获利；同样因驾驶员违反道路交通安全法第70条，使受害人得不到保险赔偿款而遭受重大损失。若支持保险公司的主张，其结果就是：保险公司因他人的违法行为而获利，受害人因他人的违法行为而受损。很显然这个结果与司法审判的公平正义背道而驰。

二、被告向某或田某为给原告治疗所支付的医疗费，即使是向某垫付，也是代肇事司机田某支付，不能向原告主张返还。若其认为无垫付责任，依法可向田某追偿。理由如下：

其一，本案被告田某负事故全责，本应支付医疗费，原告认可被告向某或田某已支付的医疗费及护理费金额，从应予赔偿的总额中扣除。至于该款是谁支付，以及该二人之间是借贷关系还是代垫关系，都与原告无关，不应由原告返还。

其二，被告田某未到庭参加诉讼，对于被告向某的主张及其证据，也未经田某当庭质证，被告向某所主张的"垫付款"究竟是谁支付，或者各支付了多少，尚无足够证据证实，不能草率认定一定是被告向某全额垫付。

其三，本案受害人伤情严重，继续治疗和今后护理所需金额巨大，赔偿责任尚未落到实处，原告家庭东拼西借已垫付巨额费用，不堪重负。若因车主所称的无责任而要求返还垫付费用，那么，原告又何来责任却已经垫付巨额费用，且仍在垫付！根据××省高级人民法院《关于审理道路交通事故损害赔偿案件若干问题的指导意见(试行)》第七条第四项之规定，借用人下落不明的，车主应当承担连带责任。因此，考虑到本案的实际情况，依据相关法律规定，对车主提出的返还垫付款主张不应支持。

（四）裁判结果

一、原告关某、魏某各项损失共计1147244.96元(关某968327.54元、魏某178917.42元)，由被告××财产保险股份有限公司××中心支公司在陕 FVV346 号小型汽车机动车交通事故责任强制险责任限额赔偿 12 万元，在商业第三者责任保险责任限额内赔偿 50 万元，共计 62 万元；

二、原告其余损失费 527244.96 元，由被告田某负责赔偿。扣除田某、向某已经共同支付的相关费用 199790 元，被告田某尚应再赔偿 327454.96 元（限判决书生效后 60 日内付清）。

三、驳回原告的其他诉讼请求。

如果被告田某、××财产保险股份有限公司××中心支公司未按本判决指定的期间履行给付金钱义务，应当依据《中华人民共和国民事诉讼法》第二百五十三条之规定，加倍支付迟延履行期间的债务利息。

宣判后，被告××财产保险股份有限公司××中心支公司提出上诉，被二审人民法院驳回上诉，维持原判。

（五）执行

执行申请书

申请人：关某，男，1962 年 × 月 25 日出生，汉族，身份证号码 61××25××××。联系电话：150××××（关某之子）。

住所地：××区×路中段×区×号楼×层5××室。

申请人：魏某，女，1964 年 × 月 30 日出生，汉族，身份证号码 61××25××××，系关某之妻。联系电话：177××××。

住所地：××区××路中段××小区×××号楼5层5××室。

被执行人：田某，男，1986 年 × 月 29 日出生，汉族，身份证号码 61××28××××。

住所地：××市××县××镇坝村魏家桥小组。

请求事项：强制被执行人履行××市××区人民法院（2015）××民初字第 01646 号民事判决书确定的义务：

1. 被执行人支付 327454.96 元赔偿款。

2. 被执行人加倍支付延迟履行期间的债务利息。

3. 被执行人支付申请人垫付的一审案件受理费 6756 元。

4.执行费用由被申请人承担。

事实和理由：

申请人与被申请人因机动车交通事故责任纠纷一案，××市××区人民法院已于 2015 年 12 月 22 日作出了（2015）××民初字第 01646 号民事判决，判决被告 ×× 财产保险股份有限公司 ×× 中心支公司赔偿 62 万元；被告田某赔偿 527244.96 元，扣除田某、向某已共同支付的相关费用 199790 元，田某尚应再赔偿 327454.96 元。限判决书生效后 60 日内付清。×× 财产保险股份有限公司 ×× 中心支公司不服一审判决上诉，×× 市中级人民法院于 2015 年 7 月 8 日作出了（2015）×× 民终 387 号民事判决，判决驳回上诉，维持原判。该判决生效之后，被告 ×× 财产保险股份有限公司 ×× 中心支公司已履行相关义务，而被告田某一直未履行判决确定的支付义务，已严重损害申请人的合法权益。根据《民事诉讼法》之相关规定，请求人民法院依法强制执行。

此致

×× 区人民法院

申请执行人：关某　魏某

2016 年 11 月 18 日

本案研习要点：

1.本案研判的要点与最后裁判结果，分析评价判断和结果的契合度。

2.试分析本案原告的举证思路的合理性，若有不足，请指出来。

3.试分析本案的证据、事实、与相关法律之间的关联。

案例二　青某工伤保险待遇纠纷案

一、基本案情

青某系××有限公司职工，因公司派遣到内蒙古某有限责任公司出差，2012年8月26日因工返回途中，所乘坐大客车在××段发生车祸，不幸遇难。就交通事故，青某的近亲属已获得肇事方支付的全部赔偿，现主张依据《工伤保险条例》请求工伤保险待遇赔偿。

二、分析研判

本案当中的相关问题，分析研判如下：第一，本案当中的相关法律关系的确定。涉及两大部门法的规定，一个是《道路交通安全法》，一个是《工伤保险条例》。按照相关规定，死者的亲属应该基于《道路交通安全法》享受交通事故应有的赔偿。同时，事故的性质是由于职工在因工出差返回的途中死亡，这个事实本身又符合《工伤保险条例》中因工死亡的相关规定，因而又涉及工伤保险赔付的法律关系。第二，权利主体问题。死者的近亲属包括其父亲青某某、母亲赵某、妻子秦某和不满周岁的儿子青小某，因此，主张工伤保险待遇的权利主体应该是这四位，其中任何一位单独均无权主张。同理，律师接受的委托代理也应该是这四位权利人的共同委托。其中不满周岁的儿子由其法定代理人秦某代为办理相关手续。第三，流程问题。因为是依据《工伤保险条例》来主张权利，因此就应当按照条例规定的流程来完成相关事务。由于我国法律规定，劳动仲裁是提起劳动诉讼的前置程序，因此在诉讼前应当先进行劳动仲裁。但是进行劳动仲裁前必须先进行该次事故的工伤认定。第四，关于风险的评价问题。交通事故的处理已经终结，死者家属也已经得到相关赔偿，那么死者家属还能否就同一事实享受工伤保险待遇？由于《道路交通安全法》规定的是道路交通安全侵权责任，而《工伤保险条例》是基于职工与用人单位存在着劳动关系而规定了相关的赔偿，这两部法律互不隶属，互不相干，因此道路交通事故的赔偿不应当影响到死者家属基于《工伤保险条例》主张工伤保险赔偿。经初步调查研究，全国各地有两种做法，一种是在交通事故中已经得到赔偿的部分，工伤保险不再予以赔偿，即俗称的补差赔偿。另一种做法是互不关联，由用人单位按照《工伤保险条例》依法全额赔偿，如果用人单位已经为员工缴纳了社会保险，则由社会保险进行赔偿。根据《最高人民法院关于因第三人造成工伤的职工或其亲属在获得民事赔偿后是否还可以获得工伤保险补偿问题的答复》（[2006] 行他字第 12 号）："因第三人造成工伤的职工或其近亲属，从第三人处获得民事赔偿后，可以按照《工伤保险条例》第三十七条的规定，向工伤保险机构申请工伤保险待遇补偿"，因此，此类事件是可以按照《工伤保险条例》主张全部赔偿的。

三、操作过程

本案的操作过程可谓一波三折，先向区劳动行政部门提出工伤认定申请，区劳动行政部门告知应向市上劳动行政部门申请，市上劳动行政部门又告知向北城开发区劳动行政部门申请，转了一圈北城开发区劳动行政部门受理申请。在两个月期限即将届满时，北城开发区劳动行政部门告知其无权受理，案件回到起点。经过协商沟通，市劳动行政部门受理申请，并最终作出认定为工伤的决定书。其后，用人单位不服该决定，向 ×× 省人力资源和社会保障厅申请复议，经过复议，×× 省人力资源和社会保障厅维持了××市劳动行政部门做出的工伤认定决定。之后，用人单位仍然不服复议决定，以××市劳动行政部门为被告向法院提起行政诉讼，要求撤销工伤认定决定，法院审理后，依法驳回了用人单位的诉讼请求，维持了工伤认定决定，用人单位没有上诉，判决生效。接下来，工伤职工亲属向区劳动仲裁部门申请劳动仲裁，区劳动仲裁部门不予受理并书面答复，市劳动仲裁部门也不予受理并书面答复。至此，工伤职工亲属按照法律规定向人民法院提起诉讼，并最终由法院审理并判决。

工伤认定申请书

申请人：青某某，男，生于1962年×月5日，汉族，身份证号：61××22××××，住××县××镇×村三组，农民。联系电话：135××××。

被申请人：××有限公司。地址：××市××区汉宝路一号。联系电话：261××××。

法定代表人：张某某，公司总经理。

申请请求：请求依法认定申请人的近亲属青某死亡为工伤。

事实与理由：

申请人近亲属青某系××××有限公司职工，因公司派遣到内蒙古某有限责任公司出差，2012年8月26日因工返回某地途中发生车祸，不幸遇难。

根据《工伤保险条例》第十四条之规定，申请人的近亲属青某因工伤亡属于工伤。鉴于被申请人未主动提出工伤认定申请，特依据《工伤保险条例》第十七条第二款之规定，申请劳动行政部门对申请人近亲属青某因工死亡一事进行调查核实，并依法认定此次青某因工死亡为工伤。

此致

××市人力资源和社会保障局

申请人：青某某

2012年10月23日

认定工伤决定书

×人社伤险认决字［2013］××号

申请人：青某某

职工姓名：青某　性别：男　年龄：27 岁

身份证号码：61××21××××

用人单位：×× 有限公司

职业/工种/工作岗位：技术部职工

事故时间：2012 年 8 月 26 日

事故地点：×× 市境内某地段

死亡时间：2012 年 8 月 26 日

受伤害经过：

2013 年 3 月 13 日受理青某之父青某某报来的工伤认定申请后，根据提交的材料和调查核实的情况如下：

2012 年 8 月 14 日，×× 有限公司派遣单位职工青某等 4 人到内蒙古某有限责任公司做售后服务。2012 年 8 月 25 日青某等 4 人完成单位安排的工作后，从内蒙古乘坐蒙 A×××× 号大客车返回 ×× 市，8 月 26 日 2 时 31 分，蒙 A×××× 号大客车在 ×× 境内某地段发生特大交通事故，该车被烧毁，青某当场遇难。

青某同志受到的事故伤害，符合《工伤保险条例》第十四条第五项之规定，属于工伤认定范围，现予以认定为工亡。

如对本工伤认定决定不服的，可自接到本决定书之日起 60 日内向 ×× 市人民政府或省人力资源和社会保障厅申请行政复议，或者向人民法院提起行政诉讼。

×× 市人力资源和社会保障局

二〇一三年四月二十八日

行政复议申请

申请人：×× 有限公司

法定代表人：张某某，公司董事长

被申请人：青某某（职工姓名：青某，身份证号：61××21××××）

复议申请事项：

请求 ×× 省人力资源和社会保障厅依法撤销 ×× 市人力资源和社会保障局作出的 × 人社伤险认决字［2013］18 号《认定工伤决定书》。

复议理由：

2012 年 8 月 25 日，青某从内蒙古乘坐蒙 A×××× 号大客车在 ×× 某地段发生特大交通事故，该车被烧毁，青某遇难。后青某某认为青某人身损害赔偿一案，应按照工伤事故处理，向 ×× 市人力资源和社会保障局申请工伤认定，×× 市人力资源和社会保障局于 2013 年 4 月 28 日作出 × 人社伤险认决字［2013］18 号《认定工伤决定书》，认定青某属于工亡，但是，申请人认为，青某的遇难，因蒙 A×××× 号大客车在 ×× 市境内某地段发生特大交通事故所致，应按照道路交通事故人身损害赔偿事故处理，赔偿义务人应该是该交通事故的责任人。按照一事不再理的法律原则及有关法律规定，青某不应当认定为工亡。

基于以上理由，申请人认为，根据《行政复议法》第二十八条之规定，复议机关应当依法撤销 × 人社伤险认决字［2013］18 号《认定工伤决定书》。

请复议机关依法受理申请人的复议申请并公正审查。

此致
×× 省人力资源和社会保障厅

申请人：×× 有限公司
2013 年 6 月 20 日

行政复议决定书

× 人社复决字［2013］第 ×× 号

申请人：×× 有限责任公司，住所地：×× 市 ×× 区汉宝路 1 号

法定代表人：张某某

委托代理人：郭某，本企业职工

被申请人：×× 市人力资源和社会保障局

法定代表人：杨 ××　　职务：局长

第三人：青某，男，汉族。1985 年 × 月 21 日出生，身份证号：61××21×××。住所地：×× 市 ×× 县 ×× 镇柳湾村三组。

申请人不服被申请人 2013 年 4 月 28 日作出的《×× 市人力资源和社会保障局认定工伤决定书》（× 人社伤险认决字［2013］18 号），向本厅提起行政复议，本厅依法受理。

申请人申请行政复议的主要事实和理由：2012 年 8 月 25 日，青某从内蒙古乘坐蒙 A×××× 号大客车在 ×× 境内某地段发生交通事故，该车被烧毁，青某遇难，应按照道路交通事故人身损害赔偿事故处理，赔偿义务人应该是交通事故的责任人。按照一事不再理的法律原则及有关法规规定，青某不应当认定为工伤。

为支持其观点，申请人向本厅提交了以下证据：第一组：《×× 市人力资源和社会保障局认定工伤决定书》（× 人社伤险认决字［2013］18 号）。第二组：×× 市公安局交通警察支队高速公路大队道路交通事故认定书。第三组："8·26 事故"当事人名单。

被申请人答辩如下：一、被申请人所做出的认定工伤决定程序合法。第三人青某之父 2013 年 2 月 21 日向被申请人提交了工伤认定申请书，对青某在 2012 年 8 月 26 日，因工作原因在乘坐蒙 A×××× 号大客车从内蒙古返回 ×× 市途中，发生特大交通事故遇难身亡一事申请工伤认定，被申请人依法受理，并向申请人发出调查通知书，申请人未提供任何证据。被申请人于 2013 年 4 月 28 日作出《×× 市人力资源和社会保障局认定工伤决定书》（× 人社伤险认决字［2013］18 号）。二、事实清楚，依据合法。经查明，第三人青某系 ×× 有限公司职工，2012 年 8 月 14 日，申请人派遣单位职工青某等 4 人到内蒙古某有限责任公司做售后服务。2012 年 8 月 25 日，青某等 4 人完成单位安排的工作后，乘坐蒙 A×××× 号大客车从内蒙古返回 ××。8 月 26 日 2 时 31 分，在 ×× 境内某地段发生特大交通事故，青某当场遇难。被申请人认为，青某系 ×× 有限公司职工，因工外出期间受到伤害，符合《工伤保险条例》第十四条第（五）项的法定情形，并根据 ×× 电工有限责任公司负责人朱 ×× 证人证言以及 ×× 市公安局交警支队高速公路大队交通事故认定书等证据，认定为工伤。

综上，被申请人做出的具体行政行为事实清楚、证据确凿、适用法律、法规正确，符合法定程序。

为支持其观点，被申请人向本厅提交了以下证据：第一组：《××市人力资源和社会保障局认定工伤决定书》（×人社伤险认决字［2013］18号）。第二组：××有限公司给青某生前发放工资的银行明细单。第三组：××市公安局交通警察支队高速公路大队道路事故认定书以及"8·26事故"当事人名单。第四组：××有限责任公司委派处理交通事故的负责人××亲笔书写的材料。第五组：××市人社局工作人员对××电工有限责任公司负责人××做的调查笔录。第六组：第三人之父青某某报来的工伤认定材料、被申请人向××有限责任公司发出的《工伤认定申请应诉补正材料通知书》。

本厅查明：青某（第三人），男，1985年12月21日出生。身份证号：61××221××××。系××有限公司职工。2012年8月14日，申请人派遣青某等4人到内蒙古某有限责任公司做售后服务。2012年8月25日，青某等4人完成单位安排的工作后，乘坐蒙A××××号大客车从内蒙古返回××。8月26日2时31分，在××市境内某地段发生特大交通事故，青某当场遇难。第三人之父青某某2013年2月21日向被申请人提交了工伤认定申请材料，2013年4月28日被申请人做出的《××市人力资源和社会保障局认定工伤决定书》（×人社伤险认决字［2013］18号），结论为：属于工伤认定范围，认定为工亡。

本厅认为：工伤认定应当以事实为根据，以法律为准绳。申请人认为青某不能认定为工伤的举证不足。被申请人作出的具体行政行为认定事实清楚，程序合法，依据正确。根据《行政复议法》第二十八条第（一）项之规定，本厅做出行政复议决定如下：维持被申请人2013年4月28日做出的《××市人力资源和社会保障局认定工伤决定书》（×人社伤险认决字［2013］18号），申请人如不服本复议决定，可以在收到本行政复议决定书之日起15日内向被申请人所在地人民法院起诉。

××省人力资源和社会保障厅
2013年8月19日

行政判决

法院认为，人民法院审理行政案件，对具体行政行为是否合法进行审查，被告根据《工伤保险条例》及《工伤认定办法》认定青某在事故中受到的伤害，依法认定为工伤，事实清楚，证据充分，适用法律法规正确，依法应予以维持，依照《中华人民共和国行政诉讼法》第五十四条第（一）项的规定，判决如下：

维持 ×× 市人力资源和社会保障局 2013 年 4 月 28 日做出的 × 人社伤险认决字［2013］18 号《工伤认定决定书》。

（一）申请劳动仲裁

劳动仲裁申请书

申请人：青某某，男，生于 1962 年 × 月 5 日，汉族，身份证号：61××221××××，住 ×× 县 ×× 镇湾村三组，农民。联系电话：135××××。

申请人：赵某，女，生于 1963 年 × 月 2 日，汉族，身份证号：61××221××××，住址、职业同上。

申请人：秦某，女，生于 1986 年 × 月 8 日，汉族，身份证号：61××221××××，住址、职业同上。联系电话：150××××。

申请人：青小某，男，生于 2011 年 × 月 4 日，汉族，身份证号：61×7××××××，系秦某、青某之子，住址同上。

被申请人：×× 有限公司。地址：×× 市 ×× 区汉宝路一号。

法定代表人：张某某，公司执行董事。

申请请求：

1. 请求被申请人支付工亡待遇：交通费 3075 元，丧葬补助金为 19521元，供养亲属抚恤金总计 243000 元，一次性工亡补助金 491300 元，以上四项总计 756896 元。

2. 支付欠付的 2 个月工资共计 4000 元。

事实与理由：

　　申请人的近亲属青某系 ×× 有限公司职工，因公司派遣到内蒙古某有限责任公司出差，2012 年 8 月 26 日因工返回 ×× 途中，在某地段发生车祸，不幸遇难。经 ×× 市人力资源和社会保障局认定，申请人的近亲属青某在该事故中死亡为工亡。伤亡职工之子青小某出事时不满周岁，伤亡职工之母赵某因伤致残丧失劳动能力也无生活来源，现依据《劳动争议调解仲裁法》之规定，申请劳动争议仲裁委员会对申请人的请求事项进行仲裁，请依法支持申请人的请求。

　　此致

×× 市 ×× 区劳动争议仲裁委员会

申请人：青某某

申请人：赵某

申请人：秦某

申请人：青小某

2013 年 5 月 7 日

青某某等申请劳动仲裁提交证据清单

　　1. 申请人青某某等的户籍证明（户口本）；

　　2. 秦某与青某的结婚证书；

　　3. 证明申请人青某某等与死亡职工青某之间身份关系的公证文书；

　　4. 被申请人 ×× 有限公司给死亡职工青某生前发放工资的银行明细单；

　　5. 死亡职工青某生前使用工资卡办理网上银行业务的回执单；

　　6. 青某死亡证明、火化证、交通事故通知书等；

　　7. 被申请人单位委派处理交通事故的负责人 ×× 向申请人出具的证明，证实青某系被申请人单位职工，因出差返回途中发生交通事故死亡；

　　8. 被申请人 ×× 有限公司的工商登记档案表；

　　9. 工伤认定决定书。

以上证据为申请人于 2013 年 5 月 14 日提供

××市××区劳动争议仲裁委员会
不予受理决定书

××区劳仲不字〔2013〕01号

青某某、赵某、秦某、青小某：

2013年6月3日送来的申请书收悉，你们与××有限公司之间的工亡待遇争议，经审查认为：××区劳动争议仲裁委员会受理案件仅限于××区行政区域内的企业与职工发生的劳动争议，而××有限公司注册地为汉宝路一号，不属于××区行政区域，故本会对该案件无管辖权。根据《中华人民共和国劳动争议调解仲裁法》第二十九、《××省劳动争议处理实施办法》第二十条之规定，本会决定：不予受理。

如对决定不服，可自接到本《不予受理决定书》之日起十五日内，按照《最高人民法院关于审理劳动争议案件适用法律若干问题的解释》（法释〔2001〕14号）及《最高人民法院关于审理劳动争议案件适用法律若干问题的解释（四）》的有关规定，向人民法院起诉。

××市××区劳动争议仲裁委员会

2013年6月4日

××市劳动争议仲裁委员会
不予受理决定书

××市劳仲不字〔2013〕第14号

青某某、赵某、秦某、青小某：

×××律师代你们于2013年5月14日送交的仲裁申请书收悉，你们与××电工有限责任公司因工亡待遇发生的争执，经审查，不符合劳动争议受理条件，故本会根据《××省劳动争议处理实施办法》第二十条之规定，决定不予受理，主要理由如下：

经调查了解，××有限公司属于××区"区属规模以上工业企业"，本会没有管辖权。

如对本决定不服，可自接到本《不予受理决定书》之日起十五日内，按照《最高人民法院关于审理劳动争议案件适用法律若干问题的解释》（法释〔2001〕14 号）的有关规定，向××市××区人民法院起诉。

××市劳动争议仲裁委员会

2013 年 5 月 27 日

（二）起诉

民事起诉书

原告：青某某，男，生于 1962 年×月 5 日，汉族，身份证号：61××22××××，住××县××镇湾湾村三组，农民。联系电话：135××××。

原告：赵某，女，生于 1963 年 5 月 2 日，汉族，身份证号：61××22××××，住址、职业同上。

原告：秦某，女，生于 1986 年×月 8 日，汉族，身份证号：61××22××××，住址、职业同上。联系电话：150××××。

原告：青小某，男，生于 2011 年×月 4 日，汉族，身份证号：61×7××××××，系秦某、青某之子，住址同上。法定代理人秦某，系青小某之母。

被告：××有限公司。地址：××市××区汉宝路一号。联系电话：0××-261××××。

法定代表人：张某某，公司执行董事。

案由：工伤保险待遇纠纷

诉讼请求：

1. 请求被申请人支付工亡待遇：交通费 3075 元，丧葬补助金 19521 元，供养亲属抚恤金 268745.4 元，一次性工亡补助金 491300 元，以上四项总计 782641.4 元；

2. 支付欠付的 2 个月工资共计 4000 元；

3. 要求被告承担诉讼费。

事实与理由：

申请人的近亲属青某系××××有限公司职工，因公司派遣到内蒙古某有限责任公司出差，2012年8月26日因工返回××途中，在某地段发生车祸，不幸遇难。经××市人力资源和社会保障局认定，原告的近亲属青某在该事故中死亡为工亡。伤亡职工之子青小某出事时不满周岁。伤亡职工之母赵某因伤致残丧失劳动能力。原告依据《劳动争议调解仲裁法》之规定，先后申请××区劳动争议仲裁委员会和××市劳动争议仲裁委员会进行劳动仲裁，均被书面告知不予受理。现依法向你院提起诉讼，请依法支持原告的诉讼请求。

　　此致
××区人民法院

起诉人：青某某

起诉人：赵某

起诉人：秦某

起诉人：青小某

2013年6月6日

（三）举证

青某某等提交证据清单

1.青某某等的户籍证明（户口本）；

2.秦某与青某的结婚证书；

3.证明青某某等与死亡职工青某之间身份关系的公证文书；

4.××有限公司给死亡职工青某生前发放工资的银行明细单；

5.死亡职工青某生前使用工资卡办理网上银行业务的回执单；

6.青某死亡证明、火化证、交通事故通知书等；

7.被单位委派处理交通事故的负责人朱××向青某某等出具的证明，证实青某系该单位职工，因出差返回途中发生交通事故死亡；

8.××有限公司的工商登记档案表；

9.工伤认定决定书；

10.××区劳动争议仲裁委员会不予受理通知书；

11. ××市劳动争议仲裁委员会不予受理通知书；

12. 交通费票据；

13. ××区人民法院行政判决书。

以上证据于 2013 年 6 月 6 日提供

青某等请求赔偿清单

1. 丧葬费：19521 元（××省 2011 年度 6 个月平均工资）；

2. 供养亲属抚恤金（青某和青某某均系独生子女，2011 年 ××省平均工资 39043 元，按 40%计算 17 年又一个月，共计 268745.4 元）；

3. 一次性工亡补助金（2011 年全国城镇居民人均可支配收入的 20 倍，共计 491300 元）；

4. 交通费：3075 元；

5. 欠付工资：大约 4000 元；

以上五项总计：786641.4 元。

（四）辩论

原告方辩论意见如下：

代理意见

尊敬的审判长、审判员：

你院受理的青某某等与××有限公司工伤保险待遇纠纷一案，××律师事务所接受青某某等的委托，指派我担任其代理人。本代理人查阅了案件的全部材料，参加了本案的庭审活动，现发表以下代理意见：

一、人民法院受理和审理青某某等提起的工伤保险待遇纠纷案，符合法律规定

本案的证据清楚地证明，原告的近亲属青某在受被告单位委派出差返回途中，在××某地段发生的特大交通事故中身亡。××市人力资源和社会保障局依法对青某的死亡作出了工亡认定，其后，被告先后提起了行

政复议和行政诉讼，该工亡认定决定均被依法维持。在工亡认定决定作出后，原告先后向××市人力资源和社会保障局、××区社保局申请劳动仲裁，该二局均认为不属于其管辖，均书面告知不予受理。在此情形下，原告依法向人民法院提起诉讼，法院立案审查时，立案法官再次与××区社保局会商，××区社保局书面函告法院该局不予受理。此后，人民法院依法立案受理本案。

至于被告提出，其在提起行政诉讼期间，工伤认定决定还没有生效，法院不应当受理。此主张不成立，工伤认定决定是具体行政行为，作出后即生效，无须等待行政判决结果。而且，法院受理后，得知被告提起了行政诉讼，即中止了本案的审理，等行政判决结果出来并生效后恢复审理，并无任何不当。

二、作为工亡职工的近亲属，原告所主张的权益应当依法维护，被告的抗辩理由不能成立

青某的死亡系第三方的侵权行为所致，原告的近亲属从第三方获得了相应的侵权损害赔偿，这是事实。但本案诉讼争议的是劳动法律关系当中的工伤保险待遇，与侵权损害赔偿法律关系互不相干。权威的工伤认定决定，决定了本案所应适用的法律是劳动及社会保险相关法律规定，具体而言主要是工伤保险条例，而不是侵权责任法。《中华人民共和国工伤保险条例》第三十九条明确规定了工亡职工近亲属的待遇项目和标准；第六十二条第二款规定"依照本条例规定应当参加工伤保险而未参加工伤保险的用人单位职工发生工伤的，由该用人单位按照本条例规定的工伤保险待遇项目和标准支付费用。"因此，被告应当按照上述法律规定进行工亡赔偿。

被告抗辩提出不应当赔偿，其所持的理由是原告已从交通事故理赔当中获得了赔偿，原告不应当再获得赔偿，否则即为获得"双倍"，对社会其他人不公平，被告还提出了劳动部的规定支持其主张。本案中被告的抗辩理由不成立。交通肇事方进行赔偿，是因其侵权行为应当承担的法律责任，而被告应当对原告赔偿，则是因为被告没有履行为职工缴纳工伤保险的法定义务而承担的法定责任。绝对不能因为侵权的第三方已经进行了相

关民事赔偿而免除被告的工伤赔偿责任。被告援引的劳动部的相关规定，不应适用于本案，理由有三：其一，该规定制定的依据是旧的工伤保险条例，工伤保险条例已经于 2010 年全面修订。据以制定的依据已经变化了，原规定当然就不再适用。其二，该规定只是部门规章，主要是工伤保险条例修改前行政机关处理相关事务的依据，不应当作为本案的适用依据。其三，现行工伤保险条例对工伤赔偿项目和标准已有明文规定，劳动部先前的规定显然与工伤保险条例规定不一致，毫无疑问应当适用工伤保险条例的规定。而且，有一点至关重要，劳动部先前的规定只是用于社保部门使用国有社保资金对已参保人员的理赔，与本案当中工伤保险条例规定的用人单位的赔偿是完全不同的两个问题，不能混为一谈。

三、相关的司法解释以及相关的案例，有力地佐证了对原告的请求应当依法予以支持

前文已经述及，基于工伤保险条例的规定，用人单位应当缴纳工伤保险，如果不缴纳要承担相应的行政处罚后果，而且，对工伤事故按条例标准还要承担工伤赔偿民事责任。工伤保险条例决不允许用人单位既不缴纳工伤保险，也不承担工伤赔偿责任。假如被告履行了缴纳工伤保险的法定义务，则原告当然可以向社保机构申请工伤理赔而得到赔偿。最高人民法院 [2006] 行他字第 12 号答复，明确规定"根据《中华人民共和国安全生产法》第四十八条以及最高人民法院《关于审理人身损害赔偿案件适用法律若干问题的解释》第十二条的规定，因第三人造成工伤的职工或其近亲属，从第三人处获得民事赔偿后，可以按照《工伤保险条例》第三十七条的规定，向工伤保险机构申请工伤保险待遇补偿。"因为被告未履行缴纳工伤保险的法定义务，原告无从向社保部门申请理赔，被告理应直接赔偿。参考 2012 年前后本省法院裁判的一些案例以及 ×× 区劳动仲裁部门的裁决书，原告的主张应当予以支持。

以上代理意见，恳请采纳。谢谢！

委托代理人：×× 律师事务所

××× 律师

2014 年 8 月 6 日

被告及其代理人代理意见已在前文引述，在此从略。

（五）裁判结果

一、被告××有限公司于判决生效后 10 日内向原告青某某、赵某、秦某、青小某支付一次性工亡补助金的差额 71300 元以及尚未支付的 2012 年 7 月份和 8 月份两月工资合计 3261.6 元；

二、驳回原告方其他诉讼请求。

如果被告××有限公司未按照本判决指定的期间履行金钱给付义务，应当按照《中华人民共和国民事诉讼法》第二百五十三条之规定，加倍支付迟延履行的债务利息。

本案研习要点：

1.结合民事诉讼法、劳动争议调解仲裁法、工伤保险条例等的相关规定，归纳梳理出处理工伤案件可能的全部流程。

2.如何评价本案的判断与一审判决结果之间的巨大差异？

案例三　林某要求返还房屋纠纷案

一、基本案情

林某于 2000 年购得 ×× 县 ×× 小区 × 号楼 × 单元 6 楼东户住房一套，并办理了房屋产权证。后因林某外出务工，将上述房屋钥匙及产权证书交由亲戚王某（系林某的舅舅）代管。2008 年 4 月，林某回 ×× 发现该房屋有人入住，门锁也被换掉。经多方了解得知，现入住者马某称是从"林某"（实为张某某）手中购得房屋，并取得房产证。林某告知马某该房屋系林某所有，要求马某返还房屋，马某拒不返还。

二、分析研判

本案事实比较清楚，案情也较为简单。本案要首先调查清楚几个重要问题：第一，关于房屋的权属和交易过程。既然房屋系林某购买并取得权属证书，房屋是被何人怎样卖给了马某的？带着这样的疑问必须调查清楚房屋交易过程，以掌握基本的案件事实。接受委托后，经向房管部门调查该房屋的产籍档案和交易档案，发现是产权证代管者王某之子张某某冒用了林某照片和姓名，办理了假身份证后以房屋所有人的身份将房屋卖与马某，并持林某房屋产权证办理了过户登记。第二，房屋交易变更登记过程中，登记机关是否存在违法违规。在掌握基本事实以后，进一步仔细核查交易档案发现，张某某只冒用了林某的照片和姓名，伪造的身份证上其余的信息均为张某某本人的真实信息，房产过户登记档案记载的房主身份证号与产籍档案中记载的林某的身份证号并不一致。至此，可以判定房产过户登记部门审查存在疏漏。第三，涉案房屋到底应当归谁所有。这个问题的关键，是判断清楚买受人马某是否构成善意第三人而取得房屋所有权。《中华人民共和国物权法》第一百零六条规定："无处分权人将不动产或者动产转让给受让人的，所有权人有权追回；除法律另有规定外，符合下列情形的，受让人取得该不动产或者动产的所有权：（一）受让人受让该不动产或者动产时是善意的；（二）以合理的价格转让；（三）转让的不动产或者动产依照法律规定应当登记的已经登记，不需要登记的已经交付给受让人。受让人依照前款规定取得不动产或者动产的所有权的，原所有权人有权向无处分权人请求赔偿损失。当事人善意取得其他物权的，参照前两款规定。"据此，由于买受人马某是支付价款购买且已办理完成登记，至于其是否"善意"以及支付的价款是否是"合理的价格"，难以判断。第四，诉讼思路及风险判断。林某提起诉讼，可以向无权处分人张某某主张损害赔偿，此诉胜诉当无疑问，几乎没有败诉风险。但这个做法并不可取，据了解张某某已将卖房所得挥霍，无赔偿能力，这就存在巨大的执行风险。林某还有一个选择：以返还原物为由，起诉房屋购买人马某要求其返还原物。这个做法存在风险：若最终法院认定买受人是善意第三人取得房屋所有权，则林某可能败诉。第五，确定纠纷解决方案。本着有效维护委托人合法权益的目的，再次分析研究力争否定买受人为善意第三人的可能。前述物权法规定须同时满足三个条件买受人才能够是善意第三人进而取得房屋所有权，若房屋变更登记被撤销，则毫无疑问买受人即不具备善意第三人的全部法律要件。要使得变更登记被撤销，可以是房管登记部门主动纠错自行撤销，也可以是林某提起行政诉讼要求登记部门撤销。经交涉登记部门也认识到自己的失误，主动撤销了登记。至此，诉讼的障碍及相应风险得到基本排除，林某可以返还原物为由，起诉房屋购买人马某要求其返还原物。

三、操作过程

（一）起诉

民事起诉书

原告：林某，男，汉族，生于 1980 年 × 月 13 日，原住 ×× 县望江镇市政巷ＸＸ家属楼，个体业主，联系方式：134×××××。

被告：马某，女，汉族，生于 1973 年 × 月 6 日，×× 县人，住 ×× 省 ×× 县甘宁镇ＸＸＸＸ职工宿舍。身份证号 61×125×××××。联系电话：135××××。

第三人：张某某，男，汉族，小学文化，生于 1981 年 × 月 20 日，住 ×× 县宝山镇ＸＸ村一组，农民，身份证号 61××22××××。

案由：返还原物纠纷

诉讼请求：

1. 要求被告把 ×× 县 ×× 小区Ｘ号楼西单元Ｘ楼东户房屋及产权证返还原告。

2. 要求被告赔偿占用房屋期间的损失 3000 元。

3. 本案诉讼费由被告承担。

事实与理由：

原告于 2000 年购得 ×× 县 ×× 小区Ｘ号楼西单元Ｘ楼东户住房一套，并办理了房屋产权证。该房屋产权证载明户主为林某，证书编号为200113××。后因原告外出务工，将上述房屋钥匙及产权证书交由亲戚王某（系原告的舅舅）代管。2008 年 4 月，原告返回 ×× 发现该房屋有人入住，门锁也被换掉。经多方了解得知是被告入住该房屋并更换了门锁，经询问被告，被告称该房屋系其购买。后进一步了解，被告称是从张某某手中购得房屋。原告十分诧异，并告知被告该房屋系原告所有，从来没有向任何人出卖。原告要求被告返还房屋，被告拒不返还。为此，原告诉至法院，要求确认被告与第三人之间的买卖行为无效，被告向原告返还房屋及产权证，并赔偿原告经济损失。请依法支持原告的诉讼请求。

此致

××县人民法院

起诉人：林某

2009 年 2 月 27 日

（二）举证

原告林某提供证据清单

第一组

××县房管局保留的产权登记档案一套，共 10 页

本组证据证明：本案讼争房屋的所有权人为本案原告林某

第二组

××县房管局保留的产权交易档案一套，共 22 页

本组证据证明：

1. 第三人冒充原告的名义与被告进行交易

2. 出卖房屋之"林某"，即出卖人非本案原告

3. 被告明知其交易的对方并非房屋所有人

4. 房屋买卖的价格是明显不合理低价

第三组

××县房管局撤销房屋登记决定书及城镇房屋产权登记证费表，共 2 页

本组证据证明：

1. 房屋产权人为本案原告

2. 原交易及登记过程中第三人提交错误、虚假材料的事实

本组证据说明：以上证据材料是从 ××县房管局复印

裁判结果：一审法院审理后认为，涉案房屋系原告所有，被告不构成善意第三人，据此判决被告将房屋返还给原告。被告在法定期限内未提出上诉，一审判决生效。

本案研习要点：

1. 实体法——物权法（现为民法典物权编）有关善意取得的规定，在本案的前期非诉讼以及其后的诉讼程序中是如何适用的？

2. 本案中对败诉的风险是如何认识和处理的？

3. 就本案中房管部门登记错误若形成损失需要赔偿，诉讼该如何进行？

案例四 ××酒业公司诉林某损害公司利益责任纠纷案

一、基本案情

2012年7月11日，张某龙（化名）与被告林某（化名）签订《股权转让协议》，约定林某、林小某（化名）将其持有的××省××酒业有限公司全部股权转让给张某龙，转让款3000万元。约定截至签订协议时酒业公司总负债10940万元，2012年6月份费用负债为180万元，同时还约定了资产移交和付款方式等事项。协议签订后第三天，林某在2012年7月13日出售基酒123.134吨，所得款项未进公司账户。在资产清点和移交过程中，林某两次出具《承诺书》，其书面承诺公司2012年6月份的费用负债和公司实际负债总额超出约定负债的责任由林某承担，他人占用场地交还事宜等遗留问题在一个月内解决。其后，经核定，原公司2012年6月份的费用负债数额为3098151元，超出约定1298151元，截至签订协议时，原酒业公司的实际负债总额超出约定负债886968元。被他人占用的场地房屋，经过多次诉讼并经法院强制执行，在2015年部分房屋才得以收回，为此支出费用15万余元。此外，原告还代付政府拍卖款、2012年7月11日前公司所欠税款、处理职工遗留问题款项。前述代付款，抵扣股权转让应付款余额后，合计365698元。在转让时经双方确认的债务清单中有一笔近200万元的公司负债，因债权人（林某之妻）索要款项，将××酒业公司诉至法院。酒业公司认为林某违约，公司权益受到损害，要依法维权形成本案纠纷。

二、分析研判

经对相关情况的了解，审查了相关材料，本案纠纷系因林某之妻索要公司欠款引发，××酒业公司极为不满，认为林某尚未向公司全面履行协议及承诺，且使公司遭受损失，林某之妻反将公司告上法院，公司决定依法维权。在此情形下，为维护公司权益进行诉讼须分析研判如下几个方面的问题：第一，相关法律关系及纠纷的性质。作为自然人股东的林某、林小某与张某龙之间的法律关系显然是股权转让合同法律关系；林某对张某龙以及公司的两次承诺，应当是基于股权转让协议而产生的新的权利义务约定，主要法律关系也应当包含在股权转让合同法律关系当中。但同时应当注意到，该承诺也是原股东对公司的承诺，因而原股东与公司之间也形成了合同法律关系；原股东在股权转让协议签订后出售基础酒并把所得据为己有的行为，显然是股东侵害公司财产权的侵权行为。因此，本案当中既存在股权转让法律关系，也存在侵权法律关系。第二，诉讼主体的确定。因股权转让行为而产生纠纷，诉讼主体一方应当是股权出让人林某、林小某，另一方主体为股权受让人张某龙；因出让股东违背其对公司的承诺，又由于其出售基础酒把所得据为己有，既存在对公司的违约也存在对公司的侵权，诉讼主体一方当为公司，另一方当为林某。基于此分析判断，可以综合考虑主要以股权转让纠纷关系的双方为诉讼主体，即原告为张某龙、××省××酒业有限公司，被告为林某、林小某。第三，诉讼请求的确定。既然被告违反了股权转让时的承诺，可以其承诺书为据结合审计账目要求其履行承诺，偿付其所承诺的费用。此外，由于被告林某把本属于公司的出售基础酒所得款项据为己有，原告公司有权利要求其向公司归还出售所得款项。第四，诉讼时效问题。本案所涉股权转让及出售基础酒的行为均发生于2012年，提起诉讼已经是2015年，被告是否存在原告起诉已逾诉讼时效的抗辩权？依当时的法律规定普通诉讼时效为两年，表面上看，原告的起诉似乎在诉讼时效届满以后。经仔细分析，关于公司法的解释中对此类问题有专门规定，依该规定，时效问题当不成为本案原告诉讼的障碍。

三、操作过程

基于上述分析研判，遂以酒业公司和张某龙为原告，以股权转让纠纷为案由，要求被告履行承诺承担相关费用和返还出售基础酒款项。因张某龙受让股权后再次进行了股权出让，起诉时股东已不再是张某龙，案件结果与他已无实质利害关系，张某龙在境外口头委托公司员工潘龙（化名）代理其诉讼，但开庭审理时张某龙拒绝以原告身份起诉，也不签署书面授权委托书。在此情形下，原告酒业公司不得不申请撤回起诉，然后单独以酒业公司为原告，以损害公司利益责任纠纷为由起诉林某。

（一）第一次起诉

民事起诉书

原告：×× 省 ×× 酒业有限公司

住所地：×× 县望江镇

法定代表人：赵某，公司总经理

原告：张某龙，男，身份证号 61××01××××，住 ×× 市 ×× 县，民营企业主，联系电话：137××××

被告：林某，男，身份证号 61××22××××，住 ×× 县望江镇 4 号小区，民营企业主，原某酒业公司法人代表，联系电话：133××××

被告：林小某，男，身份证号 61××22××××，住 ×× 县 4 号小区，医药经销商，原某酒业公司股东，联系电话：133××××

案由：股权转让纠纷

诉讼请求：

一、要求被告全面履行股权转让协议和承诺书，进行股权转让相关账目清算。

二、要求被告向原告公司支付 5090817 元（其中包括出售基酒款2540000 元，超出约定的 2012 年 6 月负债 1298151 元，超出约定的总负债 886968 元，代付政府拍卖款、2012 年 7 月 11 日前被告所欠税款、处理职工遗留问题及场地占用问题代支款合计超支 365698 元）。

三、要求被告承担本案诉讼费。

事实与理由：

2012 年 7 月 11 日，原告张某龙与被告林某签订《股权转让协议》，约定二被告将其持有的 ×× 省 ×× 酒业有限公司全部股权转让给原告张某龙，转让款 3000 万元。协议约定截至签订协议时酒业公司总负债10940 万元，2012 年 6 月份费用负债为 180 万元，同时还约定了资产移交和付款方式等事项。协议签订后，被告在 2012 年 7 月 13 日擅自拉走公司基酒 123.134 吨售出，折合现金价值 2540000 元，被告出售基酒所得款项应交回原告公司。在资产清点和移交过程中，被告两次给原告出具《承诺书》，其书面承诺：公司 2012 年 6 月份的费用负债和公司实际负债总额超出约定负债的责任由被告承担，他人占用场地交还事宜等遗留问题在一个月内解决。其后，经原告核定，原公司 2012 年 6 月份的费用负债数额为3098151 元，超出约定 1298151 元，应由被告担责。截止签订协议时，原酒业公司的实际负债总额超出约定负债 886968 元，应由被告担责。被他人占用的场地房屋，原告经过多次诉讼并经法院强制执行，部分房屋才得以收回，为此支出费用 15 万余元。此外，还代付政府拍卖款、2012 年 7月 11 日前被告所欠税款、处理职工遗留问题款项。前述代付款，抵扣股权转让应付款余额后，合计超支 365698 元。被告应按照其承诺向原告支付所付款项。被告没有全面履行股权转让协议和承诺书，对所涉债权债务遗留问题未能按照约定清算解决，为维护原告的合法权益，现诉至法院要求被告按照约定向原告支付诉请款项，请依法支持原告的诉讼请求。

此致

×× 县人民法院

起诉人：××省××酒业有限公司

起诉人：张某龙

2015 年 2 月 18 日

撤回起诉申请

申请人：××省××酒业有限公司

住所地：××县望江镇

法定代表人：赵某，公司总经理

申请请求：

原告××省××酒业有限公司、张某龙诉林某、林小某股权转让纠纷一案，请求你院依法准许申请人撤回起诉

事实与理由：

申请人××省××酒业有限公司此前以股权转让纠纷为由，拟起诉林某、林小某，经与张某龙沟通，张某龙同意以原告身份共同起诉，并口头委托酒业公司员工潘龙代为起诉和签署诉讼法律文书。在你院受理后，近期，张龙表示不愿以原告身份起诉，并撤销了此前对潘龙的授权委托。鉴于诉讼主体情况发生重大变化，申请人现申请撤回对林某、林小某的起诉。请予准许。

此致

××县人民法院

申请人：××省××酒业有限公司

2015 年 4 月 26 日

（二）第二次起诉

民事起诉书

原告：××省××酒业有限公司。

住所地：××县望江镇××村。

法定代表人：赵某，公司总经理。

被告：林某，男，身份证号 61××22××××，住 ×× 县望江镇 4
号小区，民营企业主，原酒业公司法人代表，联系电话：133××××。

案由：损害公司利益责任纠纷

诉讼请求：

一、要求被告全面履行承诺书，对涉及原告公司的相关账目清算；

二、向原告公司支付 3437299 元（其中包括出售基酒款 2540000 元，
2012 年 7 月 11 日前被告所欠税款 561361 元，处理职工遗留问题及场地
占用问题代支款 335938 元）；

三、要求被告承担本案诉讼费。

事实和理由：

2012 年 7 月 11 日，案外人张某龙与被告林某、林小某签订《股权转
让协议》，约定二被告将其持有的 ×× 省 ×× 酒业有限公司全部股权转
让给张某龙，转让款 3000 万元。协议签订后，被告在 2012 年 7 月 13 日
擅自拉走公司基酒 123.134 吨售出，折合现金价值 2540000 元，被告出售
基酒所得款项应交回原告公司。在资产清点和移交过程中，被告两次给原
告出具《承诺书》，其书面承诺：截至 2012 年上半年其任法人代表期间，
所欠税款 561361 元，由原告公司先行垫付，待后其与公司结算。承诺他
人占用场地交还事宜等遗留问题在一个月内解决。其后，原告公司代付
了税款 561361 元，解决他人占用场地交还问题以及职工遗留等问题支出
335938.83 元。案外人张某龙将全部股权转给他人，并办理完结工商登记。
被告作为公司股东，把出售公司基酒所得款项据为己有，对所涉债权债务
遗留问题未能按照其承诺清算解决。为维护原告的合法权益，现诉至法院
要求被告向原告偿付款项 3437299 元。请依法支持原告的诉讼请求。

此致

×× 县人民法院

起诉人：×× 省 ×× 酒业有限公司

2015 年 4 月 28 日

（三）举证

××省××酒业有限公司举证清单

第一组

××省××酒业有限公司营业执照复印件

××省××酒业有限公司组织机构代码证复印件

××省××酒业有限公司法定代表人身份证明

本组证据证明：原告的诉讼主体资格

第二组

股权转让协议书

2013年6月18日承诺书

2012年7月18日承诺书

本组证据证明：原告张某龙与被告之间存在股权转让关系；被告应当按照协议书和承诺书履行义务

第三组

代付清算组款4468400元收据一张

代付原酒业公司8名职工补偿款1788887.83元的票据、裁定书

代补缴地税款561361元收据五张

代付解决场地占用遗留问题诉讼费、代理费、赔偿款共计157050元

（1）（2014）×民初字第00024号民事判决书

（2）（2014）××民一终字第00355号民事判决书

（3）（2015）×执恢字第00046号裁定书

（4）诉讼费收据

（5）代理费发票二张

（6）××银行转款回单一张

本组证据证明：原告代被告支付款项共计5365698元，扣除原告应予支付的股权转让款余额5000000元，超付365698元，依照被告的承诺，此超付款365698元应由被告承担。

第四组

交接基酒记录单 1 张

交接基酒称重单 4 张

证人证言 1 份

×× 酒业公司相关资料一套

本组证据证明：被告私自拉走 65 度基酒 123.134 吨出售，价值 2540000 元，应由被告向原告交付出售基酒款 2540000 元。

第五组

审计报告一份

本组证据证明：原酒业公司 2012 年 6 月费用负债超出约定 1298151 元；原酒业公司总负债超出约定 886968 元。依照被告的承诺，此超出负债 1298151 和 886968 元应由被告承担。

（四）辩论（被告方的辩论主张已在原告方的辩论意见中引述，不再单列）

代理意见

尊敬的审判长、人民陪审员：

你院审理的 ×× 省 ×× 酒业有限公司与林某损害公司利益责任纠纷一案，××× 律师事务所接受 ×× 省 ×× 酒业有限公司的委托，指派本律师担任其诉讼代理人，本代理人参加了本案的诉讼活动，现依据本案的事实和相关法律规定，发表如下代理意见，恳请采纳。

一、原告 ×× 省 ×× 酒业有限公司的诉讼主体资格符合法律规定，不容否认

原告 ×× 省 ×× 酒业有限公司是依法成立的有限责任公司，具有独立的企业法人资格，依照法律规定享有独立的法人财产权。被告作为 ×× 省 ×× 酒业有限公司的原股东，在出让其股权给案外人张某龙的过程中，把公司的 65 度基酒 123.134 吨出售给他人，既未向公司财务入账也没有把出售款交给公司，而是把出售所得归其个人所有。被告的行为是

把公司法人的财产据为己有，侵害了公司的合法权益，也间接侵害了公司债权人的利益。在公司财产权被股东侵害时，公司当然有权起诉股东以维护公司的合法权益。《中华人民共和国公司法》第三条第一款规定："公司是企业法人，有独立的法人财产，享有法人财产权。公司以其全部财产对公司的债务承担责任。"该法第五条第二款规定："公司的合法权益受法律保护，不受侵犯。"该法第二十条第一款规定："公司股东应当遵守法律、行政法规和公司章程，依法行使股东权利，不得滥用股东权利损害公司或者其他股东的利益；不得滥用公司法人独立地位和股东有限责任损害公司债权人的利益。"上述法律明确规定了公司法人的独立财产权，禁止股东损害公司及债权人利益。本案当中，公司的原股东的行为损害了公司及债权人利益，公司以原告身份起诉损害公司利益的股东，完全符合上述法律的规定。至于被告辩称，公司股权已经过多次转让，只有原股权受让方才有权起诉的主张，不能成立。本案并不是股权转让纠纷，股权转让与否以及转让了多少次，是另外的股权转让法律关系，并不影响公司以损害公司利益责任纠纷为由起诉本案被告的资格。

二、被告将出售公司基酒所得归其个人所有，侵害了原告公司的合法权益，依法应予向原告公司赔偿支付出售基酒所得款项

法庭调查已经查明，时任酒业公司法定代表人的被告在2012年7月13日将公司所有的65度基酒123.134吨出售给案外人袁某文，出售所得款项由被告个人占有。此事实，被告方已当庭认可。根据前述公司法的相关规定，被告作为时任公司法定代表人，所出售的财产系公司拥有所有权的基酒，出售所得毫无疑问应当归公司所有。被告辩称，其签订股权出让协议后，已按照协议约定数量向新的股东交付了基酒，多出来的这123.134吨理应归其所有，并据此认为被告出售基酒所得应归其个人所有。被告的主张存在几个基本错误。

其一，被告声称多出来的这123.134吨是其经营所得，这是根本错误的。公司没有进行解散清算，也没有清偿公司所负巨额债务，股东财产与公司财产尚未剥离，"经营所得"从何谈起呢？其主张显然是错误的。

其二，被告主张公司原股东就是被告父子两人，且公司是非国有企

业，故被告把出售基酒所得归自己并无不当。这个主张也是极其错误的。这显然是置公司法关于公司财产所有权的规定于不顾，认识上和做法上把公司财产与股东财产混同的表现，这也是股东侵害公司财产，同时也必然损害公司债权人利益的违法行为，甚至已经涉嫌职务侵占（犯罪）。企业的性质是非国有企业，并不影响被告侵害公司利益行为的性质。

其三，被告的主张混淆了股权转让和企业资产转让二者的关系。资产转让交易的是资产，出让方向受让方交付约定财产即可，当然不用交付约定之外的财产。但是，股权转让交易的只是股权，公司的财产数量以及公司的财产所有权均不发生变化，包括股东、法定代表人在内的任何人均无权将公司财产据为己有。被告以资产转让关系中的权利义务相关法律规定，错误适用于本案所涉股权转让关系，进而提出了错误的抗辩主张。

三、被告应当按照其给原告公司的承诺，向原告偿付垫付税款和处理遗留问题所垫付的款项

在被告与案外人张某龙签订股权转让协议之后，资产移交过程中被告两次给原告公司承诺：截至 2012 年上半年其任法人代表期间，所欠税款 561361 元，由原告公司先行垫付，待后其与公司结算；承诺他人占用场地交还事宜等遗留问题在一个月内解决。其后，原告公司代付了税款 561361 元，解决他人占用场地交还问题以及职工遗留等问题支出 335938.83 元。被告应当按照其承诺偿还垫付款项。

四、被告以超过诉讼时效为由的抗辩主张，不符合本案事实和相关法律规定，应当对其时效抗辩主张不予支持

本案原告的诉求在两个方面：一方面是要求被告兑付其承诺的垫付税款和偿付解决遗留问题的垫付款。原告要求被告按照承诺解决遗留问题，被告推诿，在不得已的情况下，原告通过诉讼的方式维护权利。经过几次诉讼，并进入强制执行程序，问题在 2015 年 7 月 2 日才得以最终解决。原告为此支出诉讼费、律师代理费以及补偿金 157050 元。此款系原告为解决他人占用场地问题所支出的费用，依照被告承诺，此款应由被告向原告公司偿付。此外，为解决公司职工申请仲裁及诉讼等遗留问题，共支出职工补偿款 178887.83 元。依照被告承诺，此款应由被告向原告公司偿付。

另一方面，原告要求被告交还其占有的出让基酒所得款项。对上述两个方面的主张，被告以超过诉讼时效为由抗辩，其主张不成立。理由在于：其一，被告与原告公司之间相关债权债务账目一直未清算，且互负债务，此前双方的债权债务关系数额并不清楚确定。直到被告的妻子在另案中起诉原告时，原告才清楚地知道自己的合法权益受到侵害。其二，被告承诺的有关遗留问题的处理，直到2015年7月2日才得以最终解决。其三，被告把出售公司基酒所得据为己有，其行为实质上是公司法规定的股东抽逃出资行为。股东出资设立公司以后，股东财产与公司财产就有截然界限，在公司未进行解散、清算之前，股东从公司拿回财产，其行为即符合公司法规定的抽逃出资行为。这种行为是公司法乃至于刑法所禁止和惩处的违法行为。最高人民法院对适用公司法的解释三第二十条规定："公司股东未履行或者未全面履行出资义务或者抽逃出资，公司或者其他股东请求其向公司全面履行出资义务或者返还出资，被告股东以诉讼时效为由进行抗辩的，人民法院不予支持。"因此，被告的时效抗辩主张不能成立。

综上所述，被告将出售基酒所得据为己有的行为毫无疑问是损害公司利益并且损害债权人利益的违法行为。在2012年7月被告股权转让时，原告公司在银行的负债达1亿多元，目前公司仍然负有巨额债务。被告的行为毫无疑问损害了债权人的利益。原告的诉求完全符合法律规定，请依法支持原告的诉讼请求。谢谢！

原告委托代理人：×××律师事务所

×××　律师

2015年6月20日

（五）一审判决结果

一审法院认为：其一，根据《中华人民共和国公司法》第三条相关规定，公司是企业法人，有独立的法人财产，享有法人财产权，公司以其全部财产对公司的债务承担责任，有限责任公司股东以其出资额为限对外承担责任。因股权的拥有者是股东并非公司，所以股权转让的主体势必为股东。而公司的资产是属于公司，则若要转让资产，主体一定是公司。公司只能转让公司的资产，对于股东所拥有的股权是无权进行处分的，否则就构成了无权处分且侵害了股东的合法权益。同理，股东只能转让自己拥有的公司股权，对公司的资产没有转让的权利，否则也是对公司合法权益的侵害。故本案中酒业公司应为本案适格的原告。其二，股权转让合同转让的是公司的股权而不是公司的财产，股东在将其财产投入公司前，对其出资享有权利。公司成立后，有了生命，成为独立于股东的拟制人，在整个存续期间，均享有股东让渡出来的出资所有权，而在公司破产清算之后，公司的人格归于消亡，公司剩余财产的所有权复归股东，成为股东剩余财产分配请求权的法律基础。公司法在赋予股东有限责任的同时，赋予公司对其财产享有占有、使用、收益和处分的绝对权利，以防止债权人及其公司投资者的利益落空。本案中，酒业公司的法人资格一直存续，对其财产享有占有、使用、收益和处分的绝对权利。作为时任酒业公司法定代表人，拥有公司 90% 股权的股东林某在未与受让方进行资产盘点前将酒业公司 65 度 123.134 吨基酒出售给他人，并将 1908577 元款未进入公司账户的行为损害了酒业公司的合法权益。根据《中华人民共和国公司法》第一百四十九条规定，公司的董事、管理人员执行公司职务时违反法律、行政法规或其公司章程的规定，给公司造成损失的，应当承担赔偿责任。原告垫付税款和处理遗留问题所垫付的款项与本案不是同一法律关系，故依法不予处理，原告可另行主张权利。其三，关于本案的时效问题，被告把出售基酒所得据为己有，其行为实质上是公司法规定的股东抽逃出资行为。根据《中华人民共和国公司法》第三十五条规定：公司成立后，股东不得抽逃出资。本案中酒业公司未进行解散、清算之前，作为时任酒业公司法定代表人即拥有公司股权的股东林某把出售基酒所得款据为己有，其行为符合公司法规定的抽逃出资行为。《最高人民法院关于适用〈中华人民共和国公司法〉若干问题的规定（三）》第三十九条规定："公司股东未履行或者未全面履行出资义务或者抽逃出资，公司或者其他股东请求其向公司全面履行出资义务或者返还出资，被告股东以诉讼时效为由进行抗辩的，人民法院不予支持。"因此，被告的时效抗辩主张不能成立。根据《中华人民共和国公司法》第三条，第三十条，第一百四十九条，《最早人民法院关于适用〈中华人民共和国公司法〉若干问题的规定（三）》第十九条规定，判决被告林某在本判生效后十五日内返还××省××酒业有限公司基酒款 1908577 元并承担主要诉讼费，驳回原告的其他诉讼请求。

（六）二审诉讼

民事上诉状

上诉人（一审被告）：林某，男，生于 1963 年 × 月 6 日，汉族，住××县望江镇 4 号小区，身份证 61××22××××

被上诉人（一审原告）：××省××酒业有限公司，住所地××县望江镇

法定代表人：赵某，该公司总经理

上诉人因与被上诉人损害公司利益责任纠纷一案，上诉人不服××县人民法院（2015）×××民初 1066 号民事判决，已经提起上诉。现就事实与理由做如下补充：

一、一审认定的基本事实不清，漏查几个重要事实

其一，一审认定"2012 年 7 月 11 日"，时任酒业公司法定代表人林某与案外人张某龙签订了股权转让协议，约定将其名下的股权转让给张某龙，该节认定事实不清。法定代表人与股东是不同的身份，不能混淆。股东也不能代替其他股东转让股权。上诉人林某与张某龙签订股权转让时的身份是股东而不是公司法定代表人，转让全部股权是两个股东开会商量过的，并非上诉人代替林小某转让了其名下 10% 的股权。

其二，一审认定出售基酒所得款项未交回公司账户的事实不清。公司在业务往来过程中，为交易便利，有时会要求客户把酒款汇入出纳个人账户。该笔基酒款是汇入出纳黄某个人账户的，并非汇入上诉人个人账户。

其三，在股权转让前的 2012 年 5 月，贵州一客户即找到公司要 123 吨基酒，因价格争议一直没有谈成，在股权转让协议签订前几天才谈成价

格，客户于 2012 年 7 月 13 日提货。2012 年 7 月 14 日至 19 日，进行的盘库交接。移交的基酒数量与合同约定数量 1260 吨一致，表明出售基酒时间在前，移交资产时间在后，移交数量没有短少。一审在经审理查明一节没有查清这一事实。

其四，在股权转让协议签订前，上诉人与另一股东林小某召开股东会商量决定了两件事，一是转让全部股权给张某龙，转让价 3000 万元；二是出售的 123 吨基酒不包括在移交的资产中，基酒款 190.8 万元作为利润由两个股东分配。这一事实一审没有查清。

其五，出售的基酒款到账后，按先前作出的股东会决定，上诉人分得了 170 万元，林小某分得了 20.8577 万元。2015 年 2 月，现股东以 ×× 酒业公司和张某龙名义起诉，内容包括支付基酒款，因没有张某龙的授权而撤诉。这一事实一审没有查清。

二、一审认定出售基酒款未进入公司账户的行为损害了酒业公司的合法权益错误

原股东与张某龙的股权价格是 3000 万元，3000 万元对应的资产中没有回收的基酒款，表明基酒款是公司的盈余。公司法第 34 条规定有分红的权利。第 37 条规定股东会有利润分配的职权。股东会决定把盈余作为利润分配给股东符合公司法规定。移交给张某龙的资产符合合同约定，资产没有短少，表明公司资产没有受到损失。

三、一审适用法律错误

（一）一审适用公司法第三十五条关于股东不得抽逃出资的规定错误。公司注册资本减少是公司股东抽逃出资的外在表现形式和对公司造成的直接后果，因此确认公司注册资本减少是认定公司的股东抽逃出资的基础和必要条件。一审没有证据证明公司的注册资本在转让时减少，适用抽逃出资的法律规定没有证据支持，不符合公司法解释三第十二条规定。

（二）一审适用公司法第一百四十九条规定错误。该条适用的人员是公司董事、监事、高级管理人员，而本案分配利润的是股东会，且没有给公司造成损失。

四、一审程序不合法

其一，现股东××××集团有限公司以××酒业公司名义起诉原股东在程序上是不能成立的。本案的实质是原股东会作出的利润分配决定的效力问题。确认股东会决议无效请求权人应是与决议内容有利害关系的公司股东、董事、监事、公司职员，酒业公司作为原告是不适格的，受让人张某龙接手后又多次转让，在数个前手不提出异议的情况下，现股东无权提出异议。

其二，盈余分配是股东会作出的，股东只是执行股东会决定，上诉人不是适格被告，而且一审也遗漏另一股东。

其三，认定的抽资与被上诉人的请求及确定的损害公司利益责任纠纷这一案由矛盾。

五、被上诉人的诉讼请求超过了诉讼时效，且没有中止、中断的证据，丧失胜诉权

出售的基酒款作为利润分配发生在 2012 年 7 月，被上诉人 2015 年 5 月起诉，早已经超过诉讼时效，且没有中止、中断的证据，丧失了胜诉权。一审判决以公司解释三第十九条认为本案不适用诉讼时效错误。因该条适用的两个条件：一是存在股东抽逃出资；二是请求履行出资义务或者发返还出资。而本案被上诉人的诉讼请求是支付基酒款，不具备适用该条的条件。

六、涉案公司股权转让前后名称没有变，但公司的主人即股东发生了根本变化，转让前后公司的性质不同

一审判决使现股东没有支付对价而无偿获得了 190 多万元的资产，违反了等价有偿的民商事基本原则。

综上所述，一审认定事实不清，适用法律错误，程序不合法，判决偏袒被上诉人，恳请二审法院改判驳回其诉请。

此致
××市中级人民法院

上诉人：林某

2017 年 3 月 27 日

民事答辩状

答辩人（一审原告）：××省××酒业有限公司

住所地：××县望江镇

法定代表人：赵某，公司总经理

被答辩人（一审被告）：林某，男，生于1963年2月6日，汉族，住××县望江镇4号小区，××酒业公司原法定代表人，身份证号码：61××2219630206××××

答辩人与被答辩人损害公司利益责任纠纷一案，因被答辩人不服一审判决提出上诉，现就其上诉提出如下答辩意见：

答辩请求：请求法院依法驳回被答辩人的上诉请求，维持原判。

一、被答辩人将基酒出售，将所得款项据为己有，是对公司合法权益的侵害。即使该行为属于公司行为，收益也应归于公司

一审法院已经查明，被答辩人将出售公司基酒所得归其个人所有，此事实被答辩人已当庭认可。《中华人民共和国公司法》第三条第一款规定："公司是企业法人，有独立的法人财产，享有法人财产权，公司以其全部财产对公司的债务承担责任。"该法第五条第二款规定："公司的合法权益受法律保护，不受侵犯。"本案中，在股权转让尚未办理变更登记时，作为公司的原股东、法定代表人的被答辩人，其将基酒进行出售，将基酒款归其个人所有，毫无疑问侵害了公司的法人财产权。即使认定其出售行为是公司行为，出售基酒的款项也应归属于公司，而不应据为己有。被答辩人严重损害了公司的合法权益，依法应当向公司返还出售基酒所得款项。

二、被答辩人将出售基酒所得的款项私自据为己有，并非合法进行公司盈余分配，属于变相抽逃出资行为，依照法律规定不适用诉讼时效

《最高人民法院关于适用〈中华人民共和国公司法〉若干问题的规定（三）》第十二条第三项及第五项分别规定"制作虚假财务会计报表，虚增利润进行分配"以及"其他未经法定程序将出资抽回的行为"系抽逃出资行为。被答辩人上诉时称其行为是分配公司盈利行为，其主张既不符合事实，也不符合法律规定。所谓对公司盈利进行分配，其前提必须是：有规范健全真实的财务报表，且从公司经营中刨除掉各种成本和费用之后，确有盈利

时经股东会决议才能进行分配。本案中，被答辩人并没有提供证据证实其经营期间对公司的盈亏制作了规范财务报表，也没有提供证据证实其作为股东在经营期间公司有盈利，更没有提供证据证实其盈利数额就等于其出售基酒得款数额。因此，被答辩人主张其占有款项是"分配盈利"是站不住脚的，其行为实际上是自己"虚增利润进行分配"。依照前述法律规定，只能认定被答辩人将出售基酒所得的款项私自据为己有的行为，既是虚增利润进行分配又是未经法定程序将出资抽回的违法行为，属于变相抽逃出资行为。

《最高人民法院关于适用〈中华人民共和国公司法〉若干问题的规定（三）》第十九条第一款规定："公司股东未履行或者未全面履行出资义务或者抽逃出资，公司或者其他股东请求其向公司全面履行出资义务或者返还出资，被告股东以诉讼时效为由进行抗辩的，人民法院不予支持。"因此，本案中公司诉请被答辩人股东返还其抽逃的出资，其以诉讼时效为由抗辩，依法不应当支持。一审判决没有支持被答辩人诉讼时效抗辩主张是完全符合法律规定的。

三、××省××酒业有限公司作为本案一审原告的诉讼主体资格符合法律规定，不容置疑

答辩人××省××酒业有限公司是依法成立的有限责任公司，具有独立的企业法人资格，依照法律规定享有独立的法人财产权。《中华人民共和国公司法》第三条第一款规定："公司是企业法人，有独立的法人财产，享有法人财产权，公司以其全部财产对公司的债务承担责任。"该法第五条第二款规定："公司的合法权益受法律保护，不受侵犯。"该法第二十条第一款规定："公司股东应当遵守法律、行政法规和公司章程，依法行使股东权利，不得滥用股东权利损害公司或者其他股东的权利，不得滥用公司法人独立地位和股东有限责任，损害公司债权人利益。"更为重要的是，《最高人民法院关于适用〈中华人民共和国公司法〉若干问题的规定（三）》第二十条第一款规定："公司股东未履行或者未全面履行出资义务或者抽逃出资，公司或者其他股东请求其向公司全面履行出资义务或者返还出资……"，此条明确规定了公司作为原告的诉讼主体资格。上述

法律明确规定，公司法人有独立财产权，股东损害公司及债权人利益的，公司及债权人均有权起诉主张权利。本案当中，公司的原股东将公司基酒出售给他人，既未向公司财务入账，也未把出售款项交给公司，而是将其归为个人所有，该行为损害了公司及债权人利益，公司以原告身份起诉损害公司利益的股东，完全符合上述法律规定。

四、被答辩人的上诉主张混淆了股权转让和资产转让的关系，也混淆了公司法人财产权和股东财产权的关系

资产转让交易的是资产，出让方向受让方交付约定财产即可。而股权转让交易的只是股权，公司的财产数量以及公司的财产所有权均不发生变化，包括股东、法定代表人在内的任何人都无权将公司财产据为己有。被答辩人将资产转让关系中的权利义务相关法律规定，错误运用于本案所涉股权转让关系，进而提出了错误的上诉主张。股东将自有财产出资设立有限责任公司后，股东的财产和公司的财产即有了截然界限，法律决不允许未经法定程序随意互相将对方的财产据为己有。因此股权转让并不影响公司对损害公司利益股东的行为提起诉讼。因此，被答辩人的该项上诉主张依法不能成立。

综上所述，答辩人认为，被答辩人的上诉主张与已查明的事实不符，也不符合相关法律规定。原审判决认定事实清楚，适用法律正确，程序合法，应予依法维持原判，驳回上诉人提出的上诉请求。

此致
××市中级人民法院

答辩人：××省××酒业有限公司
2015年10月19日

（七）二审判决结果

二审法院认为，上诉人和被上诉人在二审中所举证据均不属于新证据，本院不予采信。

本院根据一审中双方所举证据和双方陈述，另查明，本案一审中，

林某认可拿走了所卖基酒款。酒业公司工商登记显示：2012年11月13日，酒业公司股东由林某、林小某变更为魏某和××投资控股有限公司。2013年3月25日，酒业公司股东又变更为××集团有限公司至今。

本案双方在二审中的争议在于：林某于2012年7月将酒业公司1908577元的卖酒款据为己有的行为是否构成损害酒业公司利益。对此，本院认为，根据我国公司法的规定，公司有独立的法人财产，享有法人财产权，根据我国公司法的规定，公司以其全部财产自主经营，自负盈亏，对外独立承担责任。股东在公司设立时所认缴的出资在公司成立后依法不得抽回，以遵循公司资本不变、充实、维系三原则。公司的董事、监事、高级管理人员不得侵占公司的财产。本案中，林某作为酒业公司股东时享有公司利润分配权，但无权将公司资产据为己有。林某利用法定代表人身份，擅自将基酒款据为己有构成股东抽逃出资，此举显然侵害了酒业公司的法人财产权利，依法应当承担向酒业公司返还相应款项的赔偿责任。关于林某上诉所称是酒业公司股东大会决议将基酒款作为公司盈余进行分配的理由，因无股东会会议记录证实，且无证据证实当时有盈余应当进行利润分配。同时，其认为股权转让时接受股东未提出异议，现公司无权提起诉讼的理由也不能成立。根据我国公司法的规定，当公司的股东、董事、监事等高级管理人员损害公司利益时，可以由公司董事会或执行董事、监事会或监事，以公司名义对其提出损害赔偿诉讼，故酒业公司有权提起本案诉讼。关于本案诉讼时效问题，根据《最高人民法院关于适用〈中华人民共和国公司法〉若干问题的规定（三）》第十九条规定："公司股东未履行或未全面履行出资义务或者返还出资，被告股东以诉讼时效问题为由进行抗辩的，人民法院不予以支持。"本案诉讼不受时效限制。林某的上诉理由，因缺乏必要的事实和法律依据，不能成立，对其上诉请求本院不予支持。一审判决认定事实清楚，适用法律正确，判决正确，应予维持。依照《中华人民共和国发民事诉讼法》第一百七十条第一款第（一）项之规定，判决如下：驳回上诉，维持原判。

本案研习要点：

1. 仔细分析对比两次提起诉讼的主体、诉讼请求、理由和所确定的案由之间的差异，并能够给出合理合法的解释。

2. 分析本案一审判决对原告起诉主张的回应情况，分析二审判决对上诉主张的回应情况。

3. 如何看待原告的一审诉讼请求（请求向原告偿付垫付税款和处理遗留问题所垫付的款项）被一审判决剥离另案主张这一情况？

案例五　王某诉 CS 房地产公司商品房预售合同纠纷案

一、基本案情

2003 年 3 月 24 日，王某与××市 CS 房地产开发有限责任公司（简称 CS 公司）签订《商品房买卖合同》两份。约定 CS 公司将位于南大街的"××小区"第三幢 5 单元 609 号商品住宅房屋和 1—20 街面房预售给王某，CS 公司应于 2004 年 5 月 30 日前交付房屋。两份合同约定 CS 公司延迟交房应承担已付款每日万分之五的违约金。合同签订当日，王某按约定交清了首付款共计 70000 元。CS 公司未能如期交房，经王某多次与 CS 公司交涉，均被告知 CS 公司正在修建，等建好交房。CS 公司于 2012 年底房屋竣工，经王某要求，CS 公司拒不向王某交付房屋，××市 CS 房地产开发有限责任公司已经工商变更登记为××市 CS 实业有限公司。

二、分析研判

对本案的处理，应当分析研判如下几个问题：第一，本案的基本法律关系及其法律效力。双方存在商品房买卖合同关系是清楚的，合同是否合法有效是首先应该判明的问题。根据法律和相关法规规定，商品房预售需要满足一定条件，且需经过批准取得商品房预售许可证才能进行预售，即通称的"五证齐全"才能售房。经调查，CS公司当时签订合同时并未取得商品房预售许可证，但该公司于2011年底取得了商品房预售许可证。根据相关司法解释的规定，在诉讼时出售方已取得许可证的，可以认定合同有效。据此，可以确定双方所签订的商品房预售合同是合法有效的。第二，诉讼时效问题。王某所享有的权利是基于商品房预售合同而享有的债权，其应在知道或应当知道其权利受侵害之日起两年内主张权利。由于本案双方签订合同至拟起诉时已逾十年，这期间到底是否存在诉讼时效中止、中断或延长的事由，成为必须调查清楚的问题。据了解，合同签订后该房屋长时间未能修建，直到2012年底才正式完工达到交房条件。这期间王某多次要求CS公司履行合同，但王某并没有相关可以证实其一直主张权利的证据。面对此种情况，十分有必要收集时效期间内王某主张了权利的证据。于是，受委托后指导王某立即去与公司交涉，必要时录音、录像、复制材料。取得了录音证据和CS公司工作人员电话记录后，诉讼时效问题得以解决。第三，纠纷形成的关键原因及各自理由分析。据了解，纠纷产生是由于多方面的原因导致长期房屋未能修建，至房屋建成时建房成本和房屋价格都存在大幅上涨，CS公司若按合同约定交房存在巨大损失，因此其主张按照交房时的市场价格支付购房款，或者给王某退还已付购房款并按照同期存款利息标准承担利息。王某坚决要求按照合同约定的价格和条件交房，逾期交房时价格上涨不是王某的原因造成的，不同意承担上涨的房款。从各自的理由比较来看，因为是CS公司违约未能按照约定期限交房，遇价格上涨的王某有权要求按原价格履行，故王某的要求于法有据，CS公司的理由难以成立。第四，诉讼风险预判。CS公司长期未能修建交房的主要原因，据CS公司称是由于政府违约未能按照合同约定期限将该片区土地拆迁到位，政府迟延交付土地的行为是导致其不能按期交房的原因，若有责任也应由政府承担。对于CS公司的最主要抗辩理由，可考虑评价其理由是否构成合同法上规定的情势变更，进而判断其是否有可能脱责或减轻责任。鉴于CS公司用于开发的土地使用权，是通过签订合同从政府购买的，政府对其交付土地违约当不能成为其对购房者违约的正当理由。因此，王某的败诉风险较小。

三、操作过程

（一）起诉

民事起诉书

原告：王某，男，汉族，大学文化，生于 1974 年 7 月 26 日，身份证号：61××01××××，住 ×× 市 ×× 区 ×××43 号家属院，×× 市 ×× 干部。联系电话：137××××。

被告：××CS 实业有限公司，住所地：×× 市 ×× 区 ×× 街中段。

法定代表人：刘某，公司董事长。

案由：商品房预售合同纠纷

诉讼请求：

1. 要求被告履行合同，交付合同项下 143 平方米左右商品住宅房屋一套；

2. 要求被告履行合同，交付合同项下 31 平方米左右商用街面房屋一套；

3. 要求被告支付违约金 115675 元；

4. 要求被告承担本案诉讼费。

事实和理由：

2003 年 3 月 24 日，原告与 ×× 市 CS 房地产开发有限责任公司签订《商品房买卖合同》两份。一份合同约定被告将位于南大街的"×× 小区"第三幢 5 单元 609 号商品住宅房屋预售给原告，该房建筑面积 143.42 平方米，总价款 128776 元，被告应于 2004 年 5 月 30 日前交付房屋。另一份合同约定被告将"×× 小区"第三幢 1—20 街面房预售给原告，建筑面积为 31.58 平方米，总价款 69395 元，同样约定被告应于 2004 年 5 月 30 日前交付房屋。两份合同约定被告延迟交房应承担已付款每日万分之五的违约金。合同签订当日，原告按约定交清了首付款共计 70000 元。双方合同签订后，被告未能如期交房，经原告多次与被告交涉，均被告知正在修建，等建好交房。被告于 2012 年底房屋竣工，经原告要求，被告拒不向原告交付房屋。被告 ×× 市 CS 房地产开发有限责任公司已经工商变更登记为 ×× 市 CS 实业有限公司。为维护原告的合法权益，诉至你院，请依法支持原告的诉讼请求。

　　此致

×× 区人民法院

起诉人：王某

2013 年 6 月 19 日

财产保全申请

　　申请人：王某，男，汉族，大学文化，生于 1974 年 × 月 26 日，身份证号：61××01×××，住 ×× 市 ×× 区 ×××43 号 ×× 家属院，×× 市 ×× 局干部。联系电话：137××××。

　　被申请人：××CS 实业有限公司，住所地：×× 市 ×× 区 ×× 街中段。法定代表人：刘某，公司董事长。

　　申请请求：

　　请依法查封登记在被申请人 ××CS 实业有限公司名下的约 140 平方米的待售住宅商品房一套，并查封、冻结价值 30 万元的财产。

　　申请事由：

　　你院已经立案审理的申请人与被申请人商品房预售合同纠纷一案，被申请人正在销售其商品房，为确保将来判决的执行，依据《中华人民共和国民事诉讼法》第一百条之规定，向你院申请财产保全，请依法立即对被申请人 ××CS 实业有限公司名下的前述房产采取保全措施，予以查封。并请查封、冻结价值 30 万元的其他财产。

　　此致

×× 区人民法院

申请人：王某

2013 年 6 月 24 日

財产保全担保书

担保人：×× 工艺厂

地址：×× 区北部镇二十里铺

法定代表人：吴 ××

被担保人：××CS 实业有限公司

地址：×× 市 ×× 区 ×× 街中段

法定代表人：刘某，公司董事长

担保人就被担保人诉 ××CS 实业有限公司商品房预售合同纠纷一案，对被担保人所提财产保全申请提供担保

担保内容如下：

担保人愿以自有的国有土地使用权［土地证号：×× 市国用（土）字第 2636 号］为被担保人所提诉讼财产保全申请提供担保。并保证，如被担保人诉讼财产保全申请错误，担保人愿赔偿被申请人因财产保全遭受的全部损失，并承担采取诉讼财产保全措施所需全部费用。

此致

×× 区人民法院

担保人：×× 工艺厂

法定代表人：吴 ××

2013 年 7 月 1 日

民事反诉状

反诉人：××CS 实业有限公司

法定代表人：刘某，公司董事长

被反诉人：王某，男，出生于 1974 年 × 月 26 日，汉族，住 ×× 区 ×××43 号。

反诉请求：请求解除原、被告之间于 2003 年 3 月 24 日签订的两份商品房买卖合同。

事实和理由：

反诉人和被反诉人于 2003 年 3 月 24 日签订商品房买卖合同两份，合

同约定被反诉人购买反诉人拟修建的位于 ×× 小区 3 号楼的门面房一间及住宅房一间（期房），约定交房日期均为 2004 年 5 月 30 日。该处楼盘所在土地位于 ×× 区 ×× 街中段，是由 ×× 区政府出让给反诉人的，应由政府负责完成拆迁后交付反诉人，反诉人才能正常开发。但因拆迁范围内部分居民抗拒拆迁，政府未能及时完成拆迁工作，长期拖延至 2010 年 10 月，才通过强制拆迁的方法勉强完成拆迁工作将土地交付反诉人，该部分交付的土地还小于原约定的面积。

因政府延误交付土地，不仅给反诉人造成了极大的经济损失，也客观上造成了反诉人交房期的延误，为了减少损失，反诉人早在 2004 年、2005 年就与众多购房人协商，解除或变更了大部分购房合同。但当时被反诉人却不同意解除合同。近日被反诉人向贵院起诉，要求反诉人继续履行合同，并承担延误交房的赔偿责任。

因九年前房地产市场低迷，材料价格及人员工资水平均很低，建安成本也相对较低，当时约定的房屋价格也相应较低。现事过九年，建安成本高涨，原约定价格连修建都成了问题，继续履行合同会严重损害反诉人利益，显失公平。且政府交付的土地因拆迁难度太大未能达到原土地出让合同约定的范围，致使反诉人被迫变更了设计图纸，反诉人与被反诉人约定的房屋实际也未能修建。

综上，因合同约定房屋实际上未能修建，买卖合同标的并不存在，反诉人已经无法履行合同，无法交房的原因也不可归责于反诉人。而且，退一步讲，即使该约定房屋存在，也因九年来的情势变更导致合同基础发生重大变化，继续履行合同必然会严重损害反诉人利益，有违民事法律的公平原则！

故特向贵院提起反诉，请贵院一并审理，支持反诉人诉请。

此致

×× 区人民法院

反诉人：×× 市 CS 实业有限公司

2013 年 7 月 12 日

（二）原告举证

王某举证清单

一、商品住宅房买卖合同

二、商品门面房买卖合同

三、预收购房款收据

四、××小区三期销控表

五、××小区商品房销售价格表（二份）

六、会见录音整理材料

七、商品房现售合同签约证明

鉴定申请

申请人：王某，男，汉族，大学文化，生于 1974 年 × 月 26 日，身份证号 61××01××××，住××市××区×××43 号××家属院，××市××局干部。联系电话：137××××。

申请请求：

1. 请求人民法院委托评估机构对位于××区南大街"××小区"第三幢五单元第六层的商品住宅房屋同地段、同单元、同楼层、同结构住宅房屋的当前市场价格进行评估，并请评定该地段该条件下建筑面积 143.42 平方米住宅房屋的总价值。

2. 请求人民法院委托评估机构对位于××区南大街"××小区"第三幢一楼街面房同地段、同位置、同结构的街面房的当前市场平均价格进行评估，并请评定该地段该条件下建筑面积 31.58 平方米街面房屋的总价值。

申请理由：

你院审理的王某诉××CS 实业有限公司商品房预售合同纠纷一案，在审理过程中，原、被告双方对该案所涉两处预售商品房屋的当前市场价值认定存在较大分歧。被告××CS 实业有限公司未能提供证据证实其所售涉案相关住宅房和街面房的价格。为确定该案所涉两处预售商品房屋的当前市场价值，故依法向贵院提出申请。请求就本案所涉两处预售商品房屋的当前市场价值，委托评估机构进行评估鉴定。以上请求，请予批准为盼。

此致

××区人民法院

申请人：王某

2014 年 3 月 3 日

关于委托鉴定的意见陈述

××市中级人民法院、××区人民法院：

××区人民法院审理的王某诉××市 CS 实业有限公司商品房预售合同纠纷一案，被告××CS 实业有限公司将预售给原告的房屋，另行出售给他人，给原告造成巨大损失。为确定出售房屋的价值，便于人民法院确定损失，原告于 2014 年 3 月 3 日提出书面鉴定申请，××市中级人民法院以未明确鉴定基准日为由退回××区人民法院。再次报送之后，各方都同意由省外鉴定机构进行鉴定。长期搁置以后，近日原告得知××市中级人民法院以"双方无法对鉴定机构达成一致意见"为由再一次退回××区人民法院。

被告恶意拖延诉讼，怠于承担法律责任，已让原告十分气愤。××市中级人民法院退回案卷的理由不符合法律规定，甚至有些匪夷所思！相关法律明确规定双方对鉴定机构无法达成一致时由人民法院指定，岂能以此为由退卷。鉴于此，原告坚决请求：由人民法院按照法定程序和方式委托鉴定机构进行鉴定，鉴于双方未能选定鉴定机构，应由人民法院依法指定或抽签确定省外鉴定机构尽快予以鉴定。

以上意见，请予支持并请尽快办理委托鉴定事宜。

王某

2015 年 4 月 22 日

　　　　　　　明确鉴定参照物的请求

　　申请人：王某，男，汉族，大学文化，生于 1974 年 × 月 26 日，身份证号 61××01××××，住 ×× 市 ×× 区 ×××43 号 ×× 家属院，×× 市 ×× 局干部。联系电话：137××××。

　　申请人与 ×× 市 CS 实业有限公司商品房预售合同纠纷一案，我申请你院对位于 ×× 区南大街"×× 小区"第三幢一楼街面房同地段、同位置、同结构的街面房起诉时市场平均价格进行评估，并请评定该地段该条件下建筑面积 31.58 平方米街面房屋的总价值。同时请求对上述位置住宅房均价和 143.42 平方米住宅房总价值进行评估。为确保评估工作顺利进行，根据当时购买房屋的具体楼层、位置与现在实际竣工房屋具体楼层、位置最相一致的原则，经你院组织双方现场确认，我明确请求你院委托将 ×× 区南大街"×× 小区"3B 楼二单元 3B603 号房屋作为鉴定参照物，把该幢临街门面房 3B06 号作为鉴定参照物。请予准许。

　　此致
×× 区人民法院

　　　　　　　　　　　　　　　　　　　　　　申请人：王某
　　　　　　　　　　　　　　　　　　　　　　2015 年 6 月 15 日
　　鉴于双方的辩论意见在其后的上诉状中表述清楚，在此从略。

（三）一审裁判结果

　　一审法院认为，合同是平等主体的自然人、法人、其他组织之间设立、变更、终止民事权利义务关系的协议。依法成立的合同，对当事人具有法律约束力。当事人应当按照约定履行自己的义务。本案原被告于 2003 年 3 月 24 日签订了二份商品房买卖合同，在订立合同之时，涉案的二套房屋尚未修建，且被告方未取得该房屋预售许可证，但被告方在原告方起诉前取得了该许可证，未违反法律、法规规定。同时，该合同是双方当事人的真实意思表示，也不损害其他人及社会公共利益。在双方签订合同前，CS 公司取得了开发建设 ×× 小区 3B 楼的土地使用证，建筑工程许可证等，合同约定的标的物存在现实履行的基础，故该合同属有效合同。在订立合同后，××市 CS 房地产开发有限责任公司先后变更为××市 CS 房地产有限公司、××市 CS 实业有限公司，依照法律规定，××市 CS 房地产开发有限责任公司、××市 CS 房地产有限公司的权利和承担的义务，均应由××市 CS 实业有限公司，也即本案被告承担。

关于情势变更，是指合同有效成立后，因不可归责于双方当事人的原因而发生的情形。情势变更须为当事人所不能预见，且不可归责于双方当事人的情形。即：当事人在订立合同时能够预见到的相关情形，不适用于情势变更。同时，对于可归责于当事人的情形，则应由其承担风险或者违约责任，亦不适用情势变更原则。就本案查明的情形看，原被告在签订合同之时，被告存在现实履行合同之基础。被告于 2002 年 4 月、8 月签订土地转让协议及补充协议，该协议约定至迟于 2003 年 8 月底完成土地拆迁。在合同订立时，被告方的土地未达到原定的标准这一情形已客观存在。但其与原告签订的合同中仍约定在 2004 年 5 月 30 日前交付房屋，充分证明其承认自己能履行合同，故被告辩解的情势变更观点不能成立。

关于交付的 70000 元首付款的认定，本案原被告签订了二份合同，一份为住宅房买卖合同，约定的首付款为 38776 元；一份为商业用房买卖合同，约定的首付款为 29395 元。原告交付首付款 70000 元，被告方为原告开具的收据为"王某交 3 号楼 609 房款柒万元整"。收据虽只表明为 609 房，但遵从合同的约定及当事人的内心本意看，这 70000 元并不只限于 609 房，应视为按合同约定交纳的两套房屋的首付款。

关于评估报告能否作为定案依据，评估报告在本次诉讼中只是一种证据，该证据也经庭审质证、辩证，该报告的评估人员也到庭作证，接受质询。被告认为评估人员评估时主观随意性大、没有令人信服的评估依据、评估意见不符合市场实际等，评估报告存在严重问题，并口头申请复评。但在审理中，除被告辩解外，并未提供证据证明鉴定程序严重违法，或鉴定结论明显依据不足，抑或评估人员评估资料来源不合法、违反房地产评估规范等，故其辩解观点及复评请求均不予支持，评估报告应作为本案裁决的依据。

关于违约责任，被告 CS 公司在未取得商品房预售许可证的情况下，与原告王某签订商品房预售合同，违反了国家法律规定，其之后虽补办了该证，但其事前签订合同，预售房屋的行为具有一定过错。同时，在原房屋修建面积减小，设计变更，本案涉及房屋不能按原合同修建的情况下，双方亦未能在情况变化后及时变更、解除合同或解决纠纷，导致涉案商品房买卖合同长时间、客观上不能履行，合同目的无法实现，故被告反诉解除合同之请求，依法予以支持。因涉案合同解除是由被告方不能履行合同的违约行为造成，被告应承担因合同无法履行而给买受人王某造成的损失的法律责任，即：恢复原状，赔偿损失。故原告支付的购买首付款 70000元，依法由被告予以退还。合同解除后，依合同第九条第 1（2）项约定支付原告违约金，即自合同第八条规定的最后交付期限的第二天起至实际交付止，出卖人按日向买受人支付已交房款万分之五的违约金，因合同解除，故该期限应计算至判决生效之日止。由于原告王某仅交纳了房屋的首付款 70000 元，因此，其损失应为首付款所产生的预期可获得利益，并非全部房屋的升值利益，被告公司不能交房给王某所造成的损失为 70000 元 ÷198171 元 *804604 元 =284210.5 元。

综上所述：依照《中华人民共和国合同法》第二条、第八条、第九十四条、第九十七条、第一百零七条、第一百一十三条、第一百一十四条，《最高人民法院关于审理商品房买卖合同纠纷案件适用法律若干问题的解释》第二条之规定，判决如下。

一、解除原告王某与 ×× 市 CS 房地产开发有限责任公司于 2003 年3 月 24 日签订的两份商品房买卖合同。

二、被告 ××CS 实业有限公司退还原告王某房屋首付款 70000 元，并支付原告违约金（违约金计算办法：自 2004 年 6 月 1 日起至判决生效止，每日按 70000 元的万分之五计算）。

三、被告 ××CS 实业有限公司赔偿原告王某损失 284210.5 元。

四、驳回原告（反诉被告）及被告（反诉原告）其他诉讼请求。

上述二至三项，限判决生效后二十日内履行清结。

民事上诉状

上诉人：王某，男，汉族，大学文化，生于 1974 年 × 月 26 日，身份证号：61××01××××，住××市××区×××43号××家属院，××市××局干部。联系电话：137××××

被上诉人：××市 CS 实业有限公司

法定代表人：刘某，该公司执行董事

住所地：××市××区南大街中段

组织机构代码：71××××50-×

上诉人与被上诉人因商品房预售合同纠纷一案，不服××区人民法院（2013）×民初字第 01112 号民事判决，现依法提起上诉

上诉请求：

1.依法撤销××区人民法院（2013）×民初字第 01112 号《民事判决书》主文第三项，即请求撤销"三、××市 CS 实业有限公司赔偿原告王某 284210.5 元"，依法改判被上诉人赔偿上诉人 606433 元；

2.本案一、二审诉讼费、鉴定费由被上诉人承担。

事实和理由：

双方签订的合同合法有效，合同不能继续履行而解除是由于被上诉人的违约行为所致，理应赔偿上诉人全部损失并支付违约金。一审判决违背合同法的规定，认定损失的范围和标准不符合合同法的有关规定，应当依法改判。

一审判决认为上诉人只交了部分房款，故按照已交房款占总购房款的比例确定损失金额，并据此确定被上诉人的赔偿责任。此判决理由和判决结果是根本错误的。

第一，合同有效成立，双方均应全面诚实履行义务。

2003 年 3 月 24 日，上诉人与被上诉人签订《商品房买卖合同》，约定上诉人从被上诉人处购买商品住宅房和商用门面房各一处，两处房屋当时的总价款为 198171 元。同日，上诉人按照合同约定金额交付了两处房屋的购房首付款共计 70000 元。按照合同约定，被上诉人本应在 2004 年 5 月 30 日前交付房屋。被上诉人在一审诉讼前的 2013 年 5 月 10 日已取

得商品房销售许可证，买卖双方的主体资格和合同约定的内容均符合法律规定，双方的商品房买卖合同合法有效，被上诉人应当按照合同约定履行交房的合同义务。即使按照被上诉人的请求解除合同，也应当赔偿上诉人的全部损失。

第二，上诉人没有任何违约也无过错，被上诉人违反合同约定，被上诉人应承担全部违约责任。

上诉人按照合同约定付款后，被上诉人未能按期交房，经催促被上诉人称因拆迁等问题，暂时还交不了房，让上诉人等着，房子建好后交房。近 10 年后，被上诉人房子建成，被上诉人拒绝交房。其所持理由是：其一，设计变了，面积变了，房号也变了，原来合同约定的房子不存在，拒绝交付住宅房；其二，因拆迁不到位，约定的商用门面房没建，拒绝交房。被上诉人没有按照合同约定的时间交房，上诉人苦等十年，被上诉人依然不按照约定交付房屋，根本违约。被上诉人所称的设计、面积、房号等变更，从未告知过上诉人，本身就是其单方违约行为，与上诉人无关。不论什么原因、理由，被上诉人没有按照合同约定全面履行义务，这是一个不争的基本事实，更是被上诉人根本违约的事实。很显然，对于被上诉人违约行为及其所造成的损失，上诉人是没有任何责任的，亦不应承担任何损失。

第三，被上诉人因其违约行为应当赔偿上诉人的全部直接和间接损失。

上诉人约定购买的两套房屋当时的总价款为 198171 元，上诉人购买并按约定付款后，即应取得该约定价值的财产。10 年后，该约定财产的相应价值经评估后总价值已升至 804603.6 元，上涨价值为 606433 元。依照合同法规定，被上诉人应向上诉人赔偿损失 606433 元。一审判决认为上诉人当时只支付购房价的首付款，只占购房款的一定比例，故按该相应比例确定损失赔偿金额，此判决违背合同法的规定。《中华人民共和国合同法》第一百一十三条第一款规定："当事人一方不履行合同义务或者履行合同义务不符合约定，给对方造成损失的，损失赔偿额应当相当于因违约所造成的损失，包括合同履行后可以获得的利益，但不得超过违反合同一方订立合同时预见到或者应当预见到的因违反合同可能造成的损失。"

很明显，依据本条规定，损失的确定金额应当是被上诉人履行合同后上诉人可获得的利益 606433 元。至于上诉人只支付部分款项，也是完全符合双方的合意的支付方式，并无违约。上诉人购房时的预期利益是及于该两处房屋的全部，被上诉人出卖的也是该两处房屋的全部。因此，超出当年购房款的价值利益，应当全部归属于上诉人，被上诉人绝不应因其违约行为而获得标的物的增值利益。本案是一个商品房买卖合同纠纷，绝不可以当作一个合伙做生意的事情处理——各投入多少本钱，各分配多少利益。

综上所述，上诉人充分尊重一审判决对本案基本事实的认定，对于一审判决依据合同约定判决的违约金，上诉人也尊重服从。对于损失金额的计算方法和裁判结果，因违反合同法的相关规定，且使得上诉人巨大预期利益落空，坚决请求依法改判。请依法支持上诉人的上诉请求。

此致

××市中级人民法院

上诉人：王某

2015 年 1 月 18 日

××市 CS 实业有限公司民事上诉状要点

上诉请求：

一、请求二审法院撤销 ××区人民法院（2013）×民初字第 01112 号判决书第二、第三项判决，依法改判或发回重审；

二、本案的诉讼费用由被上诉人承担。

上诉理由：

一、本案一审判决上诉人向被上诉人赔偿损失 284210.5 元，缺乏事实依据，应当依法予以改判。其理由如下：

1. 根据《房地产估价报告》的评估结果，本案涉及房屋的评估价值为 804604 元。该《房地产评估作价报告》的评估结论，是涉诉房屋现时的市场价格，并非升值利益评估。根据前述事实，上诉人认为，本案一审判决将涉讼房屋的现时评估市场价格，认定为该房屋的升值利益明显错误。该房屋的升值利益计算方式，应当为评估价格减去该房屋的取得成本，即：804604 元（评估价格）－ 198171 元（合同约定的房屋购置价格）=606433 元（升值利益部分价值）。再根据本案一审判决计算被上诉人损失的方法，被上诉人的预期利益损失为 70000 元（首付款）÷198171 元（合同约定的房屋购置价格）×606433 元（升值利益部分价值）=214210.5 元。

2. 被上诉人对其经济损失的扩大也有过错，人民法院应当扣减上诉人应承担的损失赔偿额。因为：根据《合同法》第一百一十九条第一款、《最高人民法院关于适用〈中华人民共和国合同法〉若干问题的解释（二）》第二十九条、《最高人民法院关于审理买卖合同纠纷案件适用法律问题的解释》第三十条之规定，当事人一方违约后，对方应当采取适当措施防止损失的扩大；没有采取适当措施致使损失扩大的，不得就扩大的损失要求赔偿。因此，上诉人认为，人民法院应当在被上诉人实际遭受的 214210.5 元损失的基础上，适当扣减被上诉人应承担的损失赔偿额。

二、本案一审判决上诉人向被上诉人支付逾期交房的违约金，缺乏事实依据且适用法律不当。其理由如下：

1. 本案一审判决计算违约金的事实依据，是上诉人与被上诉人于 2003 年 3 月 24 日签订的《商品房买卖合同》第九条。根据前述约定，如上诉人未按期交付房屋且合同继续履行，则上诉人应向被上诉人支付已付房价款万分之五的违约金，直至房屋实际交付之日。但前述合同未明确约定，在房屋交付的合同目的无法实现的条件下，出卖人要求解除合同时违约金之计算方法。因此，本案一审判决按照合同继续履行条件下的违约金计算方法错误计算合同解除条件下的违约金总额，明显缺乏事实依据。

2. 本案一审判决既支持了被上诉人赔偿损失的诉讼请求，又支持了其违约金的诉讼请求，明显属于适用法律不当。因为：

根据《合同法》第一百一十四条第二款、《最高人民法院关于适用〈中华人民共和国合同法〉若干问题解释（二）》第二十八条、二十九条之规定，违约金的计算以损失填补为基本原则，故损失赔偿与违约金两种违约责任承担方式存在竞合关系。一审法院既然支持了被上诉人赔偿损失的诉讼请求，就不应当再支持被上诉人关于违约金的诉讼请求。

因此，上诉人认为，本案一审判决上诉人向被上诉人承担违约金明显缺乏事实依据，适用法律不当，应当依法予以撤销。

基于上诉理由，上诉人认为，本案一审判决认定事实错误，适用法律不当。请求二审法院撤销一审判决第二、第三项，依法改判或发回重审，以维护法律的尊严，维护上诉人的合法权益。

　　此致
××市中级人民法院

上诉人：××市××实业有限公司

2015年1月4日

（四）二审裁判结果

二审法院认为，本案中双方在签订商品房买卖合同并部分履行之后，因CS公司违约致使协议已无法继续履行，一审判决依法对两份买卖合同予以解除，双方均无异议，本院予以确认。王某所缴纳的70000元首付款，应当认定为两套房屋的首付款，一审论述清楚认定正确，本院不再赘述，CS公司认为70000元不含商铺首付款的意见依据不足，本院不予支持。

关于王某是否应对扩大损失承担责任的问题。CS公司称2010年9月2日政府强拆，2011年5月份图纸变更，从图纸变更时应属于扩大损失，应由王某自己承担。经本院审查，CS公司无充足证据证实2010年5月因拆迁原因导致设计变更后，其曾明确告知王某合同不能履行，或者提出解除合同。因此，不能必然得出王某在2011年5月就应该明确知道或预见到其购买房屋无法交付的事实。故CS公司主张从图纸变更后产生的损失，属于扩大的损失，应由王某自己承担的上诉理由不能成立，其上诉请求本院不予支持。

关于一审判决既支持违约金又支持部分损失赔偿之请求法律适用是否正确的问题。本院认为，《合同法》第九十八条规定："合同的权利义务终止，不影响合同中结算和清理条款的效力。"最高人民法院《关于审理买卖合同纠纷案件适用法律问题的解释》第26条规定："买卖合同因违约而解除后，守约方主张继续适用违约金条款的，人民法院应予支持。"合同解除是合同的权利和义务终止的情形之一，但当事人因违约而产生的违约金责任是客观存在的，不能因合同解除而化为乌有。本案中双方所签订的买卖合同明确约定有逾期交房违约金的计算方法，即每日已交房款的万分之五，在买卖合同解除之前，CS 公司逾期交房的违约状态一直存在且持续，故一审适用合同约定条款判令 CS 公司支付王某相应违约金并无不当，本院予以维持。同时，我国合同法上的违约金系以补偿性为主、以惩罚性为辅的违约金，违约金本质上属于损害赔偿额之预定，其主要功能在于填补守约方损失，当约定的违约金过分高于或低于实际损失时，还可以比照实际损失予以减少或增加。而本案中，双方签订合同后恰逢我国房地产市场飞速发展，商品房价格急剧飙升，现合同解除后致王某购买的房屋之目的不能实现，如其在同地段购买面积相当的商品房，则需在原房款 198171 元外另行增加支出 60 余万元，故本案中王某的损失，应为重新购买同地段的住宅及门面房所增加的房屋差价，扣减其为实现其价值支付的成本、税费等，同样 CS 公司作为违约方预见到或者应当预见到违约可能造成的对方的损失也应在 606433 元之内。而双方签订合同中所约定违约金远不足以弥补王某损失，一审在违约金之外另行支持部分损失，不违反我国合同法有关违约赔偿损失的立法精神，具有事实和法律依据，法律适用并无不当。但一审计算损失方式数额欠妥，本院以违约金与赔偿损失总额在预期可得利益范围内为原则，结合王某的损失及已支持的违约金数额、王某当初购买房屋所支付的对价、有可能要支出的其他成本、CS 公司违约的原因等综合因素，酌情将违约金之外王某预期可得利益损失调整为 214210.5 元（即首付款 70000 元 ÷19871 元 ×606433 元）。上诉人 CS 公司称计算了违约金就不应再支持损失的上诉主张，王某称除违约金之外预期可得利益应全部支持的主张，不符合法律规定，本院均不予支持。

综上所述，一审认定事实清楚，适用法律正确，但部分判决不当，本院予以纠正，上诉人 CS 公司部分上诉请求成立，本院予以支持。判决如下：

一、维持 ×× 市 ×× 区人民法院（2013）× 民初字第 01112 号民事判决第一项、第二项、第四项；

二、撤销 ×× 市 ×× 区人民法院（2013）× 民初字第 01112 号民事判决第三项；

三、由 ×× 市 CS 实业有限责任公司赔偿王某损失 214210.5 元。

本判决为终审判决。

本案研习要点：

1.本案中被告为什么会提起反诉？如果在其抗辩请求中提出请求而不是提起反诉请求，诉讼效果一样吗？

2.梳理一下本案原告申请委托鉴定的请求、理由、委托鉴定过程。

3.梳理一下两级法院运用自由裁量权的情形，并分析其合法性与合理性。

案例六　曹某诉××工程有限公司招投标合同纠纷案

一、基本案情

××工程有限公司（以下简称"工程公司"）与罗龙（化名）等签订合作协议，将某地分公司与罗龙等人合作经营。2011年9月，罗龙声称拟投标××县大河坝河堤工程，从其个人账户转入××工程有限公司账户80万元，作为投标保证金。工程公司应罗龙的要求将该80万元转入招标单位账户，参加投标。后工程公司未能中标该工程，招标单位将投标保证金80万元如数退还工程公司账户，工程公司立即将款退还给罗龙个人账户。2012年10月，曹某以招投标合同纠纷为由将工程公司、某地分公司以及罗龙起诉至法院，曹某认为所涉工程项目是他联系的，涉案80万元保证金也是由其提供，工程项目未能中标而罗龙没有给其退还该保证金，故要求工程公司、某地分公司以及罗龙退还其80万元保证金和资金占用利息。案件一审开庭前，曹某撤销对罗龙的起诉。

二、分析研判

第一，本案基本法律关系及法律责任分析。本案罗龙等人与工程公司之间是内部承包合同关系或者挂靠关系，依照法律规定工程公司有义务对罗龙等的职务行为对外承担法律责任。由于某地分公司是工程公司的分支机构，不具有法人资格和独立承担最终法律责任的能力，故属于分公司的责任应由工程公司承担。从基本事实判断，曹某与工程公司及其分公司无直接法律关系。第二，关于本案的管辖权问题。本案原告起诉是以招投标合同纠纷为案由的，依照民事诉讼法的规定，因合同纠纷提起的诉讼由被告住所地或合同履行地人民法院受理。本案被告罗龙的住所地为四川省×县，合同履行地也在四川省××县，工程公司的住所地为陕西省××市××区，工程公司某地分公司的住所地在四川省××市××区。这就有必要研究分析四川省××市××区法院是否有管辖权。很显然，四川省××市××区法院受理该案的唯一条件是作为被告之一的工程公司某地分公司的住所地在四川省××市××区，而实质上该招投标活动与××工程公司某地分公司无任何关系。相关法律规定企业法人以其登记地或主要营业地为住所地，在实践中企业法人的分支机构能否成为独立的诉讼主体以及能否以其住所地确定管辖权存在争议，因此，××区法院可能对该案没有管辖权。鉴于此，可以考虑提出管辖权异议。进一步分析，若提出异议，最可能的结果是异议被驳回或将案件移送××县法院管辖，裁定移送至陕西省××市××区法院的可能性极小。在此情形下，工程公司没有提出管辖权异议的必要。第三，本案可能的法律责任。工程公司及其分公司承担责任的条件是分公司或者其工作人员与曹某进行了职务行为或委托代理行为。经对分公司相关人员询问，分公司没有以其名义与曹某进行相关行为，也没有给其盖过分公司印章，工程公司及其分公司承担因罗龙职务行为或代理行为责任的可能性较小。经进一步对罗龙的询问和查核曹某提交的主要证据，确定罗龙以个人名义给曹某出具了欠条一张，罗龙自己签名捺印，备注写明××工程公司××办事处，没有加盖公司或分公司印章。至此，可以初步判断罗龙的个人行为与公司无关，公司承担法律责任的可能性较小。

三、操作过程

（一）原告的起诉

原告的诉讼请求：原告曹某起诉被告××工程有限公司、××工程有限公司某地分公司、罗龙，要求三被告向其返还投标保证金80万元，并要求被告从2011年11月30日起按银行同期贷款利率支付资金占用利息。

原告主张的事实与理由：被告××工程有限公司为了在四川省从事工程建设，便在××设立分公司，并在××设立办事处，该办事处的负责人为罗龙。原告为了承建××县河堤工程，便借用××工程有限公司的资质进行投标，后在××办事处谈妥相关事宜后，原告向罗龙个人账户打入了80万元的投标保证金，罗龙收到该保证金后将该笔保证金打给了××工程有限公司。其后，由于种种原因，此投标未能中标，招标代理机构于2011年11月28日向被告××工程有限公司退还80万元保证金，××工程有限公司将该笔保证金打入到罗龙个人账户上，但罗龙已将该笔保证金挪作他用，无法向原告返还。基于此，原告起诉至法院，要求三被告承担返还投标保证金及利息的责任。

（二）被告答辩

民事答辩状

答辩人：××工程有限公司。住所地：××省××市××区莲湖路中段××××号。

法定代表人：陈某，执行董事，联系电话：09××—253××××。

被答辩人：曹某，男，汉族，生于1962年×月22日，四川省××县人，住四川省××县××镇××街52号，附158号，联系电话：134××××。

答辩人与被答辩人招标投标买卖合同纠纷一案，被答辩人向 ×× 区人民法院提起诉讼，现根据其诉讼请求答辩如下：

一、罗龙与公司是合作关系，其本人并非公司员工，故其与被答辩人之间的私人借款行为不是职务行为，公司无需对其个人与被答辩人之间的民间借款行为承担责任

罗龙曾与答辩人合作，双方约定：罗龙可以与公司合作在四川省内从事投标活动。罗龙对于四川省境内的招标活动，经考察后可以与公司合作进行投标，资金来源由其自行解决。在罗龙代表公司进行投标活动的行为，只是相对于招标单位而言，才是公司的职务行为，其与他人之间的借贷行为不是代表公司的职务行为。

罗龙曾向被答辩人出具 80 万元借条，借条明确载明借款用途及归还期限，借款人为罗龙。答辩人从不认识被答辩人，该欠条也清楚证明，罗龙与被答辩人之间是民间借贷关系，罗龙的个人借款行为与答辩人并无任何关系，故答辩人不具有偿还的义务。

二、答辩人从未在 ×× 设立过办事处，也未授权罗龙具有授权他人以答辩人名义从事投标活动的权利

答辩人从未在 ×× 设立办事处，更不存在罗龙是所谓的 ×× 办事处负责人一说，罗龙与被答辩人之间如何商谈，如何借款等行为，答辩人事先并不知道，事后也未得到答辩人的认可，是与答辩人毫无关系的罗龙的个人行为，故该行为不能代表答辩人。况且，某地分公司的负责人是林某某而非罗龙，对于被答辩人所诉称的其与罗龙协商进行挂靠事宜，答辩人某地分公司的负责人林某某毫不知情，答辩人也从未授权罗龙有权许可他人进行挂靠。故此，罗龙与被答辩人商谈的行为、借贷行为等是与答辩人无关的罗龙的个人行为，答辩人无需向被答辩人承担责任。

三、答辩人从未收到过被答辩人所缴纳的任何投标保证金，因此也不存在返还投标保证金的义务

罗龙寻找到招标单位，让被答辩人协助将罗龙交付的款项打入其指定的账户。罗龙曾于 2011 年 9 月 23 日从其个人账户向答辩人账户内分两次打入 80 万元，并要求将该笔款项打入四川 ×× 咨询有限公司的账户。应

其要求，答辩人于当日将该笔款项打入 ×× 咨询有限公司的账户，后该笔款项被退回，答辩人随即将其退回到罗龙个人账户（这在罗龙给被答辩人出示的欠条中已经进行了证实），至于罗龙的钱从何而来，答辩人并无审查资金来源的义务。被答辩人从未与答辩人有任何关系，也从未向答辩人交纳过任何款项，自然也不存在向被答辩人返还款项的责任。

另外，被答辩人并未向答辩人缴纳过所谓的投标保证金。如果是被答辩人向答辩人缴纳保证金，也应是打入答辩人 ×× 工程公司账户或某地分公司账户，而非打入罗龙个人账户。×× 工程公司和某地分公司均有自己的账户，被答辩人将该笔款项打入罗龙个人账户而非答辩人账户，本身就证明该双方之间是借贷关系，而且，事后罗龙给被答辩人出具的欠条再一次证明该双方是私人之间借贷关系。被答辩人所诉的该笔款项与答辩人之间不存在任何关系。至于被答辩人主张办事处无账户则是因为公司根本没在 ×× 设立办事处自然不存在所谓账户。

故此，被答辩人与答辩人之间不存在任何权利义务关系，罗龙既非公司职工，也不是分公司的法定代表人，其向被答辩人借取 80 万元的行为是与答辩人无关的个人行为，答辩人不应当对罗龙个人借款行为承担还款责任，更不存在对该笔借款支付利息的问题。

综上，对于一个可能存在的借贷关系，原告起诉时将其列为一个招投标合同纠纷，这本身就是极其错误的。在这样一个招投标合同纠纷中，要求答辩人对被答辩与罗龙之间的个人借贷关系承担责任，于法于理都不能成立。故请求法院依法判决驳回其对答辩人的诉讼请求。

　　此致
四川省 ×× 市 ×× 区人民法院

答辩人：×× 工程有限公司

2012 年 10 月 24 日

（三）被告举证

×× 工程有限公司提供证据清单

1. ×× 工程公司营业执照等，证明工程公司的主体身份。

2. 罗龙给工程公司打入款项和公司给其返回款项的银行凭证，证明罗龙给公司打入的款项已返还给罗龙；讼争款项与答辩人无关。

3. 罗龙给曹某出具的欠条及其来源凭据，证明该双方是借贷关系。

4. ×× 工程有限公司及某地分公司账户凭证，证明 ×× 工程有限公司及某地分公司设有专门的银行账号。

辩论：

代理意见（被告方）

尊敬的审判长：

×××律师事务所接受被告 ×× 工程有限公司的委托，指派我代理 ×× 工程有限公司参加本案的诉讼。本代理人参加了本案的全部诉讼活动，现就本案的处理发表如下代理意见，供法庭参考，并恳请采纳。

一、原告与被告之间不存在任何形式的招投标合同关系

原告起诉时诉称其与罗龙商谈了"挂靠"事宜，并"缴纳了一定的费用"，形成挂靠投标关系。但审理中，原告并没有提供任何证实其与罗龙协商一致的证据，也没有提出任何证据证明其缴纳了费用，更没有提供任何 ×× 工程公司授权文件来证实罗龙有权接受原告挂靠。原告当庭提交的盖有 ×× 工程有限公司鲜章的营业执照复印件和罗龙的身份证复印件，充其量只能证明该营业执照和身份证的复印件是真实的，此外不能证明任何事实。公司之所以在营业执照和罗龙的身份证上加盖印章，是因为罗龙要借用公司资质投标，公司系与罗龙形成资质借用关系。罗龙也实际履行了与公司之间的约定，即交纳了 80 万元保证金。由于其并未中标，因此该 80 万元已退还罗龙，至于罗龙与原告之间形成的借贷关系，无论事实上还是法律上都与公司没有关系。

二、被告没有在××设立办事处，罗龙也不是办事处负责人，罗龙与原告的相关行为只是其个人行为

原告向法庭提交了一份从××工程公司网站上的复印的一句话的信息，来证实××工程有限公司在××设立了办事处，这显然是不能成立的。事实上，只是被告准备设立，但后来并没有设立。该网站一句话的信息的链接内容清楚地表明不设立××办事处。原告断章取义只复印该句话而不顾进一步的内容，扰乱视听。一个显而易见的常识就是，办事处应当有相关的登记手续，最起码的要求是相关人员持有公司的相关法律授权文书以及身份证明等，才能证明存在办事处，才能证明工作人员有公司的授权。由于既不存在办事处，罗龙也无公司的授权，因此罗龙的行为只能认定是其个人与原告之间的行为。

三、罗龙的行为不是法律上的表见代理行为

法律上的表见代理行为指的是，代理人提供的材料足以使相对人相信其有代理权，从而代理人进行的业务行为才构成表见代理。持盖章的空白介绍信或盖章的空白委托书可能构成表见代理。而本案当中，原告提交的营业执照和身份证复印件不能证实罗龙的行为构成表见代理。关于此点，这里着重加以强调的是，××工程有限公司是工程建设单位，罗龙曾经与公司是合作伙伴，负责给公司提供相关的招标信息，然后公司考查投标。正是基于罗龙与公司曾经的合作伙伴关系，因此才有了罗龙借用公司资质投标××大河坝防洪工程的行为，至于罗龙与原告之间发生的行为是他们之间的关系，罗龙对原告而言并不构成表见代理。何况如果真是原告借用公司资质，原告就应该直接将投标保证金交付于公司，由公司为其出具收条、投标需用的营业执照、授权委托书以及各种资质证书等全套材料。

四、80万元投标保证金被告没有从原告处收取，也不存在被告给其退还的问题

不能因为曹某给罗龙打过80万元，也不能因为罗龙给公司打过80万元投标保证金，更不能因为公司给四川××公司打过80万元保证金的事实，简单地联想起来，彼80万元就是此80万元！没有任何证据证明

××防洪工程是原告曹某投标工程，被告从没有从原告处收取也不存在退还保证金问题。事实上直到被告见到罗龙给原告出具的欠条扫描件时，才知道有曹某其人。在庭审中，原告一再强调，其80万元进了被告的账户，没有被公司退还，故要求公司担责。此主张不能成立，相关证据只能证实其把一笔80万元的钱打给了罗龙，被罗龙用作了投标保证金，罗龙未给其偿还。钱是种类物，不是特定物，不能因为数字相同而视为同一个物！由于合同关系具有相对性，在本案中亦不能无限制地、牵强附会地把相对性关系歪曲地扩大到本案被告××工程有限公司。

五、原告与罗龙之间存在借贷关系，事实清楚，证据充分

罗龙与原告商议，让原告给其打80万元用作投标保证金，投标未成功，罗龙未给原告返还该款而给其出具了欠条，这是本案的基本事实。原告要求被告承担责任的理由是：一是打款的银行单据上注明用途为投标保证金；二是欠条上注明欠的是投标保证金且注明了退的是××大河坝工程投标保证金。其理由根本不成立。首先，打款的银行单据上注明用途只是原告支付给罗龙时，原告自己注明的罗龙的借款用途，欠据上罗龙也同样注明了所欠款项的用途，两者内容高度一致，充分证实该双方之间是借贷合同关系。不能把银行单据上和欠条上注明的资金用途做任何曲解。其次，更为重要的是，原告给罗龙打款被告不知道，罗龙给原告出具欠条被告也不知道，该双方发生的支付和具欠行为都与公司没有任何关系。再者，原告持有罗龙书写的欠条，欠条记载欠款人是罗龙，被欠款人是曹某，欠条本身就足以证明该双方是借贷关系。

综上所述，本案本来是一个原告与罗龙之间的极为简单的民间借贷纠纷，罗龙在欠条上也承诺还款，原告仅仅因为其所涉欠款涉及所谓的投标工程，进而企图偷梁换柱改成一个"招投标合同纠纷"，想把还款责任强加给被告。这是不符合法律和事实的，其诉讼主张是荒谬的，不应当判决由被告××工程公司承担责任，请依法驳回原告对××工程公司的诉讼请求。

以上代理意见，恳请采纳。

谢谢！

被告委托代理人：×× 律师事务所

×××律师

2012 年 11 月 16 日

（四）一审裁判结果

一审法院认为：1.×× 办事处是被告 ×× 工程有限公司设立；根据 ×× 工程有限公司网站中的新闻、证人仲×× 的证言、罗龙向原告出具的欠条及 ×× 工程有限公司参加投标登记的业务电话等证据，证实 ×× 工程有限公司在 ×× 设立了办事处，并以 ×× 工程有限公司的名义对外开展业务。2.罗龙作为 ×× 工程有限公司 ×× 办事处的工作人员，其向原告收取 80 万元保证金交给 ×× 工程有限公司的行为应当认定为罗龙代表 ×× 工程有限公司的职务行为。其后，此次投标未能中标，虽然被告 ×× 工程有限公司已将招标代理机构退还的 80 万元保证金退至罗龙的个人账户，但是罗龙却将该笔款项挪作他用，未退还给原告，由于罗龙的行为属于代表 ×× 工程有限公司的职务行为，该行为所产生的法律后果应当由 ×× 工程有限公司承担，因此，应当由 ×× 工程有限公司向原告退还 80 万元保证金及资金占用期间的利息。3.罗龙个人虽然给原告出具了欠条，但是其在欠条中的身份备注仍然是 ×× 工程有限公司 ×× 办事处，且其为该办事处的工作人员，在该款未退还给原告之前，罗龙挪用的是 ×× 工程有限公司的款项。同时，从欠条的内容来看，并无罗龙个人向原告借款的意思表示。因此，×× 工程有限公司仍然负有向原告退还保证金的义务，罗龙虽然在欠条中承诺自己付清该款项，但并不妨碍原告向 ×× 工程有限公司主张权利。依据上述理由，法院判决：1.被告 ×× 工程有限公司给付原告保证金 80 万元，并从 2011 年 12 月 1 日起，按银行同期贷款利率，向原告支付至付款之日止的资金占用损失。2.×× 工程有限公司某地分公司不承担责任。3.案件受理费减半收取 5900 元，诉讼保全费 5000 元，由被告 ×× 工程有限公司承担。

（五）二审诉讼

民事上诉状

上诉人（一审被告）：××工程有限公司。住所：××省××市××区路中段××××号。

法定代表人：陈某，联系电话：09××-253××××。

被上诉人（一审原告）：曹某，男，汉族，生于1962年×月22日，四川省××县人，住四川省××县××镇××街××号，联系电话：134××××。

上诉人因不服××市××区人民法院（2012）×民初字第2105号民事判决，现依法提出上诉。

上诉请求：

1. 依法改判上诉人对80万元及其相关利息不承担付款责任；

2. 依法改判被上诉人承担案件受理费、诉讼保全费共计10900元；

3. 本案二审诉讼费由被上诉人承担。

事实和理由：

第一，一审法院认定被上诉人与上诉人是挂靠关系，不符合本案基本事实，是错误的。

一审中，并无任何证据证实被上诉人曹某与上诉人之间有任何挂靠的协议或挂靠的行为。首先，上诉人从来也未与被上诉人见过面，从未有过任何协商。其次，没有任何证据证明被上诉人曹某是××工程的承揽人。再次，没有任何证据证明被上诉人曹某以上诉人公司的名义参加本案所涉××工程的投标。被上诉人与上诉人之间既无挂靠约定，也无挂靠投标行为，不能认定二者之间的挂靠关系。一审中，被上诉人申请法院调取的《投标人递交投标文件签到表》、"××工程"施工报名表、《投标文件开标记录表》等证据，也充分证明了上诉人参加了××工程的投标，这一过程中没有任何被上诉人的信息和行为。

一审判决认定被上诉人与上诉人是挂靠关系，其所依据的是被上诉人一审诉讼时提交法庭的上诉人公司盖章的营业执照副本复印件、公司盖章的罗龙的身份证复印件以及被上诉人给罗龙的打款凭条。这根本不能证明被上诉人与上诉人之间存在挂靠关系。该案中，上诉人是工程建设单位，罗龙曾经与上诉人是合作伙伴，负责给上诉人提供相关的招标信息，然后由上诉人出面考查并投标。正是基于罗龙与上诉人曾经的合作伙伴关系，罗龙需要借用上诉人资质投标××防洪工程，上诉人才在营业执照和罗龙的身份证上加盖印章，交给罗龙，是上诉人与罗龙之间形成了资质借用关系。罗龙也实际筹集了80万元保证金，上诉人与其合作参加投标，因未中标，上诉人将罗龙交来80万元保证金，退还给罗龙。一审判决歪曲认定是上诉人将营业执照复印件和盖章的身份证复印件通过罗龙交与被上诉人（见一审判决第8页第10-11行），这纯属主观臆断，无任何依据支持，这也是其错误认定挂靠关系的关键所在！本案事实清楚地表明，本案中的确存在资质借用或挂靠关系，但绝对不是被上诉人与上诉人之间的挂靠关系，而是罗龙与上诉人之间的挂靠关系。因此，一审判决认定被上诉人与上诉人是挂靠关系，不符合证据证实的本案基本事实，是错误的，应予纠正。

第二，被上诉人与罗龙是民间借贷关系，罗龙才是承担还款责任的主体。

一审已经查明：2011年12月20日，罗龙给被上诉人出具欠条一张（见一审判决第6页第8—16行）。该欠条上注明的是，"此款已从工程公司退到我罗龙个人账户……暂时被我挪用，我定于……如到期还不了本息，由曹某报案……"该欠条不仅清楚地记载：欠款人是罗龙，被欠款人是曹某；该欠条还约定了还款的方式及纠纷解决的方式，这足以证明该双方是权利义务明确的借贷合同关系。首先，打款的银行单据上注明用途只是被上诉人支付给罗龙时，自己注明的罗龙的借款用途，欠据上罗龙也同样注明了所欠款项的用途，两者内容高度一致，充分证实该双方之间是借贷合同关系。不能把银行单据上和欠条上注明的资金用途做任何曲解。其次，更为重要的是，被上诉人给罗龙打款上诉人不知道，罗龙给被上诉人出具欠条上诉人也不知道，该双方发生的支付和出具欠条行为都与上诉人没有任何关系。再次，被上诉人持有罗龙书写的欠条，欠条记载欠款人是罗龙，被欠款人是曹某，欠条本身就足以证明该双方是借贷关系。

上述双方十分清楚的借贷债权债务关系，被一审法院错误认定的挂靠关系所取代，这对上诉人的利益是极大的侵害。上诉人就不得不问：在上诉人根本不知道曹某为何许人的基本事实面前，难道要求上诉人有先知的本事，把80万元交给曹某才算是返还正确而无需二次返还？但如果当时交给曹某，那么按照法院判决的逻辑，依然会认定返还错误，因为罗龙才是权利主体！因此，不能因为罗龙把其从被上诉人处取得的资金用于交纳××工程投标保证金，也不能因为罗龙的欠条上注明××工程投标保证金字样，就错误地将借贷关系认定为挂靠关系。

第三，一审判决无限扩大了责任的范围，严重背离合同以及法律关系的相对性原则。

上述借贷合同关系，不能无限扩大责任范围。不能因为被上诉人给罗龙打过80万元，也不能因为罗龙给上诉人打过80万元投标保证金，更不能因为上诉人给四川××公司打过80万元保证金的事实，就简单地联想起来，彼80万元就是此80万元，让上诉人承担还款责任。本案的两份重要书证，其一是被上诉人给罗龙打款的银行单据，单据上注明用途为投标保证金；其二是罗龙给被上诉人出具的欠条，欠条上注明欠的是投标保证金，且注明了退的是××××工程投标保证金。被上诉人企图利用这两份证据瞒天过海！一审认定此笔款被上诉人交给了上诉人工程公司，而上诉人工程公司未给其退还，而罗龙挪用的是被上诉人的钱，故公司应予向上诉人返还。这里就存在一个荒诞逻辑：把上诉人收取罗龙交的保证金认定为上诉人收取了被上诉人曹某的资金，而把上诉人通过同一账户退还给罗龙保证金认定为没有退还给上诉人曹某。在同样的事实认定上显而易见地坚持双重标准，这简直就是亵渎法律，严重偏袒。因此，一审判决肆意偏离合同相对性原则，通过对"××工程投标保证金"几个字的含义的无限曲解和联想，违背事实和法律把一个本不应该由上诉人承担的债务强加给上诉人，此错误应当予以纠正。

总而言之，原审法院置事实于不顾，无限制地牵强附会、歪曲事实和法律，指鹿为马地将还款责任错误地判决给上诉人，一审判决偏袒一方，判决上诉人再一次对同一笔款承担付款责任。这是极其错误的！罗龙与被上诉人之间形成的借贷关系，无论事实上还是法律上都与上诉人没有关系，请二审法院明断，支持上诉人的上诉请求。

　　此致

××省××市中级人民法院

上诉人：××工程有限公司

法定代表人：陈某

2014年3月23日

（六）二审裁判结果

　　二审法院认为，根据《中华人民共和国合同法》第四十九条"行为人没有代理权、超越代理权或者代理权终止后以被代理人名义订立合同，相对人有理由相信行为人有代理权的，该代理行为有效"的规定，无权代理人的行为是否构成表见代理必须同时具备两个要件，即代理人的行为在客观上形成具有两个要件，即代理人的行为在客观上形成具有代理权的表象以及相对人主观上善意且无过失地相信行为人代理权。作为相对一方的被上诉人主张罗龙的行为构成表见代理应当承担举证责任。但现有证据尚不能证明罗龙在本案中的行为对上诉人产生有权代理的后果。理由是：（1）罗龙是否是上诉人公司职工缺乏证据。上诉人工程公司网站上虽有拟成立××办事处的新闻，但是否进行相应登记不清，现有证据不能证明上诉人设立了××办事处并任命罗龙为该办事处负责人。（2）罗龙在与被上诉人曹某协商时，向其出示盖有上诉人工程公司印章的法人营业执照复印件，但这并不表明其有权代表上诉人与被上诉人协商挂靠相关事宜。罗龙虽持有盖有上诉人工程公司印章的法人营业执照复印件，但罗龙非上诉人的法定代表人，就本案所涉工程缺乏上诉人的书面授权，上诉人也没有以公司名义与被上诉人曹某签订合同。（3）被上诉人曹某将保证金80万元直接转入了罗龙的个人账户而非上诉人公司账户。现有证据不能证明被上诉人曹某向上诉人公司提出过由公司开具收据，事实上，上诉人没有向被上诉人开具收取其保证金的收据。综上，根据现有证据，罗龙既不是上诉人公司职工又无上诉人的授权，其在本案中的行为不能构成有权代表上诉人的权利表象。而被上诉人曹某在与罗龙的交往中，既不审查罗龙是否有上诉人的书面授权，又不将保证金打入上诉人公司账户，同时也不要求上诉人出具收据，其行为存在一系列的过失，故罗龙的行为不构成对上诉人的表见代理。"×××项目"投标失败后，工程公司将80万元退回罗龙个人账户，工程公司完成了退款义务。被上诉人曹某找到罗龙后，罗龙又出具了欠条，欠条上载明上诉人工程公司已将全部保证金退回，被罗龙个人挪用，并约定了归还时间及相应利息，落款虽加注了"××工程公司××办事处"，但从欠条内容来看，应为罗龙个人行为，被上诉人曹某的合作对象应为罗龙个人，上诉人与被上诉人曹某之间不存在债权债务关系，故不应承担本案所涉民事责任。原判决认定事实不清，适用法律不当，应予改判。判决如下：

一、撤销四川省××市××区法院（2012）××民初字第2015号民事判决；

二、驳回被上诉人曹某的诉讼请求。

本案研习要点：

1. 对比一审裁判理由、上诉理由、二审裁判理由，分析本案被告最终胜诉的关键立足点在哪里。

2. 分析本案诉讼主体的变更对管辖权的影响以及对提出管辖权异议时限的影响。

3. 对证据证实的事实依法律评价：本案中罗龙的行为对××工程公司是否构成表见代理以及挂靠关系。

案例七　徐某诉JY公司等债务转移合同纠纷案

一、基本案情

JY总公司法定代表人周武（化名）因病去世后，徐某受周武之妻周文（化名）委托管理JY总公司的工作。在受托管理期间，徐某为公司事务垫资200余万元。2010年8月27日，周文代表原JY总公司与赵文（化名）签订了《转让合同书》，周文以100万元的价格将公司转让给了赵文，该双方对原JY公司经营期间的债权、债务进行核定并确认，在双方共同签署的《JY公司债权债务清单》上记载了公司的对外债务，包括欠徐某投资款200万元。该转让行为由××省某县公证处于2011年5月30日以（2011）×证经字第37×号公证书予以公证。此后，JY总公司未向徐某支付欠款，并于2011年6月9日将公司名称变更登记为"JY有限公司"，将法定代表人变更为"赵文"。徐某多次找JY有限公司催要欠款，该公司以各种理由推诿拒不付款，此期间徐某占有该公司部分房屋收取租金。徐某为索要欠款，以前述经公证的债权债务清单载明的债权金额为据，将JY有限公司起诉到××县人民法院。在诉讼过程中，经赵文和周文向××省××县公证处申请，该公证处作出（2014）×证经字第00×号公证书，否认了原经过公证的徐某的债权数额，导致××县人民法院以（2013）×民初字第01435号裁定书驳回原告的起诉，致使原告无法依据原公证债权金额索要欠款。

二、分析研判

本案当中存在的相关问题，分析研判如下：第一，本案当中的相关法律关系的确定。本案表现出来的事实是公司原法定代表人之妻以公司的名义把公司的全部财产（包括资产和债务），以 100 万元对价转让给了另外一个自然人赵文，合同签订后，赵文以唯一股东和法定代表人的身份，到工商登记机关办理了工商变更登记。表面来看，双方进行的似乎是企业转让，故第一次起诉时和审理均是以企业转让合同纠纷认定基本法律关系。这种认识是不妥的。如果是企业转让，则意味着 JY 公司与赵文签订了一个出卖自己的"卖身契"，这显然与公司法的规定不符。公司法规定了有限责任公司独立的法人人格和财产权，公司是不能够出卖自身的。虽然最高人民法院有企业转让合同纠纷案由规定，但该案由规定指的是不具有法人资格的企业的老板转让自己开办的企业，这种情形下企业及相关资产都属于老板可转让的财产，这种情形下的转让确定为企业转让当无疑义。基于前述转让合同，公司的财产状况也未发生任何变化，后来赵文将自己登记为法定代表人和唯一股东。这一事实表明双方《转让合同书》约定，其实质是自然人之间的股权转让。根据公司法的相关规定，公司的股权转让不影响公司的资产和负债。因此，该双方之间进行的是股权转让不是企业转让，不影响徐某的债权。本案另一法律关系，是徐某与公司以及赵文之间的关系，基于前述理由，徐某与赵文个人之间不存在任何法律关系。那么，徐某与公司之间到底是什么法律关系？由于徐某的债权是受托管理公司期间为公司事务垫资，公司有义务向徐某偿还，因此，公司与徐某之间的债务其法律本质为借贷关系，当以民间借贷纠纷为诉讼案由。第二，关于本案的管辖权和诉讼当事人。由于公司的原办公场所都在 ×× 县，变更后其住所地登记为 ×× 市 ×× 区国际大酒店 10 楼，考虑到没有证据证实公司办事机构在 ×× 县，单独起诉公司 ×× 县人民法院没有管辖权。由于徐某的债权是受周文委托管理公司时垫资形成，且手中持有的一些条据有的仅是周文签字设有盖公司印章，徐某有理由将周文列为共同被告，以查清事实确定责任。因周文的住所地在 ×× 县辖区，以周文为共同被告起诉，×× 县人民法院依法具有管辖权。第三，关于本案债权凭据的确定。徐某第一次起诉时，提交法庭的债权凭据是从公证处复印出来的材料，包括《转让合同书》和《JY 公司债权债务清单》等，其依据主要就是债务清单上的记载。这显然是不够的。正因为此，当赵文和周文在第一次诉讼过程中去申请撤销原公证过的对徐某负债数额后，面对新的公证文书记载，人民法院据此驳回原告的起诉就不足为奇了。徐某的债权存在又确需保护，就得设法寻求收集提交更多的依据。经了解，徐某能够收集整理证实其债权成立的原始账本凭据，这就很好地解决了债权凭据问题。第四，如何面对再次起诉障碍问题。根据"一事不再理"原则，对一个纠纷经人民法院审理和裁判之后，当事人不得再次基于同一事实和理由向人民法院提起诉讼。鉴于此，第二次起诉时，必须考虑到不能违反"一事不再理"的相关法律规定，不能再基于同样的事实和理由提出相同的诉讼请求。因此，第二次起诉的依据就应当考虑采用债权形成的原始账本依据；诉讼请求数额也应当是根据账本凭据核定后的数额。如此，诉讼请求和理由均不同于前诉，当不违反"一事不再理"的规则。

三、操作过程

（一）起诉

民事起诉书

原告：徐某，男，生于 1960 年 × 月 3 日，汉族，住 ×× 县 ×× 镇 ××× 村 × 组，身份证号 61××22××××，联系电话 135××××

被告：JY 有限公司，住所地 ×× 市 ×× 区国际大酒店 10 楼。联系电话 09××—222××××

法定代表人：赵文，系公司董事长

被告：周文，女，汉族，生于 1953 年 × 月 6 日，住 × × 县 × × 路，身份证号 61 × × 22 × × × ×

案由：民间借贷纠纷

诉讼请求：

1.请求法院依法判令被告 JY 有限公司偿还原告垫资款 2663617 元及其利息（利息按信用社同期同类贷款利率计算）；

2.请求法院依法判令被告周文对前述垫资款承担连带还款责任；

3.本案诉讼费由被告承担。

事实与理由：

原 JY 总公司法定代表人周武去世后，原告曾受被告周文委托管理 JY 总公司的工作，为公司垫资 266 万余元。2010 年 8 月 27 日，周文代表原 JY 总公司与赵文签订了《转让合同书》，该双方对原 JY 总公司经营期间的债权、债务进行核定并确认，在双方共同签署的《JY 公司债权债务清单》上载明"欠徐某投资款 200 万元"。该转让行为由 × × 省 × × 县公证处于 2011 年 5 月 30 日以（2011）× 证经字第 377 号公证书予以公证。此后，JY 总公司未向原告支付欠款，并于 2011 年 6 月 9 日将公司名称变更登记为"JY 有限公司"，将法定代表人变更为"赵文"。原告多次找被告催要欠款，被告以各种理由推诿拒不付款，原告不得不占有被告部分房屋以保全权利。

原告为索要欠款，以前述公证文书记载的债权金额为据，将被告起诉到 × × 县人民法院，在诉讼过程中，前述二被告向 × × 省 × × 县公证处申请，该公证处作出（2014）× 证经字第 001 号公证书，否认了原经过公证的债权数额，导致 × × 县人民法院以（2013）× 民初字第 01435 号裁定书驳回原告的起诉，致使原告无法依据原公证债权金额索要欠款。对于 × × 省 × × 县公证处（2014）× 证经字第 001 号公证书，原告申请复查并要求撤销，× × 县公证处不予撤销。

综上，被告 JY 有限公司欠付原告垫资款 200 余万元，原本已由该公司核定确认，并进行了公证。后因被告推诿，二被告申请公证处违背事实和法律作出一个新的错误公证，直接侵害了原告的债权。为了保护合法权益不受侵犯，现原告重新收集了垫资款原始凭据，特向贵院起诉，请求法院依法支持原告的诉讼请求。

此致

×× 县人民法院

起诉人：徐某

2014 年 7 月 22 日

（二）举证

徐某与 JY 有限公司、周文债务转移合同纠纷一案

徐某提供证据清单

第一组

1. 徐某的身份证；

2. 解除授权委托代理通知书。

本组证据证明：徐某的身份以及受托管理 JY 总公司（后变更为 JY 有限公司）的事实。

第二组

1. ×× 县公证处 2011 年 377 号公证书及全套资料，包括：《公证书》、《转让合同书》、《债权债务清单》、《公证谈话笔录》等；

2. ×× 县公证处 2014 年第 1 号公证书及补充协议。

本组证据证明：JY 总公司原股东的继承人周文等与赵文协议股权转让时，经过该双方核实认可 JY 总公司欠徐某投资款（垫支款）200 万元，并要求重新审计核实。

第三组

1. 请求复查并撤销 ×× 县公证处 2014 年第 1 号公证书的申请；

2. ×× 县人民法院民事裁定书。

本组证据证明：原告徐某及时主张了相关权利。

第四组

1.徐某垫资账目清单及部分票据复印件（账本、票据原件已提交法院并保存于审计单位）；

2.审计报告；

3.垫支审计费用发票。

本组证据证明：被告 JY 有限公司自债权债务清单载明的时间起即应当向徐某偿付垫支款 2239114.45 元，应承担欠付期间的利息，并应承担 36000 元审计费。

第五组

JY 有限公司的工商注册资料。

本组证据证明：本案被告的负债为公司负债，本案争议的性质为借贷纠纷，被告 JY 有限公司应向原告偿还债务。

财产保全

财产保全申请

申请人：徐某，男，生于 1960 年 × 月 3 日，汉族，住 ×× 县 ×× 镇 ××× 村 × 组，身份证号 61××22××××，联系电话 135××××。

被申请人：×× 市 JY 有限公司，住所地 ×× 市国际大酒店 10 楼。联系电话 09××-2223×××。

法定代表人：赵文，系公司董事长。

申请请求：请求法院对被告的位于 ×× 县望江镇 ×× 大厦一层商用房五间采取财产保全措施。

申请理由：你院受理的申请人与被申请人民间借贷纠纷一案，为防止被申请人转移财产，确保将来判决顺利执行，故依法请求法院对被申请人的上述财产采取保全措施，请予依法准许并及时采取保全措施。

此致

×× 县人民法院

申请人：徐某
2014 年 7 月 29 日

担保书

×× 县人民法院：

你院受理的徐某与 ×× 市 JY 有限公司、周文民间借贷纠纷一案，徐某向你院申请了财产保全，我单位自愿为徐某提供财产担保。郑重承诺：若徐某申请保全错误给被申请人造成损失，由我单位承担相关赔偿责任。

担保人：×× 县文贵宾楼

×× 县文音乐广场

×× 县文商行

2014 年 8 月 22 日

审计鉴定申请

申请人：徐某，男，生于 1960 年 × 月 3 日，汉族，住 ×× 县 ×× 镇 ××× 村 × 组，身份证号 61××22××××，联系电话 135××××。

申请请求：请求人民法院委托鉴定机构对徐某诉 JY 有限公司、周文民间借贷纠纷一案所涉账目进行审计鉴定，以确定双方之间的债权债务数额。

申请理由：原 JY 总公司法定代表人周武去世后，原告曾受被告周文（周武之妻）委托管理 JY 总公司的工作，为公司的支出垫资二百多万元。2010 年 8 月 27 日，周文代表原 JY 总公司与赵文签订了《转让合同书》，该双方对原 JY 总公司经营期间的债权、债务进行核定并确认，确定欠原告徐某投资款 200 万元，并办理了公证。此后，原 JY 总公司名称变更为 JY 有限公司，法定代表人变更为赵文。原告在索要欠款过程中，前述赵文、周文二人否认了原经过公证的债权数额，并申请作出了新的公证，要求按审计核实的金额支付。为查明案件事实，申请人向法院提交垫资款支出原始凭据，请求人民法院委托审计鉴定，以确定债权金额。请予支持为盼。

此致

××县人民法院

申请人：徐某

2014 年 9 月 16 日

（三）辩论

原告及其代理人的辩论意见

代理意见

尊敬的审判长、审判员：

你院审理的徐某诉 JY 有限公司、周文债务转移合同纠纷一案，××律师事务所接受徐某的委托，指派本律师担任其诉讼代理人。本代理人参加了本案的诉讼活动，现结合本案的事实和相关法律发表如下代理意见，恳请采纳。

第一，本案双方讼争的案件的性质为公司与个人之间的民间借贷纠纷，因公司股东、法定代表人以及名称变更，被告 JY 有限公司应当向原告偿还债务。

原 JY 总公司股东、法定代表人周武突然离世，其妻周文作为该公司的临时负责人于 2007 年 1 月授权委托原告徐某代为管理经营该公司。徐某受托管理期间，由于该公司资金困难，徐某个人筹措资金为该公司的日常经营管理活动垫资，所垫资金的数额及用途也都由公司财务入账。2009 年 5 月，原 JY 总公司及临时负责人周文解除了对徐某的委托，其后徐某不再参与该公司的经营管理。2010 年 8 月 27 日，原 JY 总公司股东周武的继承人周文作为继承人的代表与赵文签订《转让协议书》，以 100 万元的价款把所继承的该公司全部股权转让给赵文，经过核定资产、账目，同时签署了该双方确认的公司《债权债务清单》，该清单中载明欠徐某投资款 200 万元。该转让协议及债权债务清单经过××县公证处以（2011）×证经字第 337 号公证。至此，原告徐某给 JY 总公司垫资的事实和数额得以核算确定。因此，徐某此前给公司的垫资款，系徐某出借给公司使用的资金，双方形成民间借贷关系，应当由该公司偿还借用款。2011 年 6 月 9 日，该公司在 ×× 市工商局办理了变更登记，原"JY 总公司"名称变更为"JY 有限公司"，原股东和法定代表人由"周武"变更为"赵文"。公司所欠徐某垫支款一直未清偿，徐某占有该公司部分房产出租。

前述基本事实表明，周文对原 JY 总公司所享有的权利是基于继承而取得的股权，而不是其他权利。周文和赵文所签订的协议其法律性质是股权转让协议，其后的工商变更登记记载的股东和法定代表人的变更，也充分证明该二人之间的转让行为系股权转让。公司法第三条第一款规定："公司是企业法人，有独立的法人财产，享有法人财产权。公司以其全部财产对公司的债务承担责任。"公司股东的变更或其法定代表人的变更，均不影响公司对其自身债务承担责任。欠付原告徐某的垫资款，经过当时公司负责人的确认。由于公司名称的变更，原 JY 总公司所负的债务依法变更为 JY 有限公司的债务。

第二，被告 JY 有限公司应当按照审计报告所确定的债务总额扣除原告已收取的房屋租金后的数额向原告偿还欠款。

2013 年 11 月，因被告一直没有偿还原告垫支款，原告诉至 ×× 县人民法院。在诉讼过程中，被告周文与赵文（原股权受让人、时任法定代表人）在 ×× 县公证处签订《企业转让补充协议》，并经（2014）× 证经字第 001 号公证书公证。该补充协议约定欠徐某的投资款（垫资款）数额，应当由徐某提供原始凭据，经有关部门重新审查、审计后方可清偿。在此情形下，人民法院驳回了原告的起诉。随后，原告申请 ×× 县公证处复查并撤销（2014）× 证经字第 001 号公证书，公证处认为双方以原始凭据进行诉讼即可，不必要复查和撤销公证书，不同意撤销公证书。在此情况下，原告徐某以原始账目凭据为基本依据，进行汇总统计，向法院提起诉讼要求被告按原始凭据记载的账目向原告偿还垫资款。在诉讼过程中，原告申请人民法院委托权威机构对被告欠付原告垫资款账目进行审计，经双方共同选定的审计部门进行审查审计，审计部门已作出了审计报告，应当以审计报告确定的数额作为认定欠付款金额的依据。此前，因被告一直未偿还垫资款，原告暂时占有被告的部分门面房，以收取的租金抵偿部分欠付款，已收取的租金数额也已经过审计报告确定。因此，被告JY有限公司应当按照审计报告所确定的债务总额扣除原告已收取的房屋租金后的数额向原告偿还欠款。

第三，被告JY有限公司应当按照原告在信用社贷款的利息标准，承担欠款利息。

在原告受委托管理公司期间，公司没有资金，原告用于垫资的款项，其中80万元直接源于2007年8月向××县×××信用社贷款，原告一直清偿利息。还有部分源于从其他地方筹借用于公司开支，后来原告于2010年3月又从信用社贷款140万元偿还了从其他地方的借款，长期背负信用社贷款利息。对于原告已支付的60余万元的贷款利息，虽然审计报告称没有JY公司应付贷款利息的凭据，但是，原告垫付了200余万元资金，向信用社支付了贷款利息，这是基本事实。如果任由被告无息占用原告垫资款，而由原告自己承担巨额借款利息，于情于理于法都不能成立。因此，应当由被告自《债权债务清单》确认之日（2010年8月16日）起按信用社贷款利息标准向原告承担欠付款利息，直到偿还清楚为止。

以上代理意见，供参考，并恳请采纳。

原告委托代理人：×× 律师事务所

×××律师

2017年1月20日

被告及其代理人的主要辩论意见

其一，原告的起诉已经被法院生效裁定驳回，法院不应受理原告的起诉。其二，即使原JY总公司存在该项负债，也是原法定代表人周武经营期间的负债，与现任法定代表人赵文以及××市JY有限公司无关。其三，原告没有提供被告认可的债权凭据。据此，被告方要求驳回起诉及诉讼请求。

裁判结果

法院认为，被告周文转让公司及转让后公司名称和法定代表人的变更属公司内部正常改制，并未违反法律规定，此举不得对抗公司转让时已在册的债权人。欠原告徐某垫资款已按企业转让补充协议约定由法院委托重新进行了审计，被告 JY 有限公司应按审计结果予以清偿。原告徐某请求被告 JY 有限公司对其垫资款按信用社同期同类贷款利率支付利息没有约定，本院不予支持。原告徐某请求被告周文对其垫资款承担连带还款责任没有法律依据，本院亦不予支持。判决如下：

原告徐某为 ×× 开源开发有限公司垫资人民币 2239114.45 元，被告 ×× 有限公司应予以偿还。原告徐某截至 2015 年 11 月 30 日已收取被告 JY 有限公司门面房出租收入人民币 268000 元，应予以返还。二者相抵后，由被告 JY 有限公司偿还原告徐某垫资款人民币 1971114.45 元。

（四）执　行

执行申请书

申请人：徐某，男，生于 1960 年 × 月 3 日，汉族，住 ×× 县 ×× 镇 ××× 村 × 组，身份证号 61××22×××，联系电话 135××××

被执行人：JY 有限公司

住所地：×× 市 ×× 区 ×× 国际大酒店十楼

法定代表人：何 ××，该公司执行董事，联系电话：183××××

请求事项：强制被执行人履行 ×× 县人民法院（2014）× 民初字第 01043 号民事判决书确定的义务：

1. 被执行人偿还垫资款金额 1971114.45 元；

2. 被执行人支付申请人预交的受理费、保全费、审计费共计 69109 元；

3. 被执行人加倍支付延迟履行期间的债务利息；

4. 执行费用由被申请人承担。

事实和理由：

申请人徐某与 JY 有限公司债权债务概括转移合同纠纷一案，×× 县人民法院经审理，作出（2014）× 民初字第 01043 号民事判决，宣判后双方没有上诉，现该判决早已生效。该判决生效之后，被告未履行判决确定的义务，严重损害申请人的合法权益。根据《民事诉讼法》之相关规定，请求人民法院依法强制执行。

此致

×× 县人民法院

申请人：徐某

2016 年 6 月 5 日

本案研习要点：

1. 结合本案分析诉讼中申请财产保全并被人民法院接受需要满足哪些条件。

2. 对照民事诉讼法的规定，厘清"一事不再理"的法定条件。

3. 思考案由的本质是什么？本案法院认定的案由是否适当？

案例八 王某诉××银行××县支行储蓄存款合同纠纷案

一、基本案情

王某于 2001 年在 ×× 银行 ×× 县支行营业部开立个人结算账户，营业部给王某存折一本，给王某办理银行卡一张。此后十余年来，王某一直使用该存折和银行卡。截至 2011 年 8 月 12 日，王某持有的卡和存折显示王某在该营业部的存款余额为 1109452.94 元。2011 年 8 月 16 日，王某在营业部再一次存款后，查询得知账面存款余额少了 1108653 元，银行交易记录显示，2011 年 8 月 14 日，该账户资金 1108653 元在深圳某珠宝行被消费了。王某及时告知营业部存款余额有误并与营业部交涉，及时报警。由于营业部拒绝向王某支付该账面减少的款项，形成本案的纠纷。王某以储蓄存款合同纠纷为案由起诉到 ×× 县人民法院，要求 ×× 县支行支付 1108653 元并承担损失。

二、分析研判

确定法律关系：本案中，原告手中持有银行卡和存折原件，显示截止到 2011 年 8 月 12 日，王某在该营业部的存款余额为 1109452.94 元。这一事实足以证明，原被告之间存在储蓄存款合同法律关系。应当考虑主要适用合同法以及商业银行法当中的有关规定。

确定重点和难点：本案的关键在于举证责任分配问题：第一，应当由储户来证明其与银行之间存在储蓄存款合同关系。本案中储户能够当庭提供银行卡和存折原件，证明其在银行有存款 1109452.94 元，证实双方之间存在储蓄存款合同关系。第二，银行应当证明，就储户账户上减少的金额，其已履行了向储户支付的义务。本案中银行提供的警方收集的视频资料显示，在珠宝行刷卡消费者并非持卡人，且所持银行卡并不是储户持有并提交法庭的银行卡。显然，银行提供的证据不能证实其已正确履行了付款义务。第三，银行认为储户存在过错而导致卡内资金被盗用，则银行应当提供证据证实储户有过错从而免责或减轻责任。本案中银行虽抗辩认为是储户自己泄密，但并无证据证实储户有过错，故其承担举证不能的法律后果。第四，就法律规定来讲，商业银行法第三十三条规定："商业银行应当保证存款本金和利息的支付，不得拖延、拒绝支付存款本金和利息。"最高人民法院公报 2009 年第二期所载案例的裁判摘要的主旨是，犯罪分子通过犯罪手段盗取储户借记卡账户内的钱款的，商业银行以储户借记卡内的资金短少是由于犯罪行为所致，不应由其承担民事责任为由进行抗辩的，对其抗辩主张人民法院不予支持。最高人民法院 [2003] 民一他字第 16 号复函对举证责任作了阐述，储户提交了存折和取款卡证明自己与储蓄单位之间存在储蓄合同关系，证明自己的存款数目，存折和取款卡没有丢失，即已完成了举证责任。第五，关于"民刑交叉"问题的处理。按照法律规定和通常的认识，在民事案件中，存在着刑事犯罪问题，通常按照"先刑事后民事"原则顺序处理。就本案而言，该笔款项被案外人窃取，存在着案外人的行为涉嫌犯罪，只能说是案外人对储户或对银行之间构成刑事犯罪，而储户和银行之间的储蓄存款合同关系是独立的法律关系，该双方纠纷的解决并不必须要以刑事案件的解决为前提。因此，储户有权在刑事案件处理以前直接向人民法院提起民事诉讼。

三、操作过程

（一）起诉

民事起诉书

原告：王某，女，汉族，生于 1970 年 × 月 18 日，身份证号 61××22××××，住 ×× 县望江镇。电话：136××××。

被告：中国 ×× 银行股份有限公司 ×× 县支行，位于 ×× 县望江镇 ×× 路。

法定代表人：唐 ××，该行行长。

案由：储蓄存款合同纠纷

诉讼请求：

第一，要求被告支付存款本金 1108653 元；

第二，要求被告支付 1108653 元本金自 2011 年 8 月 14 日至本金付清之日的同期存款利息；

第三，要求被告承担给原告造成的损失 ×× 元；

第四，要求被告承担本案的诉讼费。

事实与理由：

原告于 2001 年 4 月 24 日在被告营业部开立个人结算账户，被告给原告存折一本，账号为 26-61630046000××××，被告给原告办理银行卡一张，卡号为 622848291038993××××。此后，原告一直使用该存折和银行卡，截止到 2011 年 8 月 12 日，原告账户的存款余额为 1109452.94 元，在 2011 年 8 月 16 日，原告因办理业务往该账户存入现金时，得知原告账户上少了 1108653 元，银行告知 2011 年 8 月 14 日该账号中异地消费支出 1108653 元，通过用存折查询得知该笔款确实不在账上。原告十分震惊，莫名其妙。原告的存折和银行卡均未离身，也根本不存在异地消费该笔巨款的行为。根据有关法律规定，原告将款存入被告处，被告负有妥善保管并如期返还的义务。故诉至法院要求被告支付原告请求的本金及利息，并赔偿相关损失。请依法支持原告的诉讼请求。

此致

×× 县人民法院

起诉人：王某

2011 年 8 月 29 日

（二）举证

原告王某提供证据清单

第一组

1. 王某的身份证；

2. 王某的银行卡；

3. 王某的存折；

4. 银行查询单。

本组证据证明：原告与被告之间存在储蓄合同关系；原告曾在被告处存款 1108653 元，经查询，该存款已不在原告账上。

第二组

1. 证人卓 ×× 证言及相关票据等一套；

2. 证人俞 ×× 证言及相关票据等一套；

3. 证人李 ×× 证言及相关票据等一套；

4. 证人陈 ×× 证言及相关票据等一套；

5. 证人高 ×× 证言及相关身份证等一套；

6. 王某等 2011 年 8 月 12 日住宿账单及票据一套；

7. 王某等 2011 年 8 月 13 日、14 日住宿账单及票据一套；

8. 缴纳过路费部分票据一套；

9. 情况说明和 POS 签购单各一份。

本组证据证明：2011 年 8 月 14 日及 14 日前后持卡人王某和孙某均在 ×× 县，不存在王某和孙某持卡在 ×× 县以外地方消费或取款的事实；讼争款项被他人盗用。

第三组

1. 王某于 2011 年 8 月 17—20 日往返于西安—深圳机票一套；

2. 孙某于 2011 年 8 月 17—20 日往返于西安—深圳机票一套；

3. 任某某于西安—深圳机票；

4. 王某等 2011 年 8 月 17—20 日住宿、交通费等票据一套；

5. 诉讼费票据一张。

本组证据证明：2011 年 8 月 17—20 日原告王某等人至深圳调查了解本案所涉存款相关有关情况的事实及支出；预交诉讼费支出。

第四组

1. 孙某通话记录一份；

2. 王某的存折一本。

本组证据证明：2011 年 7 月 11 日原告在被告处正常办理过存、取款业务。

（三）辩论

原告及其代理人的辩论意见（被告的辩论意见已在原告辩论意见中引述，在此从略）：

代理意见

尊敬的审判长、审判员：

××律师事务所接受原告王某的委托，指派我代理王某参加本案的诉讼。本代理人参加了本案的全部诉讼活动，现就本案的处理发表如下代理意见，供合议庭参考，并恳请采纳。

一、本案在性质上属储蓄存款合同纠纷

原告于 2001 年 4 月 24 日在被告营业部开立个人结算账户，被告给原告存折一本，账号为 26-616300××××，给原告办理银行卡一张，卡号为 62284829××××。此后十年来，原告一直使用该存折和银行卡。截止到 2011 年 8 月 12 日，原告持有的卡和存折显示原告在被告处的存款余额为 1109452.94 元。对这一基本事实被告当庭也是认可的。这一事实足以证明，原被告之间存在储蓄存款合同法律关系。

2011 年 8 月 16 日，原告在被告处再一次存款后，查询得知原告账面存款余额少了 1108653 元，存折记录显示，2011 年 8 月 14 日 1108653 元被消费了。原告及时告知被告存款余额有误并与被告交涉，及时报警。由于被告拒绝向原告支付该账面减少的款项，形成本案的纠纷。1992 年 12 月 11 日国务院发布的《储蓄管理条例》第 3 条规定："本条例所称储蓄是指个人将属于其所有的人民币或者外币存入储蓄机构，储蓄机构开具存折或者存单作为凭证，个人凭存折或者存单可以支取存款本金和利息，储蓄机构依照规定支付存款本金和利息的活动。"

依据上述法规，本代理人认为，原告在被告处存款、取款，所使用的凭证就是被告发给原告的存折和银行卡。原告有时用卡取款，有时用存折取款，存折和卡都是被告给原告的取款凭据。原被告之间因存款支付发生纠纷，此纠纷的性质在法律上毫无疑问是属储蓄存款合同纠纷。

二、被告主张原告账面短少的 1108653 元应视为原告自己的消费行为的抗辩理由不能成立

其一，原告向法庭举出了众多的证人证言及相关书证（票据），充分证明钱款被消费时的前后及当日，即 2011 年 8 月 13、14、15 日，原告夫妇均在 ××，不存在持卡在深圳消费的事实。

其二，法院依被告申请调取的原告夫妇的通话记录单均显示 2011 年 8 月 13、14、15 日，原告夫妇通话地点均在 ××，不存在持卡在深圳消费的事实。

其三，被告向法庭出示的录像视频资料和原告向法庭提供的消费签单证实，持卡在深圳某珠宝行消费的人不是原告夫妇，而是一个自己签名为"王 × 军"的人。

其四，最为重要的是，被告向法庭出示的录像视频资料清楚地显示，王 × 军消费刷卡时所持的卡为白底绿面，白底一面有黑色磁条。而本案原告当庭提交的银行卡为绿底绿面，且外观上无法看见磁条。很显然，王 × 军消费刷卡时所持的卡不是被告给原告所发的卡，而是伪造的"伪卡"。

以上事实表明，持卡消费者非原告夫妇，所使用的卡也是伪卡，既然

有充分证据证实非原告自己消费，再推定为原告自己消费，显然是黑白颠倒！

三、本案讼争款项的损失，系由他人伪造了银行卡消费，被告自身未能识别而错误支付造成，其损失应由被告自己承担；被告应当如数向原告支付原告存入的1108653元本息，并应赔偿损失

1.《商业银行法》第三条规定："商业银行应当保障存款人的合法权益不受任何单位和个人侵犯。"第三十三条规定："商业银行应当保证存款本金和利息的支付，不得拖延，拒绝支付存款本金和利息。"根据该法律规定，原告王某将款存入被告中国××银行股份有限公司××县支行，该行负有妥善保管并如期返还的义务，该行应当保证原告王某存款本金和利息的支付，不得拖延，拒绝支付存款本金和利息。

2.《合同法》第六十条规定："当事人应当按照约定全面履行自己的义务。"第一百零七条规定："当事人一方不履行合同义务或履行合同义务不符合约定的，应当承担继续履行合同义务，采取补救措施或者赔偿损失等违约责任。"根据本案事实，截至2011年8月12日，原告王某账户的存款余额为1109452.94元，后拒付1108653元。原告的存折和银行卡均未离身，也根本不存在异地消费该笔巨款的行为，前已述及其抗辩理由不能成立，被告有义务支付讼争款项。

3.法发〔2010〕51号《最高人民法院关于案例指导工作的规定》第七条规定："最高人民法院发布的指导性案例，各级人民法院审判类似案例时应当参照。"最高人民法院公报2009年第二期所载指导性案例的裁判摘要原文是："犯罪分子利用商业银行对其自助柜员机管理、维护上的疏漏，通过在自助银行网点门口刷卡处安装读卡器、在柜员机上部安装摄像装置的方式，窃取储户借记卡的卡号、信息及密码，复制假的借记卡，将储户借记卡账户内的钱款支取、消费的，应当认定商业银行没有为在其自助柜员机办理交易的储户提供必要的安全、保密的环境，构成违约。储户诉讼请求商业银行按照储蓄存款合同承担支付责任，商业银行以储户借记卡内的资金短少是由于犯罪行为所致，不应由其承担民事责任为由进行抗辩的，对其抗辩主张人民法院不予支持。"最高人民法院公报案例是经过

最高人民法院审判委员会讨论通过的，对各级人民法院具有指导作用，且明确规定"应当参照"。

4.最高人民法院《关于天津市邮政局与焦长年存单纠纷一案中如何分配举证责任问题的函复》（〔2003〕民一他字第16号）规定："关于当事人之间分配举证责任的问题，焦长年主张自己在天津市邮政局下属储蓄所办理的存款账户中的存款数额少了9045元，而其本人没有在2000年5月13日、14日、15日连续3天于××市使用取款卡取款9000元，天津市邮政局应当对其账户中存款数额减少9045元承担赔偿责任。"其举证责任在于，证明自己与天津市邮政局之间存在储蓄合同关系，证明自己的存款数目，存折和取款卡没有丢失。焦长年提交了存折和取款卡，即已完成了举证责任。

依据前述法律规定和批复，参照公报案例精神，被告理应承担全部法律责任。

四、原告之夫通话所涉内容与本案所涉存折和银行卡的密码无关，被告认为原告不小心泄密导致款项损失的抗辩理由不能成立

被告向法庭提供了2011年7月11日其营业厅的录音录像资料，充分反映了原告丈夫当日办理业务的情况，因为其与他人通电话涉及密码问题。被告据此认为原告没有尽到注意义务，责任由原告自己承担。此抗辩理由不能成立。事实是，视频和存折记录均反映出来，当天早上原告之夫在被告营业厅共办理四笔业务，时间从中午12：44开始，到13：09四笔业务办理完毕。办理第一笔是存入25800元，办完后，期间12时50分46秒与原告通过电话，讨论把100万办成21天的"理财"。此通话不涉及密码问题。其后，12时53分45秒开始办理第二笔业务，是从账号为26-6161××××的定期折子上往本案所涉账号为26-6163××××的存折上转款，转款金额为50万元。期间12时54分31秒时，原告之夫与原告通电话问过定期存折的密码问题。后来又办理了卡转和购买理财两笔业务。被告根据本次通话认为原告可能泄密。其主张不能成立，理由在于：原告提交法庭的两本存折和视频资料相互印证，涉及密码的通话是在办理当天第二笔业务时——即由定期折子向本案所涉账号为26-6163××××

的存折上转款时，电话询问了原告定期存折的密码，视频中业务员明确说是"定期折子的"。因此，原告在办理业务时的通话所涉密码与本案所涉账号为 26-6163×××× 的存折以及与本案所涉卡号为 6228×××× 的银行卡的密码无关。因此，被告提供视频资料以此证明原告之夫通话可能"泄密"的主张与事实完全不符。

此外，某珠宝行的行为与原告王某没有任何牵连关系，不应追加其为本案被告。

原告在被告处存款 110 多万元的事实清楚，该款被他人盗用事实清楚，刷卡者伪造卡的事实清楚。原告账户内的款项 1108653 元，在 2011 年 8 月 14 日并没有由原告持卡消费，事实表明是他人伪造了银行卡盗用了银行的款项，是银行未能识别银行卡的真伪被骗，而非原告被骗。某珠宝行的行为与原告王某没有任何牵连关系，不应追加其为本案被告。

综上所述，本案在性质上属储蓄存款合同纠纷；原告王某在本案中无任何过错，不应承担任何违约责任，该责任应由中国 ×× 银行股份有限公司 ×× 县支行承担并由其赔偿全部损失；某珠宝行的行为与原告无任何关系，不应追加其为本案被告。原告王某的诉讼请求既合法又合理，请求人民法院依法支持原告王某的诉讼请求。谢谢！

原告委托代理人：×× 律师事务所

×× 律师

2011 年 10 月 26 日

关于 2011 年 7 月 11 日王某存折账户办理业务的专项说明

尊敬的合议庭法官：

王某与中国 ×× 银行股份有限公司 ×× 县支行储蓄存款合同纠纷一案，在开庭审理中，被告向法庭提供了 2011 年 7 月 11 日其营业厅的录音录像资料，显示了原告丈夫孙某当日办理业务的情况。现就该日办理业务的相关情况，向法庭专项说明如下：

2011 年 7 月 11 日，当天早上原告之夫在被告营业厅共办理四笔业务，时间从中午 12：44 开始，到 13 时 8 分 59 秒四笔业务办理完毕。

第一笔业务：12 时 45 分 26 秒开始，12 时 47 分 15 秒办理完毕签字。孙某提着现金现存 25800 元，存入折子就是本案所涉存折，账号为 26-6163×××。此后 12 时 50 分 26 秒孙某与王某通电话约 20 秒，讨论把 100 万元买成 21 天的理财问题。以上事实在上述存折第四页（证据编号页码为 6）上清楚地反映出来了当天的第一笔业务，录音录像资料也已证实。

第二笔业务：12 时 53 分 45 秒开始办理第二笔业务，至 12 时 59 分结束。孙某提交两个存折：一个是定期存折，账号为 26-6161××××；一个是本案所涉活期存折，账号为 26-6163××××。该笔业务是从定期存折上向本案所涉账号为 26-6163×××× 的活期存折上转款，转款金额为 503333.33 元。期间 12 时 54 分 31 秒时，孙某与原告王某通电话，询问定期存折的密码，录音录像资料清楚地显示孙某询问的是定期存折密码，银行工作人员表示说"定期折子的"。孙某电话中所说的数字有"18"、"6918"等，这些数字与本案争议款项所涉存折的账号和密码没有任何关系，事发后已告知银行的本案争议款项所涉存折的密码为 15××53，此密码从未更换。很显然，电话中所说的密码是账号为 26-6161××× 的定期存折密码的有关数字（事发后，已告知银行，定期存折密码为 69××18），与本案中被盗用的存折密码无关。不存在孙某办理此笔业务中泄密的事实。

第三笔业务：约 12 时 59 分开始，至 13 时 1 分 13 秒结束。是从孙某持有的黄色的银行金卡账户向本案所涉账号为 26-6163××× 的活期存折上转款，金额为 45000 元。此过程中没有通电话，与本案所涉存折密码无关。

第四笔业务：约 13 时 2 分 30 秒开始，至 13 时 8 分 59 秒结束。此笔业务是从本案所涉账号为 26-6163××× 的活期存折上转款，转款金额为 100 万元，购买理财产品。此属常规业务，没有任何不妥。

上述四笔业务，在原告提交法庭的账号为 26-6163××× 的活期存折上第四页清楚完整地记录着。在原告提交法庭的账号为 26-6161×××× 的定期存折第一页（证据编号页码为 40）上也清楚地记录着 2011 年 7 月 11 日往出转款金额 503333.33 元。两本存折记录相互印证，两本存折与录音录像资料相互印证，证实了这样一个基本事实：只是在孙某办理由定期存折向活期存折转款的第二笔业务时，向妻子询问过定期存折密码问题，与本案争议金额所涉存折密码无关。

综上所述，不能笼统地认为孙某在2011年7月11日办理业务中通电话涉及密码问题，而仅仅是在由定期存折向活期存折转款的第二笔业务时通电话涉及定期存折密码问题，况且，通话所说数字也与活期存折密码无关。被告主张因孙某在办理业务中通话涉及密码问题，据此主张原告责任自负，此抗辩理由根本不能成立。

以上基本事实，请法庭明察，作出公正判决。

王某

2011年10月31日

（四）裁判结果

人民法院经审理后认为，银行卡和存折均在原告手中，视频显示案外人消费时所使用的伪卡明显不是原告提交法庭的卡，且刷卡消费时原告夫妇均不在消费地，没有证据证实原告自己泄露了卡号和密码，依法支持了王某的诉讼请求，判决银行向王某付款并承担损失。××银行××县支行提出上诉，市中级人民法院经审理后判决驳回上诉，维持原判。

本案研习要点：

1. 试评析本案《代理意见》的主题、文书结构、语言表达。

2. 如何看待"先刑事后民事"这一诉讼规则？本案原告起诉是否应当适用该规则？

3. 结合本案中所援引的指导性案例，充分认识最高人民法院规范发布的指导性案例在审判实务中其效力和作用。

案例九　王某诉何某等不当得利、建设工程施工合同纠纷案

一、基本案情

2013年5月，何某或王某与东大村（化名）商谈承建旧楼改造工程，初步确定意向后，何某或王某与某某市第三建筑工程公司（以下简称三建司）确定了挂靠关系。2013年6月8日，王某作为某市三建司项目负责人与村委会签订施工合同。自2013年7月开始，王某先后以三建司代表人的身份与东大村签订了5份施工合同，标的额2055720元。合同签订后，王某组织施工、负责与工程相关事宜。施工过程中，经三建司同意，王某借支工程款120万元，何某领取工程款总共85万余元。期间，何某分别以王某、何某及其妻子的名称在税务局缴纳税款开具工程款发票。2014年8月施工结束后，何某以三建司的名义与东大村进行了工程结算，质保期满后领取了质保金。2017年4月，王某起诉何某不当得利，认为自己是实际的施工人，履行了与东大村签订的5份合同并收取了120万工程款，何某以三建司名义与东大村进行工程结算，收取了本应属于自己的工程余款855720元。王某因主张该款项诉至法院。

导读：王某第一次起诉，以不当得利纠纷为由起诉被告何某，要求返还不当得利855720元，在审理结束即将宣判之际，王某撤回起诉。时隔半年，王某以建设工程施工合同纠纷为由，起诉东大村委会和三建司，要求支付工程款855720元。法院依申请追加何某为第三人参加诉讼。一审

王某胜诉后，三建司提出上诉，二审法院改判撤销原判，驳回原告王某的诉讼请求。王某向省高级人民法院申请再审，被省高级人民法院裁定驳回。

二、分析研判

先看王某提起的不当得利纠纷诉讼。其中存在的法律和事实问题，分析研判如下：第一，本案中的几个法律关系需要明确。一是工程承包合同关系。该合同关系在法律层面应当是三建司与东大村之间的法律关系，本案的原告和被告均不是合同的当事人。根据合同相对性原则，对于工程款对发包方享有权利的是三建司，而实际权利人可以向三建司主张权利。二是借用三建司资质的法律关系。根据《最高人民法院关于审理建设工程施工合同纠纷案件适用法律问题的解释》第四条规定，承包人非法转包、违法分包建设工程或者没有资质的实际施工人借用有资质的建筑施工公司名义与他人签订建设工程施工合同的行为无效。虽然合同无效，但根据上述解释的其他规定，工程已实际施工完成并经验收合格，则发包方应当按照合同约定的价款向实际施工人支付工程款。因此，不论借用资质的主体是何某还是王某，主张工程款于法有据，本案中需要确定的是挂靠的主体。三是实际承包人与组织施工人之间的法律关系。有相关事实显示，何某与王某二者之间是承包人与组织施工人的关系，也是委托人与受托人的关系，之所以能够产生本次诉讼争议，是因为受托人取得了委托人的权利外观，从而主张委托人的权利。第二，谁是真正的收取工程款民事权利主体。根据王某起诉提供的证据，5份施工合同虽然由王某签署，可以基本确定其合同签字人身份，同时也加盖了三建司的公章，即合同的主体是东大村与三建司。这些合同不能证明王某是收取工程款的权利主体，即不能证明他是实际承包人、权利人。因为他只提供了与工程施工相关证据，并没有提供确实的证据证明他是挂靠法律关系的主体。到底何某还是王某个人是实际挂靠承包工程的主体，这是认定谁最终能够获得工程款的关键。

对何某有利的证据主要是：签订工程合同前三建司给东大村出具了委派何某洽谈工程的介绍信、东大村保留和持有的何某让王某代签合同并由自己承担责任的保证书、支付水电费、税费的票据和工程结算票据等书证，凭这些证据与王某提供的合同证据比较，可以初判认定何某为实际的权利人。第三，原告王某主张由何某返还不当得利的请求能否成立的问题。主张对方不当得利的要件是：其一，获利方取得利益没有合法依据；其二，己方因此遭受损失。只有确定王某是实际挂靠承包工程的权利人，才能够否定何某为实际权利人的身份，进而可以得出结论何某收取的工程款为不当得利。基于前述对证据情况的分析，更得力的证据指向何某才是实际权利人。因此，王某起诉何某要求返还不当得利的请求，难以成立。第四，关于实际施工人的身份及权利认定。实际施工人这一法律概念的形成，当时的背景是全社会大量存在农民工的工资被拖欠，曾经一度出现被媒体称为"总理为民工讨工资"的现象。在此背景下，2004年最高人民法院出台了《最高人民法院关于审理建设工程施工合同纠纷案件适用法律问题的解释》，明确规定了实际施工人有权利向建筑企业或工程发包方主张工程款，工程发包方在欠付建筑企业的工程款范围内对实际施工人承担付款责任。这一规定，从法理上突破了合同的相对性，体现出对实际施工的民工群体的特殊保护。至此，才使得民工为主体的群体向发包方索要工程款、劳务报酬有了明确的诉讼主体资格。实际施工人并不仅仅指实际"干活"的个人，其范围还应包括为工程实际投入资金、技术的组织和个人（如分包、转包、单项包工的承包组织或个人）。本案王某以实际施工人的身份二次起诉工程的发包方东大村和建筑企业三建司，形式上（程序上）符合实际施工人索要工程款的诉讼主体资格。就实质权利义务来讲，最终还是需要确定王某到底是不是投入资金并组织完成施工的实际权利义务主体。基于前述第二、三点的研判，王某被认定为法律意义上的实际施工人的证据是不足的，他的第二次起诉主张难以成立。

三、操作过程

（一）原告王某第一次起诉

民事起诉书

原告：王某，男，生于 1956 年 × 月 25 日，汉族，住 ×× 县 ×× 镇 ××× 村 × 组，身份证号 61××22××××，联系电话 135×××

被告：何某，男，生于 1960 年 × 月 25 日，汉族，住 ×× 县 ×× 局工作人员宿舍，身份证号 61××22××××，联系电话 139×××

案由：不当得利纠纷

诉讼请求：

一、判令被告返还原告款项 855720 元及相应利息；起诉之日至被告清偿不当得利债务之日的利息由人民法院依法确定；

二、本案诉讼费用由被告承担。

事实及理由：

原告与被告系朋友关系。2013 年 7 月，原告得知 ×× 镇东大村拟建设东大服务社区服务中心办公楼。因被告系在职人员，在某局工作，原告托被告居中联系，后原告挂靠某某市第三建筑工程公司与东大村谈妥了工程承包之事，原告对被告进行了酬谢。2013 年 7 月下旬开始，原告以挂靠公司代表人身份分别与东大村签订了"钢结构工程"施工合同等五份施工合同，合同标的 2055720 元。2014 年 8 月，五份施工合同全部履行完毕，经相关部门组织验收，建设工程竣工验收合格。工程验收后，原告追讨工程余款时才发现被告于 2014 年 7 月 18 日，从原告挂靠公司领走了 60 万元，同年 11 月 14 日从发包方东大村领走了 15 万元，2015 年 8 月 31 日，又从发包方将工程质保金 105720 元领走，三笔合计 855720 元。

原告认为自己作为实际施工人履行了签订的五份施工合同，履行了合同也收取了 120 万元工程款，但被告没有合法依据，收取了原告的855720 元工程余款且拒不返还，给原告造成重大损失，已经构成不当得利，应依法返还原告该笔款项并承担原告利息损失。故原告起诉，请求人民法院依法支持自己的诉讼请求！

此致

×××人民法院

起诉人：王某

2017 年 4 月 6 日

附：

1. 原告身份证复印件一份；

2. 证据一套；

3. 诉状副本一份。

王某提供证据清单

第一组

1. 施工合同五份；

2. 工程预算表、零星工程计算单；

3. 挂靠费证明、挂靠收据（日期为 2017 年 3 月 15 日）；

4. 收账通知、借条等四份收款凭证；

证明目的：原告的实际施工人主体资格。

第二组

5. 转款凭证三份；

证明目的：原告的实际施工人主体资格，被告三次领走原告工程款 855720 元的事实。

第三组

6. 调查笔录六份；

7. 证人证言九份；

8. 申请证人出庭。

证明目的：原告的实际施工人主体资格，原告材料投入及施工情况。

被告何某应诉

延期举证申请

申请人：何某，男，生于 1960 年 × 月 25 日，汉族，住 ×× 县 ×× 镇。身份证号 61××22××××，联系电话 139××××

请求事项：请求准许延长举证期限 15 日，即请求举证期限从你院指定的 2017 年 4 月 25 日延长至 2017 年 5 月 10 日。

申请理由：王某诉我不当得利纠纷一案，因时隔久远我收集证据时间紧张，加之从有关单位收集证据也需要充分的时间。为保障我能够充分举证，使案件事实能够查清，维护当事人的合法权益，现依法申请延期 15 日举证，我将于 2017 年 5 月 10 日前向你院提交证据。请予依法准许。

此致

×× 县人民法院

申请人：何某

2017 年 4 月 24 日

民事答辩状

答辩人：何某，男，生于 1960 年 × 月 25 日，汉族，住 ×× 县 ×× 局工作人员宿舍，身份证号 61××22××××，联系电话 139××××

被答辩人：王某，男，生于 1956 年 × 月 25 日，汉族，住 ×× 县 ×× 镇 ××× 村 × 组，身份证号 61××22××××，联系电话 135××××

答辩人因收到被答辩人起诉我不当得利纠纷一案的起诉书副本，现就其主张和理由答辩如下：

答辩请求：请依法驳回原告的起诉及诉讼请求。理由如下：

一、就客观事实而言，本案所涉东大村旧楼改造工程的实际承包人是答辩人，原告王某不是工程的实际承包人，无权利主张任何工程款

1.签订合同是我委派王某签字

原告在起诉中称，因何某是在职人员，原告委托何某居中与东大村谈妥了工程承包事宜，这个主张完全是把事实颠倒了。事实是早在 2013 年 5 月，我经人介绍与东大村的书记和主任商谈承建旧楼改造工程，初步商

定意向后，我找到××市第三建筑工程公司谈妥挂靠事宜。2013年6月8日，三建司向村委会出具了介绍信，介绍我代表三建司与该村商谈签订工程承包合同事宜。在签订正式合同时，由于我是在职人员不方便出面，委派王某代表我作为三建司的项目负责人与村委会签订施工合同。村委会不放心此事，还让我给村上出具了保证书，我承诺承担一切责任，村委会才同意由王某作为三建司的项目负责人签字。

2.组织施工是我委托王某进行

因王某有现成的施工队伍，我就把工程交给他由他组织人员施工。为此，我支付给他10万元报酬。在施工过程中，购买原材料和工资发放等事宜，包括一些日常协调招待，都是我委托王某进行。

3.工程款的结算、资金的使用和纳税都是由我负责

工程进程中，经我与三建司以及村委会沟通，由王某以借支的形式领取了一部分工程款，用于购买原材料和发放工资。工程结束后王某就其领取款项的使用情况给我交账，并同时将支付人员工资表原件交给我。烟酒等招待费用的欠账，后来都是我支付并收回王某经手欠款的欠条原件。王某经手的部分原材料的欠款也都是由我给偿付的。在开具正式税务发票办理工程款最终结算时，税款也是由我承担，其中四张票据开在我和我妻子名下，另两张以王某的名义开票。我持税务发票与村委会办理的工程款最终结算。

上述事实，有建设发包单位村委会的证明以及施工承包单位三建司的证明充分证实，还有介绍信、保证书、税务发票、欠条等书证予以证实。因此，王某不是涉案工程的实际承包人，我才是真正的承包人。

二、就法律事实而言，东大村旧楼改造工程的承建施工权利和责任主体是××市第三建筑工程公司，就工程款问题，原告不具有主张权利的诉讼主体资格

本案所涉工程，签订书面合同的双方分别是东大村委会和××市第三建筑工程公司，该双方才是涉案工程款的权利义务主体，无论是原告王某还是我何某，都不是合同当事人。原告起诉主张的工程款项，法律规定和合同约定的权利人均是三建司。我所获取的工程款，从法律属性上是三

建司的工程款，而不是王某的。同理，此前王某所借支的工程款也是属于三建司的工程款。因此，即使原告认为我何某获取工程款不当，也应是由真正的权利人三建司向我主张权利，而不是王某向我主张权利。换句话说，三建司基于工程承包关系可以从东大村主张工程款，挂靠或内部承包的当事人只能基于挂靠或内部承包关系向三建司主张支付内部承包费。不能将不同层面的法律关系混为一谈。

因此，如果原告认为其存在应得工程承包款，也应该是向三建司主张；或者认为我不当获取了三建司的工程款，也应该是由三建司向我主张权利。无论如何，原告对工程款并不享有直接的法定权利，原告并不具有起诉我的诉讼主体资格。

综上所述，本案当中发包方和承包方均认可我才是涉案工程的实际承包人，且有充分书证证实。我获取工程款都是经过三建司财务审核，领取的是三建司会同发包方支付给我的承包费，并不存在不当获取属于原告利益的问题。请依法驳回原告的起诉及诉讼请求。

　　此致
××县人民法院

答辩人：何某

2017 年 5 月 25 日

何某提供证据清单

第一组

何某身份证。

证明目的：何某的身份。

第二组

1. ××市第三建筑公司给东大村委会的介绍信；

2. 何某给东大村委会的保证书；

3. 东大村委会的证明。

证明目的：本案所涉工程的协商、签订履行合同、工程结算的实际权利、义务人是何某。

第三组

××市第三建筑公司出具的证明。

证明目的：何某挂靠××市第三建筑公司承包本案所涉工程。

第四组

1.缴纳1万元工程挂靠费的收据原件；

2.支付人员工资19万余元的工资表原件；

3.偿付王某经手烟酒等款项的收据和欠据原件。

证明目的：本案所涉工程的款项支出由何某承担，实际权利、义务人是何某。

第五组

何某缴纳税款票据复印件6张。

证明目的：何某经手并缴纳了本案所涉工程税款，实际权利、义务人是何某。

第六组

工程承包合同

证明目的：本案所涉工程承包方为××市第三建筑公司，王某不具有主张权利的资格。

东大村意见陈述

××县人民法院：

你院审理王某诉何某不当得利纠纷一案中，你院将我东大村委会追加为第三人，现我村就有关事项向你院陈述意见如下：

一、我东大村社区服务中心办公楼工程，由何某于2013年5月份与我村洽谈承包修建事宜，初步商谈后，同年6月8日何某持××市第三建筑工程公司介绍信正式与我村商谈签订承包合同事宜。在正式签订合同时，何某称他是在职人员不便出面签订合同，他委派王某代表他作为项目负责人在合同上签字，我村不放心，由何某给我村出具了由他承担相关法律责任的书面保证，我村才同意由王某代表何某在合同上签字。

二、合同签订后，何某委派王某组织完成该工程的修建施工任务。工程竣工验收后，工程款的最终结算，由何某和我村委会的负责人员进行。王某经手的欠付防盗门等部分材料款，王某称不是他的工程欠款，账已经交给老何，由老何给付。随后，由我村委会负责人会同何某核定，由何某把欠款付清。王某多次经手的工程预借款，都是何某与我村协商确定后，按何某的指示借支。缴纳税款时，由我村给何某提供工程款数据，由何某缴纳税款后，把税务票据交给我村。该项工程保证金，是由我村直接退还给何某的。

三、我村在发包该工程、预借预付工程款以及结算工程款等事项上，只认何某。该工程已竣工结算并支付完毕，我村对该工程所涉工程款项再无任何权利义务关系。

×× 县 ×× 街道办事处东大村委会

负责人：×××

2017 年 6 月 19 日

×× 市第三建筑工程公司意见陈述

你院审理王某诉何某不当得利纠纷一案中，将 ×× 市第三建筑工程公司追加为第三人，现我公司就有关事项向你院陈述意见如下：

第一，该双方争议所涉东大村社区服务中心办公楼工程，由何某于2013 年 6 月找到我公司负责人李 ×× 请求允许何某挂靠我公司承揽该工程，由何某给公司缴纳管理费。我公司同意后，给东大村出具介绍信，介绍何某作为我公司代表与该村协商洽谈工程承包事宜。

第二，在 2013 年 7 月份签订相关工程承包合同时，何某称他委派王某代何某出面作为该工程的项目负责人在合同上签字，我公司同意后，在合同上加盖了我公司的印章。

第三，有关该工程的验收、工程款的支付以及工程款的结算，都是应何某的要求我公司配合完成的。每次工程款的预借以及拨付，都是应何某的要求，我公司同意后让村委会支付的。

第四，我公司只是收取了管理费，配合完成了相关手续，与该工程有关的工程款项的真正权利人不是我公司，东大村已将工程款全部付清，该工程的管理费我公司也已收清。

综合以上事实，我公司与该双方争议的款项无实际关系，我公司对该争议款项不享有权利，也不负有任何责任。

此致

××县人民法院

××市第三建筑工程公司

负责人：×××

2017年6月16日

（二）辩论

代理意见

尊敬的审判长、审判员：

你院审理的何某与王某不当得利纠纷一案，××律师事务所接受何某的委托，指派本律师担任其诉讼代理人，本代理人参加了本案的诉讼活动，现结合本案的事实和法律发表如下代理意见，恳请采纳。

一、本案所涉工程款的真正权利人是何某，因此，对于该笔工程款其有权利从承包方处取得

1.项目正式施工前，是由何某与东大村委会就该项目施工合同的签订及后期施工情况进行协商

在2013年5月，何某经人介绍与东大村的书记和主任商谈承建旧楼改造工程，初步商定意向后，何某找到××市第三建筑工程公司谈妥挂靠事宜。2013年6月8日，三建司向村委会出具了介绍信，介绍何某代表三建司与该村商谈签订工程承包合同事宜。签订合同时何某与村委会协商由王某代何某签订合同，村委会不放心此事，便让何某给村上出具了保证书，何某承诺承担一切责任，村委会才同意由王某作为三建司的项目负责人签字。原告方将介绍信和保证书的复印件提交法庭后，法院其后又从东大村委会调取了原件予以证实。这些证据都充分说明王某仅仅是代表何某在合同上签字而非真正的权利主体。

2.工程结算以及税款缴纳都是由何某办理，与王某没有关系

在开具正式税务发票办理工程款最终结算时，税款是由何某承担的，其中四张票据开在何某及妻子名下，另两张以王某的名义开票，王某在法庭上也承认自己对税款缴纳不知情。其后何某持税务发票与东大村委会办理工程款最终结算，而王某并未参与。东大村委会出具的证明、意见陈述都可以证明这一事实。

因此，以上证据都可以证明本案所涉工程款的真正权利人是何某，其对所承包项目的工程款享有所有权。

二、王某不是所涉工程款项的真正权利人，而只是代表何某组织参与项目施工

由于何某是在职人员不方便出面，也没有建造师证，便委派王某代表何某作为三建司的项目负责人与村委会签订施工合同，并负责工程施工相关事宜。

王某向村委会借支的形式领取了120万元工程款，用于购买原材料和发放工资。工程结束后王某就其领取款项的使用情况给何某交账。因此，这120万元的工程款只是经过王某之手代替何某付工程材料价款。此外，对烟酒等招待费用的欠账，后来都是由何某支付并收回了王某经手欠款的欠条原件。

作为该项目的直接当事人三建司和东大村委会，在诉讼中作为第三人也向法庭做出了意见陈述，该两份意见陈述清楚地表明了何某才是该项目的真正权利人，王某与该项目的权利义务没有关系。

三、在项目实施过程中，何某从三建司处取得85万余元的工程款而非从王某处取得，于法有据，并不属于不当得利

在项目实施过程中三建司在2014年分两次给何某拨付了75万元的工程款，其后村委会退还10余万元工程质保金。此三笔工程款项经过三建司财务审核，毫无疑问是三建司会同东大村委会支付给何某的承包费及应返质保金，与王某没有任何关系。王某现要求何某返还不当得利显然是没有事实和法律依据的。

同时，作为发包方的东大村委会与承包方三建司是本案所涉工程的权

利义务主体，王某所主张的项目款项的真正权利人是三建司，因此，若要求何某返还该笔工程款项，也应该由三建司向何某主张，而不是王某提出主张。

综上所述，本案证据充分证实争议的 85 万余元工程款，是施工承包方三建司审核拨付给何某的款项，并没有从王某处取得，王某无权主张返还不当得利。应依法驳回其诉讼请求。

以上代理意见，恳请采纳。

委托代理人：××律师事务所

×××律师

2017 年 7 月 17 日

（三）裁判结果

2017 年 8 月 31 日，原告王某申请撤回诉讼。法院依法裁定准予原告王某撤回诉讼。

（四）2018 年 2 月王某第二次起诉

民事起诉书

原告：王某，男，生于 1956 年 × 月 25 日，汉族，住 ×× 县 ×× 镇 ××× 村 × 组，身份证号 61××22××××，联系电话 135××××

被告：×× 市第三建筑工程公司

法定代表人：刘 ××，系公司总经理

住所地：×× 市 ×× 区 ×× 路牛家桥二楼

被告：×× 县望江街道办事处东大社区服务中心

法定代表人：王 ××，系社区主任

案由：建设工程施工合同纠纷

诉讼请求：

一、判令第一被告 ×× 市第三建筑工程公司支付原告工程款项

855720元；由第二被告××县望江街道办事处东大社区服务中心在欠付的工程款范围内承担支付责任；

二、要求二被告承担起诉前欠付工程款利息160000.00元（起诉后至欠款被清偿之前的利息由人民法院依法确定）；

三、本案诉讼费用由被告承担。

事实及理由：

2013年6月，原告与案外人何某（朋友关系）因其他事情一同去××县望江街道办东大村（现更名为东大社区服务中心）找支书×××。临走，支书问原告有没有专业拆房的工人，说村上旧办公房要改造，原告答复说我就是搞施工的，拆房、设计施工一体化承担。从这得知村上要建办公楼之事。回来后又听说已经有其他人想参与这个项目。原告就跟何某说，"你在××上班跟领导熟，帮忙找个领导给打个招呼，要镇上的主要领导才行，这个工程我想承包。"何某说，几间房的小工程能挣钱吗？原告说反正闲着也没事，工程小，挣点总比不挣强。何某答应帮忙，此后也确实找人给村上打了招呼，过了几天，原告去东大村问办公楼修建的事情，村干部答应了此事，但要求拆房、设计施工一体承担，拆房安全要原告负责。谈妥后，原告找人拆房，找钢结构设计公司准备施工，并联系第一被告在××设立的分公司，借用他们的资质在2013年7月份和第二被告签订了施工承包合同三份，合同总价款1027581.81元。双方约定工程付款方式为第二被告将工程款转入第一被告××分公司在工行的账号，再由第一被告的××分公司将工程款支付给原告本人。

合同谈妥后，原告向第一被告在××的分公司缴纳了挂靠费，并组织机械、人员、资金进场开始施工，在施工中因对原告施工质量的认可，同年11月19日、2014年4月26日，第二被告东大社区服务中心又与原告分别签订了（装修）施工合同及零星工程施工协议，该部分涉及工程款1028139.1元。五份施工合同涉及标的总额2055720.91元。

2013年9月27日、12月13日，第一被告的××分公司从约定的工行账户分别向原告支付50万元和30万元。2014年1月17日，原告从第一被告的××分公司领取10万元。2014年10月9日，原告从第二被告领取 30 万元（现金支票），四笔总额合计 120 万元。

2014 年 7 月 14 日，原告给第二被告签订了工程款预借单，18 日，第二被告将该笔款 60 万元转给第一被告。第一被告至今未付给原告，第二被告说工程余款待审计后结算。

到 2015 年初，原告去找第一被告的 ×× 分公司催要工程款，答复说已经付清。遂核账发现其擅自将 60 万元工程款转给了案外人何某。且第二被告也借支给案外人 15 万元，并将质保金 105720.91 元让案外人何某领走，三笔合计 855720.91 元，原告索要无果。

原告认为自己作为实际施工人挂靠第一被告的分公司，并投入机械、组织施工人员，投入资金超过 160 万元，现仅仅领回 120 万元，工程也验收合格并交付。第一被告的分公司不具有法人资格，其民事责任应该由第一被告承担。根据《最高人民法院关于审理建设工程施工合同纠纷案件适用法律问题的解释》第二条、第十七条、第二十六条之规定，原告具状起诉，请求判令二被告依法承担工程款支付义务。

　　此致
×× 县人民法院

起诉人：王某
2018 年 1 月 22 日

追加第三人申请书

申请人：×× 县望江街道办事处东大村委会

住所地：×× 县望江街道办事处东大村

法定代表人：王 ××，村委会主任

被申请人：何某，男，生于 1960 年 × 月 25 日，汉族，住 ×× 县居委会宿办楼，身份证号：61××22××××。联系电话：139××××

申请事项：请求依法追加被申请人为第三人参加原告王某诉被告 ×× 市第三建筑工程公司、×× 县望江街道办事处东大社区服务中心建设工程施工合同纠纷一案的诉讼活动。

申请理由：

你院审理的原告王某诉被告××市第三建筑工程公司、××县望江街道办事处东大社区服务中心（应当是东大村委会）建设工程施工合同纠纷一案中，何某作为案涉工程的实际承包人，与本案所涉及的工程款有法律上的利害关系。另，东大村委会是涉案工程的合同和权利义务主体。因此，为便于贵院依法查明本案的基本事实，现依据《中华人民共和国民事诉讼法》第五十六条的规定，请求贵院依法追加被申请人为本案的第三人参加诉讼。望准许！

　　此致

××县人民法院

申请人：××县望江街道办事处东大村委会

2018年2月1日

　　答辩（为避免累赘，仅列何某答辩要点；三建司和东大村的答辩意见同第一次诉讼，在此从略）

民事答辩状（要点）

　　答辩人：何某，男，生于1960年×月25日，汉族，住××县居委会宿办楼，身份证号：61××22××××。

　　被答辩人：王某，男，生于1956年8月25日，汉族，住××县望江街道办事处××村三组7号，身份证号：61××22××××。

　　因被答辩人诉××市第三建筑工程公司、××县望江街道办事处东大村建设工程施工合同纠纷一案，经××县望江街道办事处东大村申请，答辩人作为与本案有利害关系的第三人参加诉讼，现针对被答辩人诉讼请求，答辩如下：

　　答辩请求：请依法驳回被答辩人的起诉及诉讼请求。

　　事实与理由

　　一、本案所涉工程的实际承包人是答辩人，被答辩人只是受答辩人委派代为签订项目施工合同及零星工程施工等合同。

　　二、工程项目的组织施工虽然由被答辩人进行，但是施工所需原材料是由被答辩人从东大村委会处预借工程款购买，且工人工资及工程所涉及的其他开支均由答辩人负责支付，被答辩人在施工过程中并未投入任何资金。

三、工程施工结束后，被答辩人亲笔向答辩人书写交账清单一份，就工程的相关支出向答辩人交账，这进一步说明答辩人才是本案所涉工程的实际承包人，被答辩人仅仅是辅助答辩人进行施工。

四、本案所涉工程款的结算是在答辩人与村委会之间进行，税款的缴纳也是由答辩人负责，答辩人才是所涉工程款的真正的权利人，其当然有权从三建司××分公司及村委会领取相应的工程款。

1. 工程施工完毕质保期满后，答辩人与建设方村委会办理了最终的结算，并由村委会向答辩人出具结算凭据，税款的缴纳也是答辩人负责办理，被答辩人从不知晓缴纳税款一事。

2. 答辩人从三建司××分公司及村委会领取855720.91元系基于承包关系而取得的工程款，答辩人是真正合法的权利主体。

综上所述，无论从合同的协商、相关项目费用的承担、税款的缴纳，还是工程款的结算，都是由答辩人负责，被答辩人仅仅是受答辩人委派组织施工的人员，其不能以实际施工人身份主张本案所涉工程款。请依法驳回原告的起诉及诉讼请求。

此致
××县人民法院

答辩人：何某

2018年2月7日

（五）一审判决要点

关于实际承包人问题：原告以被告三建司××分公司的名义与被告东大村签订五份合同，并作为被告三建司××分公司的代表人在合同书上签名，东大村委会中标通知书和会议记录，均显示涉案工程负责人系王某，原告两次向被告三建司××分公司缴纳了挂靠费，第三人也承认由原告负责具体施工，故本案所涉工程的实际施工人为原告。两被告及第三人均认为实际施工人系第三人何某，但第三人与两被告之间未订立书面合同，本院保全的涉案工程资料证据中也无第三人的任何信息，第三人虽提交了工资开支清单、缴税凭证、水费凭证原件及"交账清单"原件，原告不承认向第三人交账，只是认为自己做的工程开支记账，由第三人连同工程开支清单从原告处拿走，庭审中第三人只是否认证人未看到第三人拿走了原告涉案资料，并未否认到原告处拿物，结合第三人保管的工资原件及开支清单不排除第三人提交的工资表及工程开支清单原系原告所有。工资表原件背面注明"何拿工资 20 万元"第三人承认不是原告所写，也无付工资的款项来源、交付记录，不能证明第三人是实际施工人。缴税、水费凭证也不能证实第三人是实际施工人，第三人无委托原告代为施工及支付原告报酬 10 万元的证据，故两被告及第三人认为何某系实际施工人无证据支持，本院不予采信。

关于工程尾款及质保金共计 85720.91 元的问题。其中 600000 元原告以工程项目经办人名义书面向被告东大村申请结算，××市第三建筑工程公司 ×× 分公司收到该款后直接向第三人支付，同时被告三建司当庭承认口头委托由第三人直接领取保证金 15 万元及工程尾款 10720.91 元，被告东大村及第三人认可，第三人领取的以上款项视为被告东大村向被告三建司进行支付，故被告东大村给付了全部的工程款，原告无权向其主张权利，××市第三建筑工程公司 ×× 分公司两次共计收取原告挂靠费及管理费 20000 元，按照权利义务对等原则，理应将以上款项支付给原告王某，××市第三建筑工程公司 ×× 分公司是被告三建司的分支机构，法人的分支机构以自己名义从事的民事活动所产生的法律责任由其法人承担，故本院对原告请求判令被告三建司承担支付下欠工程款 855720.91 元予以支持；原告请求被告承担利息损失 160000 元未能向本院提供证据证明，且原告为承揽工程而借用他人资质，其行为违法，过错责任较大，故本院对其利息损失的请求不予支持。第三人何某系被告东大村申请追加，在本案中不具有独立请求权，不享有对本案的民事权利及承担民事责任。第三人无证据证实自己系实际施工人，也无证据证明委托原告代为施工，如第三人有证据证明后，第三人可以就工程款的归属向原告另行主张。

综上，根据《中华人民共和国民法总则》第七十四条，《中华人民共和国合同法》第五十二条第（五）项、第二百八十六条，最高人民法院《关于审理建设工程施工合同纠纷案件适用法律问题的解释》第二条、第二十六条之规定，判决如下：

一、限被告××市第三建筑工程公司于本判决生效后三日内返还原告的工程款 855720.91 元；

二、驳回原告的其他诉讼请求。

本案受理费 13942 元，由原告王某承担 2242 元，被告 ××市第三建筑工程公司承担 11700 元。

如不服本判决，可在判决书送达之日起十五日内，向本院提交上诉状，并按对方当事人的人数提供副本，上诉于××市中级人民法院。

三建司提出上诉

民事上诉状

上诉人（一审被告）：××市第三建筑工程公司

住所地：××市××区××路牛家桥××房产二楼

法定代表人：刘××，公司总经理。××分公司负责人联系电话：185××××

被上诉人（一审原告）：王某，男，生于 1956 年 × 月 25 日，汉族，住××县望江街道办事处××村三组 7 号，身份证号：61××22××××。联系电话：135××××

一审被告：××县望江街道办事处东大村委会

住所地：××县望江街道办事处东大村

法定代表人：王××，村主任。联系电话：186××××

一审第三人：何某，男，生于 1960 年 × 月 25 日，汉族，住××县居委会宿办楼，身份证号：61××22××××。联系电话：139××××

上诉人与被上诉人建设工程施工合同纠纷一案，因上诉人不服××县人民法院（2018）××民初 453 号民事判决书，提起上诉。

上诉请求：

1.请求依法撤销××县人民法院做出的（2018）××民初453号民事判决书；

2.请求依法改判驳回被上诉人的诉讼请求；

3.一、二审的诉讼费由被上诉人承担。

事实与理由：

一审法院选择性地采信本案所涉证据，对一审被告东大村委会及第三人何某提交的关键书证不予采信，有意偏袒被上诉人，所认定的事实与本案存在的客观事实背道而驰。一审判决法律适用错误，裁判结果极端错误，其枉法裁判行为应当得到纠正。具体理由分述如下：

一、一审法院对被上诉人提交的两张挂靠费票据认定不当，导致对挂靠关系认定错误

首先，一审法院根据被上诉人提交的2014年挂靠费收据复印件及2017年补开的挂靠费收据认定被上诉人与上诉人分公司存在挂靠关系，视一审第三人何某持有的2014年缴纳挂靠费一万元的收据原件于不顾，忽视上诉人分公司对真实挂靠关系的陈述，错误认定真实的挂靠关系，与本案的客观事实严重不符。2014年，一审第三人何某与上诉人分公司谈妥挂靠事宜，并于2014年4月23日委托被上诉人向上诉人分公司缴纳挂靠费一万元。挂靠费缴纳完毕后，挂靠费票据原件由何某持有保管。2017年3月15日被上诉人因诉讼需要，找到上诉人分公司称缴纳挂靠费票据丢失，需要上诉人分公司再次出具挂靠费票据一份，因其向上诉人分公司再次缴纳了一万元挂靠费，上诉人分公司补开挂靠费收据及证明。因此，与上诉人分公司存在真实的挂靠关系的是第三人，而非被上诉人。

其次，上诉人及一审被告东大村委会均未提交挂靠费收据这一证据，一审法院竟以被上诉人提交的挂靠费收据复印件与一审被告提交的原件一致为由，认定被上诉人与上诉人分公司存在挂靠关系。一审法院故意歪曲本案基本事实，将第三人何某持有的挂靠费收据原件错误认定为一审被告持有提交，错误认定了本案存在的真实的挂靠关系。

因此，被上诉人只是受何某委派代为缴纳挂靠费，真正与上诉人分公司存在挂靠关系的是何某，而非被上诉人。一审法院对两张挂靠费收据认

定不当，导致对本案存在的真实的挂靠关系认定错误。

二、一审法院对被上诉人提供的王某、罗××的证人证言的真实性不予采信，其后又以何某从被上诉人处取走工程资料为由，不予认定何某提交的相关票据原件的证明目的。一审法院对第三人何某是否从被上诉人处擅自取走工程资料这一事实认定前后自相矛盾

被上诉人在举证质证阶段，王某提供了罗××等二人的证人证言，欲证实第三人何某从被上诉人处擅自取走工程资料的事实。经过各方质证，因该二人与被上诉人有利害关系，一审法院对该二人的证人证言的真实性不予认定。不予认定该二人证言的真实性，就意味着无任何证据证实何某从王某处取走工程资料，何某在审理中也坚决否认从王某处取走工程资料。但是，一审法院在其后认定第三人何某提交的证据时，又以第三人从被上诉人处取走工程资料为由，对第三人何某提交的工资表原件、缴税凭证原件、水电费凭证原件及被上诉人向第三人的交账清单等原件的证明目的不予认定。一审法院为偏袒被上诉人，就同一事实做出了前后矛盾的事实认定，应予纠正。

三、一审法院以证据保全中没有介绍信和保证书为由，对一审被告东大村委会及第三人何某提交的该两份证据的真实性不予采信，实属错误

依据《民事诉讼法》等相关法律规定，证据保全的目的在于对可能灭失或者今后难以取得的证据进行固定，从而减少证据灭失的风险，而非对案件所涉及的所有证据提前予以全部明确，否则，举证期限的设定就无任何意义。被上诉人请求××县人民法院保全东大村委会的证据材料中，东大村委会虽未提供与一审第三人相关的材料，但是在诉讼中，东大村委会在举证期限内提交了本案诉讼所涉及的所有证据。因此，证据保全时，东大村委会虽未提供介绍信及保证书，但是其在举证期限内提出了该两份证据，完全符合证据提交规则，无任何不当之处。一审法院对证据保全中村委会未提交齐全的介绍信和保证书的真实性不予认定，实属错误。

四、一审法院对一审被告东大村委会及一审第三人何某提交的关键书证的真实性予以认定，而对书证所载明内容的证明目的不予认定，导致对真正权利人的认定错误

第一，一审法院既然对一审被告东大村委会及一审第三人何某提交的税票原件、第三人何某交纳水电费收据原件、结算收据原件的真实性予以认定，则应当根据上述书证所载明的内容来认定案件的基本事实。书证载明第三人何某缴纳了本案工程所涉税费及水电费，并由村委会与第三人何某进行了全部工程款结算，出具了书面结算票据。按照书证所载明的内容，证实本案所涉工程的税款系何某缴纳，工程所用水电费系何某缴纳，工程款结算由何某进行，这是不容否认的基本事实。本组书证足以证实真正权利人为第三人何某。一审法院本应对东大村委会及第三人提交的上述书证的证明目的依法予以采信，但是，一审法院在认定案件基本事实时，毫无根据地否认上述书证的证明目的，且未给出任何理由，从而导致对真正权利人的认定错误，导致错误裁判。

第二，第三人提交的支付工人工资表原件、偿付被上诉人经手烟酒款项收据及欠条原件、被上诉人亲笔书写的交账清单原件均由第三人持有，这是基本事实。同时，关于第三人何某从被上诉人处擅自取走工程资料的证人证言的真实性也被一审法院所否定。那么，一审法院在认定第三人提交的上述证据时，应当按照书证的证明效力认定第三人是本案所涉工程的真正权利人这一基本事实。但一审法院却依据被上诉人的单方陈述及不具有真实性的证人证言不予认定第三人提交的证据的证明目的，显然是对第三人提交的上述书证的错误认定，从而导致对真正权利人的错误认定。

综上所述，既然一审法院已经就第三人从被上诉人处擅自取走工程资料的真实性予以否认，那么，对于第三人提交的相关书证的真实性及证明目的应当按照书证所载明的内容，依法予以认定。而一审法院在一审判决中对证据的不当认定，导致对真正权利人的认定错误，最终导致错误判决的产生。

五、一审法院对基本事实认定错误，导致对本案真正权利人的认定错误，进而错误适用法律，应当撤销一审法院的错误判决，并依法驳回被上诉人的诉讼请求

本案中，一审第三人何某提供的2014年缴纳挂靠费一万元收据原件、介绍信、保证书复印件（从东大村委会复印原件取得）证实被上诉人受第三人委派代为缴纳挂靠费、签订合同及负责具体的施工工作这一基本事

实。第三人提交的工资表原件、水电费收据原件、偿付被上诉人经手的烟酒票据原件、被上诉人亲笔书写的交账清单及所有票据原件证实本案工程所需开支均由第三人承担，第三人为本案所涉工程的真正权利人的事实。税票复印件（从东大村委会复印原件取得）及结算收据原件证实上诉人与本案所涉工程的真正权利人就工程款已经全部结算清楚，不存在欠付工程款的事实。一审法院视第三人持有的上述证据于不顾，仅仅依据错误认定的挂靠关系、有被上诉人签字的建设工程施工合同及被上诉人代第三人组织施工这一事实认定被上诉人为本案所涉工程的真正权利人，实属错误。

因此，依据一审第三人提交的相关证据，无论从合同的协商、相关项目费用的承担、税款的缴纳，还是工程款的结算，都是由一审第三人何某负责，何某才是本案所涉工程的真正权利人，被上诉人仅仅是受第三人委派组织施工的人员，其不是本案所涉工程的实际施工人。上诉人将本案所涉工程款全部支付给挂靠人何某具有事实和法律依据。一审法院的判决错误，毫无公正性可言。

综上，上诉人依据与第三人何某之间的挂靠关系，将东大村委会支付的工程款转付给权利人何某，具有事实和法律依据，并无任何不妥。一审法院将第三人何某及一审被告东大村委会提交的关键性书证选择性"失明"，对应予认定的证明目的不予认定，有意偏袒被上诉人，此枉法裁判行为应当得到纠正。在此，上诉人请求二审人民法院在查明案件基本事实的基础上，依法撤销××县人民法院做出的（2018）××民初 453 号民事判决书并依法驳回被上诉人的诉讼请求。

此致

××市中级人民法院

上诉人：××市第三建筑工程公司

2018 年 5 月 4 日

何某对三建司上诉一案意见陈述

××市中级人民法院：

你院审理的王某诉××市第三建筑工程公司、××县望江街道办事处东大村委会建设工程施工合同纠纷上诉一案，我作为第三人参加本案诉讼，现就本案有关事实与证据向你院陈述如下意见。

一、在一审诉讼中，经××县望江街道办事处东大村委会申请，××县人民法院追加我为第三人参加诉讼，我在一审诉讼中委托代理人向法庭提交了书面的答辩状，现我依然坚持一审答辩状中的相关主张。

二、对于我在一审诉讼中提交的证据，现以时间的先后为序，做简要的归纳和阐述。

其一，本案所涉工程的洽谈、协商均是由我和东大村委会相关负责人之间进行，挂靠费也是由我向三建司××分公司缴纳，在签订合同时，虽然建设工程施工合同上的一方主体是王某，但也是基于我给村委会出具了保证书，村委会才同意由王某代我在合同上签字。合同签订后，介绍信原件与保证书原件由村委会留存，在另案王某起诉我不当得利纠纷一案中，我的委托代理人在村委会处复印并提交给了法庭，本案一审中再次提交了复印件。

其二，工程修建过程中，王某经我和三建司××分公司的同意从东大村委会借支了120万元款项用于购买工程材料。工程施工结束后，王某就款项的支出情况向我交账，其向我详细地列明了共计五页的支出清单并附上了部分支出款项的条据原件、工资表原件及王某经手的烟酒款的收据及欠据原件。在本案一审诉讼中，我将交账清单原件与部分票据原件提交给了法庭，工资表原件及王某经手的烟酒款的收据及欠据原件在另案王某诉我不当得利诉讼中，我提交给了法庭，现该两份原件由××县人民法院存卷。

其三，工程修建过程中，我向东大村委会缴纳了施工水电费六千元，村委会向我开具收条一份。此收条原件的其中一联由我在一审诉讼中提交给法庭，村委会保留的另一联原件由村委会在一审诉讼中复印提交给法庭，并将原件提供给法庭进行了核对。

其四，工程竣工验收合格后，村委会向我提交了相关工程款数据，由我办理税款缴纳事宜。我分别以我自己、我妻子及王某的名字开具了六张税务发票并承担了全部工程税款，其后，我将六张税务发票原件交给村委会办理结算。该六张税务发票原件由村委会留存，在本案一审诉讼中，我的委托代理人从村委会处复印提交给法庭。

其五，2015 年 2 月 4 日，我将最后一笔税款缴纳完毕后，我和村委会就全部工程款进行结算，经过双方核算，村委会向我出具了合计1950000 元"扣回预借工程款"的收据两份。最终村委会向我支付工程结算款时，将王某所预借的 120 万元扣除。一审中我将我持有的这两张收据原件，提交给了法院，村委会将留存的两张底联原件复印后提交法庭并将原件提交给法庭进行了核对。同日，经三建司 ×× 分公司同意，我从村委会领取了退还的 105720 元的质保金。

综上所述，就一审中提交的证据而言，书证介绍信、保证书证明合同的洽谈主体是我；书证缴纳水电费票据证实我承担了施工中的全部水电费用支出；书证税务票据证实我承担了全部工程税款；书证工程款结算票据证实由我办理工程款决算。我作为所涉工程的实际权利义务主体，有上述客观存在的书证证实，且形成完整的证据链。关于王某经手预借 120 万元的支出，我持有并向法庭提供了王某所写的交账清单原件和相关票据原件，再次印证了我才是权利主体。更为重要的是，该工程合同直接签订的主体东大村委会和 ×× 三建司 ×× 分公司也均认可我才是真正的权利主体。一审判决对于有充分证据证明的上述事实歪曲认定，仅因为合同上有王某的名字和王某组织施工就认定其是实际施工人，这是对事实根本错误的认定。我所提供的证据足以否定王某的主张，我才是本案所涉工程的真正权利义务人。请依法改判驳回被上诉人王某的主张。

何某

2018 年 7 月 25 日

东大村委会意见陈述

×× 市中级人民法院：

你院审理的王某诉 ×× 市第三建筑工程公司 ×× 县望江街道办事处东大村委会建设工程施工合同纠纷上诉一案，在本案一审诉讼中，村委会就本案相关事实给法庭提交了书面的答辩状，现仍坚持一审提交的书面答辩状中的相关意见，就本案所涉相关事实再次简要地陈述如下意见。

一、本案所涉工程的洽谈是在村委会与何某之间进行，王某只是受何某的委派在合同上签字的主体。何某于 2013 年 5 月份与我村洽谈承包修建望江街道办事处东大村社区服务中心办公楼工程事宜，初步商谈后，同年 6 月 8 日何某持 ×× 市第三建筑工程公司 ×× 分公司介绍信正式与我村商谈签订承包合同事宜。在正式签订合同时，何某称他是在职人员不便出面签订合同，他便委派王某代表他作为项目负责人在合同上签字，我村不放心，由何某给我村出具了由他承担相关法律责任的书面保证，我村才同意由王某代表何某在合同上签字。

二、合同签订后，何某委派王某组织完成该工程的修建施工任务。工程修建过程中，经过何某和三建司 ×× 分公司的同意，村委会向王某预借工程款 120 万元用于工程材料的购买，最终村委会与何某办理总工程款的结算时将此笔 120 万元预借工程款扣除。工程修建过程中产生六千元工程水电费是由何某给付的，同时，王某经手的欠付防盗门等部分材料款，王某称不是他的工程欠款，账已经交给老何，由老何给付。随后，由我村委会负责人会同何某核定，由何某把欠款付清。

三、工程竣工验收后，由我村委会给何某提供工程款数据，由何某缴纳税款后，把税务票据原件交给我村留存。在缴纳完最后一笔税款的当天，即 2015 年 2 月 4 日，我村委会与何某办理工程款的最终结算。该项工程保证金，是由我村直接退还给何某的。

四、我村在发包该工程、预借预付工程款以及结算工程款等事项上，只认何某。该工程已竣工结算并支付完毕，我村对该工程所涉工程款项再无任何权利义务关系。

×× 县望江街道办事处东大村委会

村委会主任：×××

2018 年 7 月 25 日

（六）二审判决要点

本院认为，在建设工程施工合同中，实际施工人是指没有资质借用有资质的建筑施工企业的名义与他人签订建设工程施工合同的承包人。在本案中，发包人××县望江街道办事处东大村村民委员会及承包人××市第三建筑工程公司××分公司均认可是第三人何某承揽到的工程并挂靠××市第三建筑工程公司××分公司进行的施工，且被上诉人王某没有证据证明自己实际投入资金、材料和劳力进行工程施工并在本工程项目施工中自负盈亏。被上诉人王某只是受第三人何某委派代为签订合同、从事项目管理工作，其不是项目的实际施工人，无权请求上诉人××市第三建筑工程公司支付工程款。综上，原审判决认定事实错误、适用法律不当，对××市第三建筑工程公司的上诉请求本院予以支持。依照《中华人民共和国合同法》第二百六十九条、第二百七十二条，《最高人民法院关于审理建设工程施工合同纠纷案件适用法律问题的解释》第一条第（二）项，《中华人民共和国民事诉讼法》第一百七十条第一款第（二）项的规定，判决如下：

一、撤销××县人民法院（2018）××民初45×号民事判决；

二、驳回原审原告王某的诉讼请求。

一审案件受理费13942元，二审案件受理费11700元均由被上诉人王某负担。本判决为终审判决。

（七）王某申请再审

民事再审申请书

再审申请人（一审原告，二审被上诉人）：王某，男，生于1956年×月25日，汉族，身份证号码61××22×××××，住××县望江街道办×××村三组7号。电话135××××

被申请人（一审被告，二审上诉人）：××市第三建筑工程公司，法

定代表人：刘××，系公司总经理

　　住所地：××市××区××路牛家桥××房产二楼

　　一审被告：××县望江街道办事东大社区服务中心（原东大村委会）

法定代表人：王××，系社区主任

　　一审第三人：何某，男，生于1960年×月25日，汉族，身份证号码61××22××××。住××县居委会宿办楼。电话139×××

　　再审申请人因诉××市第三建筑工程公司、××县望江街道办事东大社区服务中心建设工程施工合同纠纷一案，不服××市中级人民法院作出的（2018）××民终831号民事判决，依据民诉法第一百九十九条之规定，向××省高级人民法院申请再审。

　　再审请求：

　　一、请求撤销××市中级人民法院（2018）××民终831号民事判决书的判决内容；

　　二、请求省高院依法改判或指令其他法院重审此案，支持再审申请人一审诉求。

　　事实及理由：

　　一、原审认定的基本事实缺乏证据证明

　　（一）原审法院判决的依据之一是"发包人××县望江街道办事东大村村民委员会及承包人××市第三建筑工程公司××分公司均认可是第三人何某承揽到的工程并挂靠××市第三建筑工程公司××分公司施工"。

　　申请人认为，案件事实是以证据为依据来认定的。村委会在本案诉讼中出具的说明、提交的有疑点的第三人保证、委托书及××市第三建筑工程公司××分公司的介绍信，包括诉讼中双方的陈述，其证据的证明力是远远低于申请人诉前保全证据的效力，这部分证据不能证明原审法院认定的基本事实。

　　（二）原审法院判决的依据之二是"被上诉人王某没有证据证明自己实际投入资金、材料和劳力进行工程施工并在本项目施工中自负盈亏。被上诉人王某只是受第三人何某委派代为签订合同，从事项目管理工作，其不是项目的实际施工人"。

申请人认为，一审中已多方申请众多证人出庭，被告及第三人对申请人投入材料和劳力进行工程施工的事实是认可的。关于资金的问题，从2013年7月26日申请人投入人力、机械开始拆除旧房，8月份和××建设工程有限公司签订"钢结构加工合同"，哪一项不需要投入资金？现在能够查明的最早支付工程款时间是2013年9月26日。关于"自负盈亏"的问题，协议、施工合同摆在那儿，单凭一份"保证"和事后的说明，是不能够否认原始书证的证明力的。

原审认定申请人系受第三人何某委派，依据就是一份所谓的"保证"。申请人想提示一句，既然是"委派"？那报酬应该是必需的吧！在申请人否认代理的情况下，原审认定是否很草率？

（三）在"拆房协议"和所有施工合同中，关于风险的承担都是申请人，这一点原审法院回避了。

一审被告××县望江街道办事东大社区服务中心既然认为第三人2013年7月18日出具的有"保证"，那为何在之后的协议、合同中体现的约定与此矛盾？申请人认为，这只能说明有造假行为。

（四）申请人一审中提交的挂靠费"证明"及"收据"，完全可以否定一审被告及第三人诉称的第三人系实际施工人的主张。

二、原审判决认定事实的部分证据涉嫌伪造

申请人对本案证据诉前保全时，申请对本案所有相关证据保全，但在保全的证据中，并没有所谓的"介绍信"、"保证"及水电费票据等。庭审中，申请人也要求对方当事人提供原始依据进行核对，法庭也做了提示，但一审被告及当事人均未能提供相应原始依据。

三、原审判决适用法律确有错误

原审错误认定申请人不构成实际施工人，而将仅仅提供中介联系的第三人认定为实际施工人，是错误理解和适用最高人民法院关于审理建设工程施工合同纠纷案件适用法律问题的解释，系适用法律错误。

此致

××省高级人民法院

申请人：王某

2018 年 12 月 29 日

民事再审答辩状

答辩人（一审被告、二审上诉人）：××市第三建筑工程公司

住所地：××市××区×××牛家桥××房产二楼

法定代表人：刘××，公司总经理。××分公司负责人联系电话：185××××

被答辩人（一审原告、二审被上诉人）：王某，男，生于 1956 年×月 25 日，汉族，住××县望江街道办事处××村三组 7 号，身份证号：61××22××××。联系电话：135××××

一审被告：××县望江街道办事处东大村委会

住所地：××县望江街道办事处东大村

法定代表人：王××，村主任。联系电话：186××××

一审第三人：何某，男，生于 1960 年 6 月 25 日，汉族，住××县居委会宿办楼，身份证号：61××2217856205××××。联系电话：1399524××××

答辩人与被答辩人建设工程施工合同纠纷一案，因被答辩人不服××市中级人民法院（2018）陕 0×民终 831 号民事判决申请再审，现就其申请再审的请求和理由答辩如下：

答辩请求：

请求依法驳回被答辩人的再审请求。

一、我公司××分公司在本案所涉工程中仅仅是被何某借用公司资质，并从工程承包人何某处收取一定的管理费，对王某以及案涉工程所争议的款项无实际关系

2013 年 6 月，何某找到我公司××分公司负责人李××请求我公司××分公司允许其借用××分公司资质，就本案所涉××县望江镇东大村社区服务中心办公楼工程进行承包，我公司××分公司同意后，何某向我公司××分公司缴纳一万元管理费。其后，我公司××分公司

向东大村委会出具介绍信，介绍何某作为我公司 ×× 分公司代表与该村协商洽谈工程承包事宜。其后我公司 ×× 分公司在该双方签订的合同上加盖印章。

2017 年被答辩人王某称补交管理费 1 万元，并称此前 ×× 分公司已收取管理费 1 万元的票据丢失，要求出具证明。在此情况下，×× 分公司出具了证明和收取 1 万元管理费的收据。因为此前都是何某委派王某在 ×× 分公司办理具体事务，因此 ×× 分公司就顺理成章地出具了收据和证明。事实上 ×× 分公司与王某之间没有任何关系，我公司及 ×× 分公司自始至终都不认可与王某之间存在任何挂靠关系。上述事实在本案二审过程中 ×× 分公司负责人李 ×× 也当庭陈述清楚。因此，我公司在本案中仅仅是被何某借用公司资质，收取一定的管理费，与本案王某以及所争议工程款项无任何实际关系。

二、本案所涉工程款的拨付、结算等均是我公司 ×× 分公司在工程承包人何某的要求下，我公司 ×× 分公司配合其完成，不存在我公司擅自支付的情形

本案所涉工程的验收、工程款的拨付以及工程款的结算均是在工程承包人何某的要求下，我公司 ×× 分公司提供相关手续材料配合其完成。在此过程中，我公司 ×× 分公司应何某的要求和指示向王某账户直接打款 80 万元，经 ×× 分公司和何某同意，由东大村委会预借给经手人王某 40 万元，我 ×× 分公司直接将拨付的工程款 60 万元转付给何某，另 15 万元由何某持单据来我 ×× 分公司盖章后由东大村委会直接支付给何某。工程质保期满后，经我 ×× 分公司指示，东大村委会将质保金 10 万余元退付给何某。至此，所涉工程款项已由东大村委会全部付清，我 ×× 分公司也向实际承包人何某支付完毕。何某是实际承包人，多次款项的预借、拨付和直接支付，都是基于其何某与我公司之间的借用资质关系，不存在我公司 ×× 分公司擅自向何某支付工程款的情形。

三、我公司 ×× 分公司已将本案所涉全部工程款支付给了承包人何某，完成了管理事宜，不再负有支付任何工程款项的义务

东大村委会将本案所涉及的所有工程款向我公司 ×× 分公司全部支

付完毕后，我公司 ×× 分公司将全部工程款拨付给了工程承包人何某，完成了管理事宜。因此，我公司不应再负有支付任何工程款项的义务。王某在本案中既不是挂靠人，也不是应收取工程款的实际施工人，请依法驳回被答辩人的再审请求。

四、被答辩人申请再审主张他是实际施工人，与本案中一审被告 ×× 县望江街道办事处东大村委会以及一审第三人何某提交的众多书证证明的事实相悖，其事实主张依法不能成立

（一）关于被答辩人主张自己是实际施工人的主张不成立

首先，何某挂靠我公司 ×× 分公司，承揽 ×× 县望江街道办事处东大村村民委员会工程及其施工的事实，由我公司 ×× 分公司收取了 1 万元管理费，并向东大村委会出具了介绍信，并由我公司 ×× 分公司提供相关手续配合完成的，该管理费票据的原件也是由何某持有并提交法庭。并且，该工程合同直接签订的主体东大村委会和我公司 ×× 分公司也均认可何某才是真正的权利、义务主体。

其次，根据何某提供的挂靠费收据、介绍信、保证书、工程支出清单、工资表原件、烟酒款的收据及欠据原件、缴纳了施工水电费六千元的收据原件、六张税务发票复印件、村委会向何某出具的合计 1950000 元"扣回预借工程款"的收据原件两份等一系列相关书证足以证明何某承包工程的事实。

再次，被答辩人对于自己是工程实际承包人的主张，除提供了被答辩人签名的合同之外，并未提供有力的证据予以支持，而何某向法庭提供了被答辩人本人所写的交账清单原件和相关票据原件、部分支出款项的条据原件、工资表原件其经手的烟酒款的收据及欠据原件，该证据也否定了被答辩人是实际施工人的主张。

（二）关于对于被答辩人主张自己投入资金、材料和劳力进行工程施工的事实不成立

被答辩人所主张的资金投入其实是经何某和我公司 ×× 分公司的同意从东大村委会借支了 120 万元款项用于购买工程材料，其本人并未投入任何资金。其所称投入的人力、机械及施工的相关证据，均为其负责施工

过程中取得，并未实际支付相关费用，也无相关票据、银行流水等证明其资金投入。诚如再审申请人所言："申请人认为，案件事实是以证据为依据来认定的。"对于被答辩人此项没有充分证据的主张，法院不予认定的做法是正确的。

（三）被申请人并未承担风险，其自行缴纳挂靠费一万元的事实亦不足以证明其主张的事实

2013年7月18日，第三人何某出具的"保证"是对发包方的承诺，与其后的协议、施工合同并不相矛盾。并且，所有的风险均由我方与第三人何某承担，并非再审申请人所言由其自己承担，事实上被答辩人也并未因此承担任何风险。被答辩人自己提交的挂靠费"证明"和"收据"落款日期是2017年3月15日，对本案并没有证明效力，也不能证明被答辩人在本案中与我方××分公司存在挂靠关系，更不能否认第三人何某与发包方的工程承包关系。

（四）答辩人提交的证据具有客观真实性和极强证明力，被答辩人关于证据涉嫌伪造的主张没有依据

被答辩人认为原审法院采信的证据证明力远远低于被答辩人申请诉前保全证据的效力，该观点是极其荒谬的。证据证明力的大小取决于证据的真实性和与待证事实的关联性，并非基于其是否被保全，也不依赖于被答辩人的主观判断。关于证据涉嫌伪造的主张没有依据。事实上，介绍信原件、保证书原件、水电费票据原件等书证，都由东大村提供给法庭进行了质证，并不存在其主张原件未经质证的事实。不能因为与何某相关的证据未列入被答辩人此前要求证据保全的范围，而否认其客观真实性。被答辩人枉顾庭审事实，恣意编造诬陷，无视法律的严肃性，其无理主张理当予以驳回。

综上，答辩人认为，被答辩人申请理由均不成立，原二审判决认定事实清楚，证据充分，适用法律正确，程序合法，应予依法维持原判，驳回被答辩人再审的请求。

此致
××省高级人民法院

答辩人：××市第三建筑工程公司

2019 年 5 月 6 日

××省高级人民法院民事裁定书摘要

本院经审查认为，本案虽然王某代表××三建司与东大村委会签订《施工合同》，但发包人东大村委会及××三建均认可是第三人何某承揽到的工程并挂靠××三建进行施工，工程材料款清单及票据、工资表均由何某持有，且水电费、烟酒票据及部分税票载明缴费人为何某，与东大村委会结算工程款也是何某，王某没有证据证明自己实际投入资金、材料和劳力进行工程施工并否定上述事实。二审判决认为王某只是受何某委派代为签订合同，从事项目管理工作，其不是项目的实际施工人，无权请求××三建司支付工程款，并判决驳回王某诉讼请求并无不当。故王某申请再审的理由依法不能成立。

依照（中华人民共和国民事诉讼法）第二百零四条第一款，《最高人民法院关于适用〈中华人民共和国民事诉讼法〉的解释》第三百九十五条第二款规定，裁定如下：

驳回王某的再审申请。

本案研习要点：

1. 本案中原告代理人对证据的分析运用是否恰当，是胜诉的关键，应仔细研读相关文书中对证据的分析论述。

2. 请仔细分析评判原告的两次起诉的案由和其诉请的基本立足点。

3. 简要评析本案一审、二审和再审的裁判结果和裁判理由。

案例十 刘某与DH典当有限公司执行异议之诉案

一、基本案情

DH典当有限公司与××市SS房地产公司于2014年6月13日、2014年10月31日两次签订了《房屋产权典当合同》，分别约定把坐落于××市××区××路某大酒店一、二层营业房作典当抵押并办理了具有强制执行效力的公证文书[《公证书》编号（2014）××证经字第28×号；《公证书》编号（2014）××证经字第52×号]。由于SS房地产公司未能按期清偿到期债务，DH典当有限公司向××区人民法院申请执行，××区人民法院于2015年1月4日受理并按执行程序进行评估拍卖。在执行过程中，案外人刘某向人民法院提出执行异议，要求停止执行。刘某认为其在几年前与SS房地产公司签订房屋买卖合同，款已付清，SS房地产公司一直未给办理过户登记手续。刘某曾向××区人民法院起诉，要求SS房地产公司依据合同约定将前述房屋房产证办理到刘某名下，××区法院于2015年9月28日作出（2015）××民初字第0153×号民事调解书，由××市SS房地产公司在2015年11月30日前为刘某办理其所购房屋的所有权证。××区人民法院对刘某所提执行异议审查后予以驳回，遂形成本案诉讼。

二、分析研判

对于本案当中的几个关键问题分析研判如下：其一，刘某所提执行异议的理由和依据问题。民事诉讼法规定，人民法院在执行过程中，被执行人和利害关系人认为其权利受到了执行行为的侵害，或者认为其实体权利受到了侵害，可以依法向执行法院提出执行异议，目的是阻止人民法院的执行。就本案而言，刘某是作为利害关系人认为其实体权利受到损害而向法院提出异议，其所持理由和依据是他与被执行人 SS 房地产公司所签订的房屋买卖合同和要求被执行人按其办理过户登记的生效民事调解书。其二，人民法院对异议请求的审查和处理问题。根据民事诉讼法的规定，对于当事人所提的执行异议，人民法院审查后，认为其异议理由不成立的，驳回其执行异议请求；认为异议理由成立的，裁定停止执行。人民法院认为本案异议人刘某的实体权利主张不成立，故依法驳回其异议申请。其三，刘某所提执行异议之诉的理由和依据问题。根据民事诉讼法的规定，人民法院依法驳回了执行异议申请后，若申请人认为其实体权利未受到保护而不服裁定，可以向执行法院提起执行异议之诉。在刘某的执行异议被驳回后，刘某提起执行异议之诉主张其实体权利，他的主要事实依据就是购房合同和生效调解书。其四，刘某和 DH 典当有限公司各自权利的依据和性质问题。刘某所持合同和调解书，可以证实其存在合同权利，即存在请求被执行人履行购房合同和生效调解书确定的房屋过户登记的义务。就其权利的性质而言，既然是请求对方办理过户登记的权利，其权利当属债权的范畴；而 DH 典当有限公司所享有的权利，是基于抵押担保借款合同、抵押登记证书和具有强制执行力的公证文书。因此该公司的权利首先是基于借贷关系对被执行人拥有一个到期金钱债权，其次是基于抵押担保关系对被执行人拥有一个担保物权。其五，诉讼风险预判。由于刘某的异议申请已经被驳回，经审查了解裁定驳回的理由是其权利主张不符合法定要件，初步判定其执行异议之诉的理由可能也难以成立。经深入研究分析，其提出主张的主要法律依据是《最高人民法院关于人民法院办理执行异议和复议案件若干问题的规定》。该规定第二十八条规定满足四种情形的，人民法院对异议请求应予支持。这四种情形是：（一）在人民法院查封之前已签订合法有效的书面买卖合同；（二）在人民法院查封之前已合法占有该不动产；（三）已支付全部价款，或者已按照合同约定支付部分价款且将剩余价款按照人民法院的要求交付执行；（四）非因买受人自身原因未办理过户登记。对于申请执行人 DH 典当有限公司有利的规定则是第二十七条、第二十九条。第二十七条规定："申请执行人对执行标的依法享有对抗案外人的担保物权等优先受偿权，人民法院对案外人提出的排除执行异议不予支持，但法律、司法解释另有规定的除外。"第二十九条的规定与二十八条的规定也有较大的不同。鉴于本案申请执行人对房产享有担保物权，申请执行人败诉的风险相对较小。

三、诉讼过程

（一）刘某起诉

民事起诉书

原告：刘某，男，汉族，生于 1964 年 × 月 7 日，住 ×× 省 ×× 县东大街 ×× 号，身份证号：61××01××××，联系电话：158××××

第一被告：×× 市 SS 房地产公司

住所地：×× 区西环路中段

法定代表人：赵 ××，该公司执行董事

第二被告：DH 典当有限公司

住所地：×× 区 ×× 路十字

法定代表人：姚 ××，该公司总经理

案由：执行异议之诉

诉讼请求：

1. 请求判令确认两被告签订的《房屋产权典当合同》无效；

2. 请求撤销 ×× 区人民法院（2015）×× 执异 17 号执行裁定书，停止对位于 ×× 区西环路中段 ×× 大酒店一、二层商业用房的强制执行，并解除查封扣押；

3. 本案的诉讼费用由被告承担。

事实与理由：

2009 年 10 月 27 日，原告与第一被告 ×× 市 SS 房地产公司签订了《商品房买卖协议》一份，协议约定：原告以 280 万元购买第一被告 ×× 市 SS 房地产公司位于 ×× 区西环路中段 ×× 大酒店一、二层商业用房，第一被告在 2011 年 3 月 1 日将房屋产权证办理到原告名下，若到期不能办妥由第一被告原价回购产权并退回原告房款及利息（月息 1.5‰），支付利息时须扣除原告所收房屋租金。该房产在办理产权证前出现任何产权纠纷，由第一被告负全部责任。协议签订后，原告分两次向第一被告交付房款，第一被告也将诉争房屋交由原告占有至今，原告将房屋一直出租使用，但一直未能办理房产证。

因第一被告一直未能办理房产证，原告遂向 ×× 区人民法院起诉，要求第一被告依据合同约定尽快将房产证办理到原告名下，×× 区法院于 2015 年 9 月 28 日，作出（2015）×× 民初字第 01531 号民事调解书，由第一被告 ×× 市 SS 房地产公司在 2015 年 11 月 30 日前，为原告办理其所购买的位于 ×× 市 ×× 区西环路中段 ×× 大酒店一、二层房屋的房屋所有权证。因第一被告未能按照《调解书》的规定办理房产证，原告于是向 ×× 区法院申请强制执行。

2014 年 6 月 13 日和 2014 年 10 月 31 日，在原告不知情的情况下，第一被告将该诉争房产典当给第二被告借款，后第一被告到期无力还款，第二被告向 ×× 区人民法院申请执行，法院将所属原告的房产查封，并进入评估程序。

原告发现房产被查封后，向 ×× 区人民法院提出执行异议，2015 年 10 月 14 日，×× 区法院执行局发出（2015）×× 执异 17 号执行裁定书，驳回原告的执行异议，同时告知原告，如不服裁定，可在收到裁定书之日起 15 日内向本院提起诉讼。

依据《合同法》第一百三十条、第六十条及《物权法》第十五条的规定，当事人之间订立有关设立、变更、转让和消灭不动产物权合同，除法律另有规定或者合同另有约定外，自合同成立时生效；未办理物权登记的，不影响合同效力规定。本案中，原告已取得该房屋的所有权，并实际占有，没登记只是物权未设立，不影响原被告之间的买卖合同的效力。本案中，第一被告隐瞒事实将所属原告的房产典当抵押给第二被告贷款的行为，严重侵害了原告的合法权益，依据合同法的规定，被告与第三人签订的《房屋产权典当合同》应无效。

依据《商业银行法》、《合同法》、《物权法》以及《最高人民法院关于审理民间借贷案件适用法律若干问题的规定》和《关于人民法院办理执行异议和复议案件若干问题》的规定，请依法判决。

此致

××区人民法院

起诉人：刘某

2015 年 11 月 7 日

（二）DH 典当公司答辩

民事答辩状

答辩人：DH 典当有限公司，地址：××市××区

法定代表人：姚××，执行董事

被答辩人：刘某，男，1964 年×月 7 日生，汉族，住××省××县××街××号，身份证号：61××01××××，电话：0137××××

因答辩人与××房地产有限责任公司的典当合同纠纷案进入强制执行，案外人刘某向××区人民法院提出执行异议之诉，现根据法律规定提出以下答辩意见：

答辩请求：

1. 依法驳回被答辩人提出的各项诉讼请求，继续进行强制执行程序；
2. 本案诉讼费由被答辩人承担。

事实和理由：

一、答辩人与 SS 房地产公司抵押典当债权有效成立，答辩人对讼争房产拥有合法有效的抵押担保物权

DH 典当有限公司与 ×× 市 SS 房地产公司于 2014 年 6 月 13 日、2014 年 10 月 31 日两次签订了《房屋产权典当合同》，分别约定把坐落于 ×× 市 ×× 区 ×× 路某大酒店一、二层营业房作典当抵押并办理了具有强制执行效力的公证文书（《公证书》编号（2014）×× 证经字第 28× 号；《公证书》编号（2014）×× 证经字第 52× 号）。由于 SS 房地产公司未能按期清偿到期债务，DH 典当有限公司向 ×× 区人民法院申请执行，×× 区人民法院于 2015 年 1 月 4 日受理并按执行程序进行评估拍卖。因此，SS 房地产公司将该房屋抵押给 DH 典当有限公司，双方签订了书面的抵押借款合同，到房管部门办理了抵押登记取得他项权证，并经公证赋予该项债权以强制执行效力。依照物权法相关规定，DH 典当有限公司与 SS 房地产公司之间的抵押担保借款法律关系成立，答辩人 DH 典当有限公司对所涉房屋有无可争辩的抵押担保物权。

二、被答辩人与 ×× 市 SS 房地产公司只存在房屋买卖合同关系，被答辩人对 SS 公司享有的是债权，并未取得房屋所有权

被答辩人认为他此前与 SS 房地产公司签订了购买房屋的合同且一直对外出租收取租金，进而认为其对该房屋拥有所有权。该主张不符合法律规定。我国《物权法》第 9 条第 1 款规定："不动产物权的设立、变更、转让和消灭，经依法登记，发生效力；未经登记，不发生效力，但法律另有规定的除外。"被答辩人虽然与 SS 房地产公司签订了房屋买卖合同，但没有办理登记过户手续，不发生物权变动的效果，依照法律规定其尚未取得房屋所有权，该房屋所有权仍然归 SS 房地产公司。被答辩人与 SS 房地产公司签订了房屋买卖合同，充其量只能说明被答辩人与 SS 房地产公司存在买卖合同关系。即使被答辩人占有并出租该房屋，也不能据此认定其对房屋拥有所有权。

三、对于被答辩人的诉求，×× 区人民法院以（2015）×× 执异 17 号执行裁定书合法有效地驳回，被答辩人的本次诉讼主张依法不能成立

被答辩人认为，SS 公司隐瞒事实将已出售房屋抵押给答辩人，侵害了其合法权益，并据此主张房屋产权典当合同无效。被答辩人的主张不符合法律规定。即使该双方签订的房屋买卖合同有效成立，但是该合同并未履行完毕。按照物权法的规定，以向房管部门办理登记为房屋所有权变动的唯一合法的公示方法和法定要件。正是因为该双方之间的交易没有办理登记，即没有完成法定公示，哪怕预告登记也没有办理，使得包括答辩人在内的公众无从知晓该房产已出售予他人。答辩人只能根据法定登记部门对该房产的登记簿以及房产证的记载，判定该房产的权属状况。正是因为 SS 公司持有房产证，登记的所有权人为该公司，并不存在有其他权利人的记载，答辩人当然认为该公司就是房屋所有权人。答辩人据此与 SS 公司办理房屋产权抵押典当事务，办理抵押登记并取得他项权证，办理强制执行效力公证，并无任何违法和不当行为。充其量，被答辩人基于其与该公司的房屋买卖合同对 SS 公司享有一个请求过户的债权而已，这个请求权的实现有赖于 SS 公司偿还对答辩人的债务而涤除答辩人的担保物权才能实现。因此，被答辩人以其享有的一个债权而提起执行异议之诉，对抗并企图阻止答辩人已进入执行程序的物权，依法是不能成立的。

综上所述，被答辩人的各项诉讼请求及理由均不能成立，应依法驳回其各项诉讼请求，继续进行强制执行程序。

此致

×× 区人民法院

答辩人：DH 典当有限公司

2015 年 11 月 21 日

（三）DH 典当公司举证

刘某与 SS 公司、DH 典当有限公司执行异议之诉一案

DH 典当有限公司提供证据清单

第一组

1. 营业执照；

2. 典当经营许可证；

3. 特种行业许可证；

4. 法定代表人身份证明。

本组证据证明：DH 典当有限公司具有合法的典当经营主体资格。

第二组

《公证书》及相关材料二套

本组证据证明：DH 典当有限公司与 SS 公司之间的房地产抵押典当关系合法有效成立，且具有强制执行效力。

第三组

1. 典当借款申请书 2 份；

2. 转款指示书 1 份；

3. 收款确认书 2 份。

本组证据证明：DH 典当有限公司已按约定履行了支付当金义务。

第四组

1. ×× 市房他证 ×× 区字第 023519 号他项权证；

2. ×× 市房他证 ×× 区字第 024721 号他项权证。

本组证据证明：DH 典当有限公司对承典房地产拥有合法有效的抵押担保物权。

第五组

1. 承诺书；

2. 房屋租赁合同；

3. 证明。

本组证据证明：涉案两处房产出典时系 SS 公司所有，也是由该公司出租。其他个人不是所有人及出租人。

第六组

1. 执行裁定书 2 份；

2.执行异议裁定书1份。

本组证据证明：××区人民法院依 DH 典当有限公司申请强制执行合法有据。

提交人：DH 典当有限公司

提交时间：2015 年 12 月 12 日

（四）辩论

被告及其代理人的辩论意见

代理意见要点

尊敬的审判长、审判员：

你院审理的案外人刘某诉××市 SS 房地产公司、DH 典当有限公司执行异议之诉纠纷一案，××律师事务所接受 DH 典当有限公司的委托，指派本律师担任其诉讼代理人，本代理人参加了本案的诉讼活动，现结合本案的事实和法律发表如下代理意见，恳请采纳。

第一，SS 公司和 DH 典当公司设定抵押担保物权时，房产登记在 SS 公司名下，且其持有房屋产权证书，双方签订了书面合同，其后办理了具有强制执行效力的公证，并进行了抵押登记取得他项权证。此过程和程序，完全符合物权法所规定的不动产物权变动所要求的法定要件和公示形式，具有法定效力和公信力。

第二，案外人仅以其所签订的合同主张房屋所有权，根本不能与 DH 典当公司依据法定登记而享有的抵押担保物权相对抗。就合同的效力而言，不存在案外人购房合同无效的问题，也不存在 DH 典当公司抵押典当合同无效的问题。所不同的是：SS 公司没有履行购房合同办理过户登记，而其履行了房屋抵押典当合同并办理了抵押登记。根据物权法的规定，不动产物权的变动经法定登记才产生物权变动的效力，未经登记不产生物权变动的效力。因此，案外人未经登记公示的合同权利不能对抗和排除 DH 典当公司的法定担保物权。

第三，案外人提出 SS 公司和 DH 典当公司所签订的房屋典当合同无效的主张不符合法律规定，依法不能成立。签订合同时，DH 典当公司经查询房产登记簿，两处典当房屋确实登记于 SS 公司名下，而且 SS 公司还给出具了承诺书，DH 典当公司当然相信两处典当房屋系 SS 公司所有，其当然有权设定抵押典当。相反，该双方所谓的房屋买卖合同，因没有按照物权法的规定预告登记或过户登记，包括 DH 典当公司在内的其他人无法从权威渠道知晓与该房屋有关的其他情况。况且，DH 典当公司调查了解的情况是承租该房屋的长安银行股份有限公司 ×× 分行也是与 SS 公司签订的房屋租赁合同，而案外人也只是签订合同的"代理人"而已，也根本没有体现出来案外人是房屋购买人的任何信息。因此，DH 典当公司签订承典房屋合同并无任何违法和不当。

第四，退一万步讲，即使 SS 公司设定抵押是无权处分，DH 典当公司也是善意第三人，依法取得抵押权。物权法第一百零六条规定"无处分权人将不动产或者动产转让给受让人的，所有权人有权追回；除法律另有规定外，符合下列情形的，受让人取得该不动产或者动产的所有权：（一）受让人受让该不动产或者动产时是善意的；（二）以合理的价格转让；（三）转让的不动产或者动产依照法律规定应当登记的已经登记，不需要登记的已经交付给受让人。受让人依照前款规定取得不动产或者动产的所有权的，原所有权人有权向无处分权人请求赔偿损失。当事人善意取得其他物权的，参照前两款规定。"

第五，原告刘某有权主张行使其合同权利，但其相对人只是 SS 公司。原告刘某权利的实现，有待于 SS 公司履行了其抵押担保的债务而消灭抵押权之后，或者由案外人代偿债务而消灭抵押权之后，其可以实现过户登记。否则，DH 典当公司毫无疑问享有就抵押财产拍卖价款优先受偿。相关法律法规对此有明确规定：《最高人民法院关于审理商品房买卖合同纠纷案件适用法律若干问题的解释》第八条规定："具有下列情形之一，导致商品房买卖合同目的不能实现的，无法取得房屋的买受人可以请求解除合同、返还已付购房款及利息、赔偿损失，并可以请求出卖人承担不超过已付购房款一倍的赔偿责任：（一）商品房买卖合同订立后，出卖人未告知买受人又将该房屋抵押给第三人；（二）商品房买卖合同订立后，出卖人又将该房屋出卖给第三人。"《最高人民法院关于人民法院办理执行异议和复议案件若干问题的规定》第二十七条规定:"申请执行人对执行标的依法享有对抗案外人的担保物权等优先受偿权,人民法院对案外人提出的排除执行异议不予支持,但法律、司法解释另有规定的除外。"

综上所述,案外人基于其与 SS 公司的房屋买卖合同对 SS 公司享有一个请求过户的债权而已,这个请求权的实现有赖于 SS 公司偿还对 DH 典当公司的债务而涤除担保物权才能实现。因此,案外人以其享有的一个债权而提起执行异议之诉,对抗并企图阻止 DH 典当公司已进入执行程序的物权,依法是不能成立的。对于案外人的执行异议,×× 区人民法院以(2015)×× 执异 17 号执行裁定书合法有效地驳回,案外人的执行异议诉讼主张依法不能成立。应依法驳回其各项诉讼请求,继续进行强制执行程序。

以上代理意见,恳请采纳。

委托代理人:×× 律师事务所

××× 律师

2015 年 12 月 21 日

(五)裁判结果

一审法院认为,对原告刘某提出的案外人执行异议,应当审查其就执行标的是否享有足以排除强制执行的民事权益。SS 公司对原告的执行异议不反对,故应列为第三人,而不宜认定为共同被告。原告刘某与第三人 SS 公司原本存在金钱债权债务关系,第三人 SS 公司以物抵债与受让人刘某签订了《房屋买卖协议》,后交由刘某收取租金,但双方应当依法办理房屋权属登记。根据《物权法》第六条规定:"不动产物权的设立、变更、转让和消灭,应当依照法律规定登记。"就第九条规定:"不动产物权的设立、变更、转让和消灭,经依法登记,发生效力;未经登记,不发生效力,但法律另有规定的除外。"第十七条规定:"不动产权属证书是权利人享有的该不动产物权的证明。"原告刘某虽提供了其与第三人 SS 公司签订的《房屋买卖协议》，在约定的时间即 2011 年 3 月 1 日前未办理产权过户手续，之后双方履行合同行为消极，致数年间未办理登记，而该不动产的权属在典当抵押前，系登记在 SS 公司名下，被告 DH 典当公司与之订立《房屋产权典当合同》并公证，属于善意取得抵押担保物权。而《物权法》第一百七十条、第一百七十九条规定，担保物权人、抵押权人有权就该担保财产优先受偿。虽然原告诉称其未办理物权登记并不影响合同效力，但仅指其享有物的登记请求权或者交付请求权，并不拥有所有权，同时因为该涉案房屋标的虽系第三人 SS 公司的商品房，但原告并不是用于居住，而是经营性用房，故不适用房屋消费者物权期待权保护规则，原告不享有案外人足以排除强制执行的民事权益。根据《中华人民共和国物权法》驳回原告刘某的诉讼请求。

刘某对一审判决不服提起上诉，二审法院审理后驳回上诉维持原判。

本案研习要点：

1.结合本案分析研究当前审理典当纠纷的相关法律适用依据。

2.辨析以下法律概念：执行异议；执行异议之诉；申请（执行）复议；执行行为；执行标的。

3.在本案诉讼中，试分析一审法院将 SS 公司列为第三人而不是原告的法理和法律依据。

案例十一　HM 公司与王某房地产开发
经营合同纠纷案

一、基本案情

2006 年 8 月，王某与 HM 绿色食品有限公司（简称食品公司）签订房地产开发协议，双方约定王某与食品公司联合开发经营 HM 小区 6 号楼项目。协议签订后，王某向食品公司支付费用 68 万元。协议签订并交付费用后，食品公司未向王某交付项目用地，致使其无法开工建设，造成经济损失。2011 年 7 月 28 日，食品公司与王某就联合开发经营的事宜达成协议，解除之前签订的房地产开发经营合同，食品公司给王某退款 68 万元，并按照每月 9% 利息补偿王某损失费人民币 353.3 万元。双方同时约定，食品公司若在 2012 年 8 月 1 日前未还清以上款项，按月 4% 给王某支付违约金。其后食品公司向王某支付了 175 万元，并向其出具了 240 万元的欠条，HM 房地产开发有限公司（食品公司的关联公司）向王某出具了书面抵押承诺书，将待修建的 HM 大厦一、二楼作为 240 万欠款的抵押担保。2011 年 11 月 17 日，食品公司将 HM 小区 6 号、11 号楼项目以 1582 万元转让给案外人 CF 房地产开发公司。因食品公司未支付欠款，2012 年 12 月 19 日，王某向 ×× 县人民法院提起诉讼，2013 年 6 月 18 日撤回起诉。2015 年 6 月 10 日王某组织人员围堵 HM 小区 6 号楼施工现场。2015 年 10 月 21 日，王某再次起诉。

二、分析研判

本案应当分析研判的内容：第一，关于双方合作行为的本质。从合同名称表面上看，本案是房地产开发经营合同纠纷，该合同的实质内容约定却是食品公司以 68 万元的价格，出让给王某一块用于建设住宅的土地，该土地相关的规划、修建审批等手续由食品公司办理，王某承担费用，住宅房的修建、销售的义务和权利属于王某。因此，双方所谓联合开发房地产合同，实际上是业界被称为"楼花"买卖合同，其实质上是包含办理法律手续在内并有伴随服务的土地项目买卖。第二，双方合作开发房地产合同的效力。王某与食品公司合作开发房地产项目的协议，对其效力评价可从几个方面来看：首先，就签订主体来讲，法律和行政法规规定开发房地产必须具备法定的资质，食品公司和王某显然均不具备开发房地产的法定主体资格，合同主体不适格。其次，就合同内容而言，所谓"楼花"买卖及相关行为，涉及了违反土地管理法、房地产管理法等法律和相关行政法规的规定。《合同法》第五十二条规定违反法律行政法规强制性规定的合同无效，因此，从合同内容上可判定该合同无效。第三，解除合同的补偿协议的效力。对该解除协议的效力评价，可能会存在两种主要观点。第一种观点是解除协议无效。持该观点的理由主要是在于，由于双方所签订的合作开发房地产合同无效，解除协议是该主合同的从合同，主合同无效从合同当然无效。第二种观点是解除协议有效。持该观点的理由主要在于，虽也认可合作开发房地产合同无效，但就解除协议来讲，具有独立性，不因合作开发房地产合同无效而当然无效。基于上述分析，在诉讼中解除协议的效力问题必将是一个双方争议的核心问题，而法院对该协议的效力认定最终决定案件的裁判结果。站在原告方的立场上，当然要主张并极力支持解除协议的有效性以维护原告的权益。站在被告的立场上，当然是对解除协议的效力另持一端。第四，抵押担保的行为及其效力。HM 房地产公司承诺将 HM 大厦一、二楼作为食品公司对王某所负债务的担保。由于在约定担保时 HM 大厦一、二楼尚未修建，因而抵押权未成立，债权人不具有抵押担保物权。但是，HM 公司为食品公司的负债进行担保的行为是存在的，从原告的立场上来看，提出可能的主张：一个选择，可视为 HM 公司为王某提供的是保证担保，HM 公司要承担保证担保责任；另一个选择，因抵押担保物权未成立，给王某造成了损失，HM 公司是过错方，王某可依担保法及其解释的有关规定主张 HM 公司对王某承担赔偿责任。上述两种主张，是否能够得到支持，也取决于办案法官对该担保行为的性质、效力以及责任的认识问题。第五，诉讼时效问题。对诉讼时效的认识和处理，从提起权利请求的一方来讲，一方面根据相关事实发生的时间节点，客观判断案件中是否存在诉讼时效抗辩的可能，如果存在时效抗辩的可能性即应予以高度重视；另一方面，基于前述客观判断，可能存在时效抗辩事由，则应当设法深入调查、收集证据以排除对方可能的时效抗辩主张。本案当中，2011 年 7 月 28 日，双方签订补偿协议时，债权设立，2012 年 12 月 19 日王某起诉，诉讼时效中断。2013 年 6 月 18 日王某撤回起诉，诉讼时效重新计算。2015 年 6 月 10 日王某为索要欠款，组织人员围堵 HM 小区 6 号楼施工现场，应当视为王某主张权利，可导致诉讼时效中断。2015 年 10 月 21 日起诉，应当不存在诉讼时效逾期问题。

三、操作过程

（一）起诉

民事起诉状

原告：王某，男，生于 1964 年 × 月 24 日，汉族，住 ×× 省 ×× 县 ×× 路西段 ××2 号小区，身份证号：61××22××××

被告：×× 市 HM 绿色食品有限公司，住所地 ×××

法定代表人：刘 ×，该公司董事长

被告：×× 县 HM 房地产开发有限责任公司，住所地 ×××

法定代表人：郑 ×××，该公司董事长

案由：房地产开发经营合同纠纷

请求事项：

1. 依法判令被告 ×× 市 HM 绿色食品有限公司立即支付原告款项及违约金共计人民币 240 万元；

2. 判令被告 ×× 市 HM 绿色食品有限公司自 2011 年 6 月 1 日起按月 4% 计算给原告支付违约金至款项付清之日止；

3. 判令被告 ×× 县 HM 房地产开发有限责任公司在保证担保范围内承担连带责任，给原告还款；

4. 本案诉讼费由被告承担。

事实与理由：

2006 年 8 月，被告 ×× 市 HM 绿色食品有限公司（以下简称食品公司）与原告王某签订房地产开发经营协议，双方约定，原告王某与被告食品公司联合开发经营 HM 小区 6 号楼项目。协议签订后，原告王某给被告食品公司支付费用 68 万元。

原告与被告食品公司签订协议并交付费用后，被告食品公司却不履行相关义务。2008 年 5 月汶川地震后，房价大幅上涨，由原来的约 600 元／平方米上涨到 3500 元／平方米，被告食品公司以种种借口不给原告交付项目用地，致使原告无法开工建设，给原告造成了巨大的经济损失。在原告的多次催促下，2011 年 7 月 28 日，被告食品公司与原告就联合开发经营的相关事宜达成协议，解除之前签订的房地产开发经营合同，被告食品公司给原告及案外人李 ×× 退款及补偿共计人民币 417.37 万元。同时约定，以上款项被告食品公司若在 2012 年 8 月 1 日前未还清，按月 4% 给原告支付违约金。之后被告食品公司支付了原告共计 175 万元，被告食品公司给原告出具了欠条，被告 ×× 县 HM 房地产开发有限责任公司提供了担保。但事后，被告却仍未履行付款义务，并将 6 号楼及 11 号楼项目以 1582 万元转让给了 CF 房地产开发公司，之后，原告王某向 ×× 县人民法院起诉，被告提出反诉，后经法院劝解，双方撤诉，同意庭外协商。事后原告多次找被告协商，但至今双方未能达成协议，被告也拒不履行付款义务，从而使原告的合法权益受到了侵害。

据上所诉，根据《合同法》第六十条、第一百零七条、第一百一十四条等规定，原告特此起诉，具体诉讼请求如前所诉，望法院依法明断为感。

　　此致
　　××县人民法院

　　　　　　　　　　　　　　　　　　　　　　具状人：王某
　　　　　　　　　　　　　　　　　　　　　　2015年10月20日

王某提交证据清单

1. 王某的身份证复印件1份；

2. 《房地产开发项目责任合同书》1份；

3. 《协议书》1份；

4. 房地产开发项目补偿协议书1份；

5. 抵押承诺书1份；

6. 欠条1份；

7. 城区派出所座谈记录1份。

民事答辩状

答辩人：××HM绿色食品有限公司

法定代表人：刘××，现任公司执行董事

答辩人：××县HM房地产开发有限责任公司

法定代表人：郑××，现任公司执行董事

被答辩人：王某，男，生于1964年×月24日，汉族，住××县××路西段××2号小区，身份证号61××22××××

　　答辩人接到××县人民法院应诉通知书和诉状副本，阅后认为被答辩人的起诉不符合事实，其诉讼请求和诉讼理由依法不能成立，为此特予答辩。

　　答辩人的答辩请求：

1. 请求依法确认答辩人与被答辩人双方于2006年8月7日签订的房

地产开发项目责任合同为无效合同；

2.请求依法确认答辩人与被答辩人于 2011 年 7 月 28 日签订的《解除 HM 小区 6 号楼盘、11 号楼盘房地产开发项目补偿协议书》为无效合同；

3.请求依法确认 ×× 县 HM 房地产开发有限责任公司抵押承诺书无效；

4.请求判令 ×× 县 HM 房地产开发有限责任公司不承担连带担保责任；

5.请求依法驳回被答辩人本诉的全部诉讼请求，请求判令被答辩人向答辩人返还收取费用（利息）107 万元，并请求判令被答辩人赔偿从 2013 年 6 月 9 日至 2015 年 6 月 17 日对 HM 公司 6 号楼施工工地堵门、封门不准施工等侵权行为给答辩人造成的经济损失；

6.由被答辩人承担本案诉讼费用。

答辩事实与理由：

一、答辩人与被答辩人于 2006 年 8 月 7 日签订《房地产开发项目责任合同》属于违反法律强制性规定的无效民事行为，应当确认本合同无效

答辩人与被答辩人于 2006 年 8 月 7 日签订《房地产开发项目责任合同》，合同约定由被答辩人开发施工修建 HM 小区 6 号楼。依据《中华人民共和国民法通则》、《中华人民共和国合同法》、建设建筑工程施工等有关法律法规、行政规章规定，房地产开发建设施工应具备相应的资质，而被答辩人作为社会自然人，不具备建筑施工的资质；×× 市 HM 绿色食品有限公司无房地产经营范围和资质，6 号楼、11 号楼开发建设未办理建设用地规划许可证，未取得建设工程规划许可证，未取得施工许可证，×× 县人民政府也未批准该项目施工。开发施工明显违反法律强制性规定，不具备 6 号楼、11 号楼开发建设的法定要件，导致原计划开发 6 号楼、11 号楼无法开发建设施工，答辩人与 CF 房地产公司的承包事项也因上述原因无法履行而解除合同。因此双方所签订的《房地产开发项目责任合同》无效，应当确认本合同无效。

二、答辩人与被答辩人于 2011 年 7 月 28 日签订的《解除 HM 小区 6 号楼盘、11 号楼盘房地产开发项目补偿协议书》（以下简称补偿协议）违

反了法律强制性规定，补偿协议作为从合同系违反法律强制性规定和胁迫而为，应当确认补偿协议无效

（一）由于答辩人与被答辩人于 2006 年 8 月 7 日签订的《房地产开发项目责任合同》作为确定双方主体资格和权利义务关系的主合同无效，双方于 2011 年 7 月 28 日签订的补偿协议作为从合同亦属无效。

（二）答辩人与被答辩人虽于 2011 年 7 月 28 日签订了补偿协议，但是这一协议属于被答辩人于 2011 年 5—7 月先后多次带人采取不让吃饭、不让上厕所等限制人身自由的胁迫手段逼迫答辩人法定代表人答应其无理要求，强迫在被答辩人起草的所谓补偿协议上盖章，其协议明显违反原合同约定和答辩人真实意思表示，属于违背答辩人真实意愿、受胁迫而为的无效民事行为。

（三）被答辩人向答辩人实际交纳楼盘转让费 68 万元，补偿协议约定的两项内容：一是按月息的 9% 计算损失费。二是按月息 4% 计算违约金，强行计算本息、损失费和违约金高达 421.3 万元，这两项约定高出银行基准利率 19.56 倍和 8.69 倍，显然均违反了《中华人民共和国民法通则》、《中华人民共和国合同法》和最高人民法院关于利息和违约责任计算等有关法律法规规定，属于违反法律强制性规定，不受法律保护的无效条款，应当确认补偿协议无效。

三、答辩人与被答辩人虽有抵押承诺书，但因抵押标的物并不存在（HM 大厦并未修建），也未设立抵押物登记手续，主合同无效，抵押担保承诺书作为从合同亦属无效，因此答辩人不应承担连带清偿责任

1. 因本案涉及的主合同《房地产开发项目责任合同》属于无效合同，依据有关法律、法规规定，作为从合同的《补偿协议》亦属无效。

2. 答辩人与被答辩人虽约定了抵押事项，提交了抵押承诺书，但抵押承诺书所指向的抵押标的物即 HM 大厦二层并未修建，抵押标的物并不存在，即使抵押物存在，也必须依法办理抵押物登记手续，取得抵押物他项权利证书。本案根本不具备抵押登记的法定要件，因此应当确认抵押承诺书无效。

四、因为答辩人与被答辩人所签《房地产开发项目责任合同》、《补偿

协议》和《抵押承诺书》均系无效，无效民事行为的法律后果，将取得的财产，返还给相对方。答辩人实际收取转让费 68 万元，但已支付 175 万元，多支付 107 万元，请求依照《中华人民共和国民法通则》和《中华人民共和国合同法》等有关法律、法规、行政规章规定，由被答辩人向答辩人返还不应收取的现金 107 万元。

五、2015 年 6 月被答辩人组织多人实施围堵 HM 公司 6 号楼施工工地，不准施工等侵权行为，造成答辩人直接经济损失 233430 元，应当由被答辩人作为侵权责任人予以赔偿

2015 年 6 月 9 日至 2015 年 6 月 17 日，被答辩人与另一当事人组织 10 余人，先后 7 次围攻答辩人 HM 公司 6 号楼工地，将 ××× 号奔驰越野车停在答辩人 HM 公司 6 号楼工地大门口堵门封门，不准施工。答辩人已向县政府、县公安机关作紧急情况反映并报警，并由公安机关出警，但被答辩人不听劝阻，继续实施封堵行为，答辩人无法运料，无法施工，造成直接经济损失 233430 元，应当由被答辩人承担民事赔偿责任。

此致
×× 县人民法院

答辩人：×× 市 HM 绿色食品有限公司

法定代表人：刘 ××

答辩人：×× 县 HM 房地产开发有限责任公司

法定代表人：郑 ××

2015 年 10 月 30 日

民事反诉状

反诉人：×× 市 HM 绿色食品有限公司

法定代表人：刘 ×，系公司执行董事

被反诉人：王某，男，生于 1964 年 × 月，汉族，大专文化，住 ×× 县 ×× 路西段 2 号小区，身份证号 61××22××××

案由：合同纠纷

诉讼请求：

1. 请求确认 2006 年 8 月 7 日签订的《房地产开发项目责任合同》无效；

2. 请求确认 2011 年 7 月 28 日签订的《解除 HM 小区 6 号楼、11 号楼盘开发项目合同补偿协议书》无效；

3. 请求依法驳回被反诉人本诉的全部诉讼请求，依法判决被反诉人向反诉人返还多收取的 107 万元；

4. 本案诉讼费用由被反诉人承担。

事实及理由：

反诉人与被反诉人于 2006 年 8 月 7 日签订了《房地产开发项目责任合同》，约定由被反诉人开发修建 HM 小区 6 号楼，被反诉人向反诉人交纳开发（楼盘转让）费用 68 万元，后因被反诉人无房地产开发资质，不具备开发建设施工的法定要件，×× 县人民政府未批准该项目建设施工等原因导致该合同无法履行，2011 年起双方多次协商返还开发转让费，但因被反诉人提出无理要求而无果，被反诉人于 2011 年 5—7 月份便在反诉人办公场所采取限制反诉人法定代表人人身自由，不让吃饭、不让上厕所等胁迫手段逼迫反诉人法定代表人答应其无理要求，严重影响反诉人正常工作秩序，迫使反诉人法定代表人同意其拟定的不合法的补偿协议，其协议违背双方原合同约定，月息和违约金由原每月 1 分，强行升高至 9%/ 月和 4%/ 月，高出银行基准利率 19.56 倍和 8.69 倍，68 万元的本金，强行计算本息为 421.3 万元，多出原约定 341 万元。2011 年 7 月 28 日，被反诉人将协议打印后采用上述手段，迫使反诉人法定代表人刘 × 在违背其真实意愿的情况下签名盖章，并在违背其真实意愿的情况下通过银行转账向被反诉人支付人民币 175 万元，多支付 107 万元。被反诉人迫使反诉人法定代表人对无效协议中所谓的应支付款项出据欠据，并让反诉人在违背其实愿意的情况下让 ×× 县 HM 公司房地产开发有限责任公司以并未修建的 HM 大厦作抵押，书写了抵押承诺书。

反诉人认为，双方签订的《房地产开发项目责任合同》应属无效。因被反诉人无房地产开发施工资质，反诉人 ×× 市 HM 绿色食品有限责任公司不具备经营房地产开发建设的资质，违反法律强制性规定，应属无效。未办理建设用地规划许可证、建设工程规划许可证、施工许可证，HM 小区 6 号楼、11 号楼开发建设施工明显不具备开发建设施工的法定要件，×× 县人民政府未批准该项目施工。2011 年 7 月 28 日签订的"解除 HM 小区 6 号楼盘房地产开发项目补偿协议书"作为从合同，属于违反法律强制性规定和胁迫而为的无效民事行为。被反诉人所称将 6 号楼、11 号楼项目承包给 CF 房地产公司也因上述原因无法履行而解除合同，反诉人应当承担的义务，依据《中华人民共和国民法通则》、《中华人民共和国合同法》等有关法律规定，仅为支付 68 万元开发转让费，反诉人已支付 175 万元，被反诉人应当返还反诉人多付的 107 万元。现特依据《中华人民共和国民事诉讼法》、《中华人民共和国合同法》等有关法律法规、行政规章规定提起反诉，请依法受理。

此致
×× 县人民法院

反诉人：×× 市 HM 绿色食品有限公司

法定代表人：刘 ××

2015 年 10 月 30 日

（二）反诉答辩

王某对反诉的答辩要点

答辩请求：

请依法驳回反诉人的各项诉讼请求

事实和理由如下：

第一，本案所涉房地产开发项目责任合同书、协议书以及补偿协议书、抵押承诺书、欠条等书面材料，都是在双方协商一致的基础上签订，是双方真实意思的表示，应当产生相应的法律效果。

第二，双方协商解除项目开发合同书时，签订了补偿协议书，反诉人按补偿协议支付了部分补偿款后，出具了其余应付款欠条，双方终止了原合同关系，形成新的民间借贷法律关系。反诉人应当依约履行其支付欠款的义务。

第三，双方在协商过程中以及索要欠款过程中，存在一定的争议和冲突，但最终达成了一致，也已部分履行，是双方的真实意思表示。

第四，反诉人把协商补偿款单方作为利息计算，没有约定和法定依据，不能成立。

综上，应依法驳回反诉人的各项诉讼请求。

（三）辩论

王某与 HM 公司民间借贷纠纷一案代理意见

尊敬的审判长、人民陪审员：

你院审理的原告王某与××市 HM 绿色食品有限公司、××县 HM 房地产开发有限公司民间借贷纠纷一案，××律师事务所接受王某的委托，指派我代理王某参加本案的诉讼，本代理人参加了本案的全部诉讼活动，根据本案的事实和相关法律规定，发表如下代理意见供合议庭参考。

一、关于开发项目合同书及相关协议书的效力问题

1. 双方最初签订的房地产开发项目合同书，因双方协商解除而失去法律效力。房地产开发项目合同书，实质上是双方进行房地产开发的一份合作协议，后因主体资格、土地办证等相关事项的进一步完成存在障碍，未能继续履行，因双方协商一致解除该合同而失去法律效力。被告声称，因该合同违反法律的强制性规定而无效，此主张有失片面。事实上，该合同的确存在重大缺陷，双方主体资格以及部分内容也与法律的强制性规定不符。但是，这些都不重要，重要的是双方在不愿意继续履行的情况下，经协商一致达成协议解除（终止）了该合同，至此，原合同中的合作开发关系归于消灭，原合同失效。

2. 手写体协议书及打印体补偿协议书，不违反法律规定，系双方真实意思表示，具有法律效力。在双方因无法也不愿意继续合作开发的情况下，协商解除前述房地产开发项目合同，由于原告已实际履行该合同，向被告支付了合同约定的款项，存在损失。双方就损失赔偿问题在平等自愿的基础上进行清算、协商，并达成清算后的补偿协议。至此，双方形成了经过清算的且债权债务关系清楚确定的法律关系。该协议书的内容系双方

的真实意思表示，也不违反法律规定，具有法律效力，且其效力并不依赖于最初签订的房地产开发项目合同书及其效力，该补偿协议的内容和效力均具有独立性。被告辩称，前述合作开发合同与补偿协议是主从关系，并进而认为，主合同无效从合同即无效。此主张是错误的。实质上，合作开发合同和补偿协议之间只存在事实上的关联，并不是法律意义上的主从关系。法律意义上的主从关系基本特征是，离开了主合同从合同既没有法律意义也无法履行。而本案中的补偿协议却是消灭旧的法律关系，形成新的法律关系的合意，其内容清楚明确，也无履行障碍，是完全具有独立性的有效合同。

至于被告所主张的存在胁迫而补偿协议无效。此主张是荒谬的，庭审已经查明手写体协议书，是在原告应被告之邀参加协商，且该协议是被告方工作人员起草书写。其后被告还进一步出具了欠条，提供了担保。因此，被告方提出存在胁迫的主张与上述书证证明的事实完全相悖。

3.被告出具的欠条，是双方完全形成民间借贷关系的明证。欠条的形成，是双方协商形成补偿协议之后，进而履行补偿协议，确定双方新的债权债务关系的凭据。此欠条证明双方形成了新的民间借贷法律关系。此欠条合法有效，应当依此欠条载明的内容认定双方的债权债务关系。

二、本案的性质：案由应当是民间借贷纠纷

1.本案的基础关系，是原被告双方合作开发房地产，后因故被告未能履行，双方进行协商清算，达成解除原合同的补偿协议，并出具了借条，至此，双方的原基础法律关系消灭。

2.基础法律关系消灭后，双方形成新的债权债务关系，即民间借贷法律关系。双方的补偿协议中约定有补偿金额及付款期限，由被告部分偿还后出具了欠条，并由 HM 房地产公司提供了还款担保，形成了典型的民间借贷法律关系。

3.根据《最高人民法院关于审理民间借贷纠纷案件适用法律若干问题的规定》第十五条第二款的规定，本案应按民间借贷纠纷审理，而不应按照房地产开发经营合同纠纷审理。更何况，所谓的"房地产开发经营合同纠纷"，只是在 2011 年 7 月 28 日之前存在。2011 年 7 月 28 日，双方签署补偿协议，确定了补偿款的支付金额和支付方式，其后被告又出具了欠条，该纠纷已经解决，形成民间借贷关系，并不存在提请法院解决的"房地产开发经营合同纠纷"。原告诉请法院解决的是被告不按补偿协议和欠条向原告偿还欠款的纠纷，这个纠纷依法属于民间借贷纠纷。

三、HM 房地产开发有限责任公司应当承担担保责任，对讼争债务承担连带还款责任

1. 在补偿协议签订后，被告 HM 公司给原告出具了抵押担保承诺书，明确担保偿还欠款 210 万元。

2. 由于用于抵押的财产 HM 大厦尚未建成，也未能办理抵押登记手续，该抵押不产生抵押担保的法律效力。

3. 根据《最高人民法院关于适用〈中华人民共和国担保法〉若干问题的解释》第七条的规定，主合同（即解除协议和欠条）有效而担保合同无效，债权人无过错的，担保人与债务人对主合同债权人的经济损失，承担连带赔偿责任。被告 HM 房地产开发公司以尚未取得的财产进行担保，明显有过错，应依法承担过错赔偿责任，应对主合同债权人的经济损失，承担连带赔偿责任。

四、被告的诉讼时效抗辩主张，依法不能成立。理由和依据如下：

1. 原告在庭审中陈述，多次向被告索要欠款。

2. 原告提交法庭的银行回单也证实被告曾于 2014 年 9 月向原告偿还过 10 万元。

3. 在前一次的诉讼中，×× 县人民法院于 2013 年 6 月 5 日裁定准许撤诉，原告于同年 6 月下旬签收该裁定，依照法律规定，该裁定在原告签收后满 10 日才发生法律效力。本次诉讼中，原告提交法庭的向警方报案材料记载，原告于 2015 年 6 月 13 日向公安机关报案请求解决纠纷。被告提交的报案材料证实被告于 2015 年 6 月 10、11 日向公安机关报案请求解决纠纷。这都是原告在法定期限内主张权利的明证。

此外，被告的反诉主张及请求应予依法驳回。

被告抗辩及反诉主张补偿协议约定的补偿费用过高，以银行基准利率的标准来支持其主张，此主张同样不成立。双方补偿协议中约定的是补偿

金额及标准，不是利息约定，不能混为一谈。其反诉主张及请求应予依法
驳回。

以上代理意见，供合议庭参考，并恳请采纳。

原告委托代理人：×× 律师事务所

×××　律师

2015 年 3 月 24 日

（四）法院一审判决理由摘要

1. 原告、被告均不具备房地产开发的主体资格，被告开发的楼盘也没
有取得开发许可，故双方于 2015 年 8 月 7 日签订的房地产开发合同因违
反法律的强制性规定而无效。

2. 原告、被告均对合同无效具有过错，应当各自承担责任，2011 年 7
月 28 日签订的解除合同补偿协议，属于双方意思自治范围，其约定未违
反法律的规定，若当事人认为其补偿数额与其分担责任不相适应，存在胁
迫、重大误解或显失公平，可以在法定期间内依法请求变更或者撤销，补
偿协议在未被依法撤销或者变更前应当有效。

3. 被告房产公司以未修建的建筑物进行抵押担保，不产生担保物权的
效力，但其对所担保 210 万元债务的保证责任并不免除，对于被告主张主
合同无效，担保合同为从合同也无效的理由不予支持。

4. 本案的基础法律关系是房地产开发合同关系，后因合同无法履行双
方进行清算协商，达成了清算补偿协议，由被告食品公司法定代表人刘
× 出具了书面欠条，原告以补偿协议及欠条按房地产开发合同起诉，两
被告亦按基础法律关系反诉，答辩时原告提出更改案由，应以民间借贷审
理。本院认为本案的基础法律关系是房地产开发合同，应按基础法律关系
进行审理。

5. 本案曾于 2012 年 12 月 19 日起诉，2013 年 6 月 20 日本院准予双方
撤诉，裁定书于 2013 年 6 月 24 日送达双方当事人，故本案的诉讼时效从
2013 年 6 月 25 日起重新计算，双方证据均证明原告于 2015 年 6 月 10 日

向被告索要欠款，双方发生纠纷均报警，2015 年 6 月 17 日由公安机关处理要求按司法程序解决，故诉讼时效再次中断，被告以已过诉讼时效的抗辩理由不予支持。

6. 补偿协议系双方真实意思表示，被告没有及时行使撤销权，故基于无效合同双方签订的补偿协议应当认定有效，开发合同和补偿协议是前合同与后合同的关系，不是主合同与从合同的关系。原告的损失应为实际利息损失、违约金或者履行合同的预期利益损失。实际利息的损失应当按法律规定不超过年利率 24% 计算，违约金应以不超过利息损失的 30%；签订合同预期利益损失应根据房地产市场行情确定，原、被告补偿协议中约定的月利率 9% 标准过分高于实际损失，但根据被告与 CF 房地产开发公司签订的开发合同明确注明违约损失计算标准为月利率 5%，由此可以推定被告能够预见或应当预见违反合同可能造成损失的计算标准，也是对该项目预期利益的基本估值。

（五）判决结果

一、限被告 ×× 市 HM 绿色食品有限公司于本判决生效后三十日内偿还欠原告王某合同款 68 万元及损失 29 万元；并从 2012 年 2 月 1 日期按年利率 6% 计算 68 万元资金占用期间的利息至判决给付之日为止。

二、由被告 ×× 县 HM 房地产开发有限公司对以上债务的本息承担连带清偿责任。

三、驳回原告王某的其他诉讼请求；驳回反诉原告 ×× 市 HM 绿色食品有限公司及 ×× 县 HM 房地产开发有限公司的反诉诉讼请求。

上诉(HM 公司和食品公司也提出上诉，其所持主要理由与一审相同，在此从略，仅列出王某一方上诉的文书和材料)

民事上诉状

上诉人（一审原告、反诉被告）：王某，男，生于 1964 年 × 月 24 日，身份证号 61××22×××× 住 ×× 省 ×× 县 ×× 路西段 ×× 二号小区，

系 ×× 县 ×× 房地产开发有限公司总经理

被上诉人（一审被告、反诉原告）：××HM 绿色食品有限公司

住所地：×× 省 ×× 县望江镇 ××× 厂对面

组织机构代码证：71×××973-×

法定代表人：刘 ××，系公司执行董事

被上诉人（一审被告、反诉原告）：×× 县 HM 房地产开发有限责任公司

住所地：×× 县望江镇城西 ×× 路 1 号

法定代表人：郑 ××，该公司执行董事，系刘 ×× 之妻

上诉人与被上诉人房地产开发经营合同纠纷一案，上诉人不服 ×× 县人民法院（2015）× 民初字第 01679 号民事判决，依法提出上诉。

上诉请求：

1. 请二审法院依法撤销 ×× 县人民法院（2015）× 民初字第 01679 号民事判决；

2. 依法改判被上诉人向上诉人支付款项 240 万元，并从 2011 年 6 月 1 日起按每月 4% 支付上述款项至款项付清之日止的违约金；

3. 依法改判被上诉人 ×× 县 HM 房地产开发有限责任公司对前述款项及违约金承担连带付款责任；

4. 一、二审诉讼费用由被上诉人承担。

事实和理由：

一审法院认定案由适用法律错误，造成了本案法律适用的混乱，且所认定的案由与判决依据互相矛盾，并最终形成了错误百出的判决，应当依法予以改判，支持上诉人的请求。具体事实和理由如下：

第一，一审判决认定案由与本案事实不符，错误认定案由，这是本案错误判决的根本原因。

《最高人民法院关于审理民间借贷案件适用法律若干问题的规定》中第 15 条第一款规定："原告以借据、收据、欠条等债权凭证为依据提起民间借贷诉讼，被告依据基础法律关系提出抗辩或者反诉，并提供证据证明债权纠纷非民间借贷行为引起的，人民法院应当依据查明的案件事实，按

照基础法律关系审理。"但该条第二款规定:"当事人通过调解、和解或者清算达成的债权债务协议,不适用前款规定。"一审原、被告最初所签订《房地产开发项目责任合同书》,后来经过双方协商一致,达成了新的协议,被告出具了欠条,原房地产开发经营合同关系归于消灭,新的民间借贷法律关系形成。同时,原告当庭请求也对案由进行变更,此时,当事人一方以基础关系抗辩的,人民法院应该以民间借贷关系审理,而不是以基础关系审理。很清楚,本案的情况即属于当事人通过和解,达成了解除协议,并出具了欠条,完全符合民间借贷关系的法律规定,应当按照民间借贷相关法律规定来处理纠纷。

一审判决认定的案由是房地产开发经营合同纠纷,而一审判决对于相关款项数额的认定,包括对违约损失的认定尤其是对于逾期利率的认定等,依据的是有关民间借贷的相关法律规定。这就形成本案认定的案由和本案适用的相关法律规定无关。这种在案由上对法律适用的错误,造成了本案法律的适用混乱,并最终形成了错误判决。此错误应予依法纠正。

第二,一审判决认定《房地产开发项目责任合同书》无效是正确的,认定双方达成的解除合同补偿协议有效也是正确的,但是随后又没有确认依据解除协议出具的《欠条》的约束力,自相矛盾,难以自圆其说。

一审判决认定双方签订的《房地产开发项目责任合同书》因违反法律的强制性规定而无效,这是正确的,双方对此均无异议。但是因履行该合同,一审原告向被告支付了全部款项,履行了全部义务,从而形成了金钱和商机的重大损失。正是考虑到此点,双方对解除该合同达成了退款补偿协议,这对双方而言都是公平合理的。正如一审判决认定的签订该解除补偿协议是双方的真实意思表示,不违反法律规定,具有法律效力,这是完全正确的。双方签订解除补偿协议后,一审被告按照协议约定期间给一审原告支付了部分补偿款,其余部分给原告出具了欠条,并由一审被告的关联公司 ×× 县 HM 房地产开发有限责任公司提供付款担保。按照一审判决对合同及协议效力认定的逻辑,理所当然地就应当以欠条记载的金额支持一审原告的诉讼请求。但是一审判决却在此转向,在双方均没有要求调整补偿金额的情况下,违反约定和法律规定进行了自以为是的加减乘除,看得人眼花缭乱，给出的理由和依据十分欠缺。一审判决对合同、协议及欠条效力的认定未能保持逻辑统一，翻手为云覆手为雨，结果谬以千里。此认定错误应予依法纠正。

第三，一审判决对本案所涉损失的认定和计算均无事实和法律依据，计算方法和数额均是错误的，应予依法纠正。

首先，一审判决武断地认定一审原告的损失是利息损失，这是毫无根据的。一审原告是一个房地产公司的总经理，其与被告的合作就是为了开发房地产盈利，其个人固然不具备开发资质，但通过有资质的公司是可以达到目的的，且无论如何不是出借资金给一审被告而意图收取利息。由于一审被告不诚信的行为，使得一审原告既损失了投资款，也丧失了其后2007 年至 2009 年的大好商机。双方基于平等自愿的原则达成的解除补偿协议，既没有确认该投资款是借款，补偿金额也不是借款利息约定，一审判决武断地认定一审原告的损失是利息损失，显然是毫无根据的。

其次，一审判决把解除补偿协议约定的补偿金计算标准确定为月息 5%，没有事实和法律依据。一审原、被告双方于 2011 年 5 月 5 日和2011 年 7 月 28 日签订了两份协议书，协议书相关内容均表明双方一致同意按照月利率 9% 计算损失金额，双方经过共同计算确定了赔偿金额和付款方式。这是双方真实的意思表示，根据意思自治原则，当然具有法律效力。有效协议就是当事人之间的法律，当事人应该遵守，法院更应该遵循。然而，一审法院并未按照这一直接有效的依据予以认定，而是以被告与案外人李 ×× 签订的协议以及被告与案外人 CF 房地产开发公司签订的协议中所约定的 5% 的违约损失标准进行计算，以此来推定原被告双方应该适用的标准。一审法院这种置本案双方约定于不顾，把不相干的他人之间的约定套用于本案，是极其荒谬的。

再次，一审判决对被告出具欠条后的利息按照年利息 6% 计算，是错误的。一审判决已经确认有效地解除补偿协议约定的逾期付款违约金计算标准为月息 4%，依照法律规定，违约金的约定应予依法保护。但是，一审判决置双方对违约金有约定的基本事实于不顾，按照年利息 6% 计算，显然违背本案事实和相关法律规定。

最后，一审被告的几个抗辩理由均不能成立，其反诉主张无事实和法律依据。一审被告反复强调合同、协议和欠条均为无效，多次主张被胁迫，强调约定的损失金额达到民间借贷利息的若干倍不公平，并据此要求返还，一审被告 ×× 县 HM 房地产开发有限责任公司认为该公司不应承担担保责任等。上述主张均不能成立。关于合同及协议欠条的效力问题，前已述及不再赘述。其主张的胁迫问题，在一审原告出示了被告公司办公室人员手写协议之后，其主张不攻自破。若认为协议约定显失公平，其在法定期限内并没有行使撤销权，协议当然有效。一审被告 ×× 县 HM 房地产开发有限责任公司，为协议的履行进行了担保承诺，理应担责。在以上几点上，一审判决认定事实和适用法律均是正确的，一审被告的主张不能成立。

事实上，表面看起来，一审原告似乎投入的不多得到的不少，但是，众所周知，在 2007 年到 2009 年前后，本地的房地产市场有一个盈利的黄金期，由于一审被告的行为使得一审原告遭受重大损失，该损失绝对不是区区民间借贷利息可以弥补的。而且，被告 ×× 县 HM 房地产开发有限责任公司取得涉案土地自行开发，将获得巨额利益。

综上所述，一审判决在部分问题上认定符合事实和法律规定，但也存在本上诉状所列的一些根本错误，恳请二审法院能够对一审判决错误依法纠正，支持上诉人的上诉请求。

　　此致

×× 市中级人民法院

上诉人：王某

2015 年 9 月 26 日

（六）上诉人王某二审中申请财产保全

财产保全申请书

申请人：王某，男，生于 1964 年 × 月 24 日，住 ×× 省 ×× 县 ×× 路西段 ×× 二号小区，系 ×× 县 ×× 房地产开发有限公司总经理。

身份证号 61××22××××。联系电话：133××××

被申请人：××市 HM 绿色食品有限公司

住所地：××省××县望江镇××厂对面

组织机构代码证：71×××973-×

法定代表人：刘××，系公司执行董事

申请事项：

请求查封被申请人所有的位于××县望江镇江湾肉联厂对面的房屋及土地使用权［土地证号：×国用（2008）字第 4785 号；房产证号为××县望江镇字第 200813×× 号］。请求保全财产价值为 150 万元。

事实和理由：

申请人与被申请人房地产开发经营合同纠纷一案，一审法院已作出判决。申请人提出上诉后，已由贵院立案受理。为保证裁判的顺利执行，根据《中华人民共和国民事诉讼法》第九十二条等相关规定，特申请贵院对被申请人的位于××县望江镇江湾肉联厂对面的房屋及土地使用权［土地证号：×国用（2008）字第 4785 号；房产证号为××县望江镇字第200813×× 号］依法查封。如因采取保全措施不当造成被申请人财产损失的，由申请人承担赔偿责任。请予批准并及时依法采取保全措施。

此致

××市中级人民法院

申请人：王某

2017 年 3 月 9 日

担保书

××市中级人民法院：

你院受理的王某与××市 HM 绿色食品有限公司、××县 HM 房地产开发有限公司房地产开发经营合同纠纷上诉一案，王某已向你院申请诉讼财产保全，请求查封被申请人所有的位于××县望江镇江湾肉联厂对面的房屋及土地使用权［土地证号：×国用（2008）字第 478× 号；房产证号为××县望江镇字第 20081334］。请求保全价值为 150 万元。按照法律规定，王某、张某向你院提供财产抵押担保，若保全错误，担保人承担全部赔偿责任。

具体担保财产为：担保人共有的建筑面积为 161.58 平方米房屋一套，房产证号为 ×× 市房权证 ×× 区字第 163604 号。

附：1. 房产证原件二本；

2. 购置房屋相关票据复印件一套。

担保人：王某

张某

2017 年 3 月 9 日

（七）二审判决理由摘要

1. 原告起诉未逾诉讼时效；

2. 本案案由应为民间借贷纠纷；

3. 补偿协议有效；

4. 主债务及损失共计 894180 元，为本案欠款本金。协议中约定月利率 4% 的计算标准超出法律保护范围，依法按照年利率 24% 自 2011 年 6 月 1 日至实际清偿之日止；

5. HM 房地产公司对 2100000 元债务及利息承担连带清偿责任。

（八）判决结果

一、撤销 ×× 省 ×× 县人民法院（2015）× 民初字第 016×× 号民事判决；

二、上诉人 ×× 市 HM 绿色食品有限公司于本判决生效后三十日内偿还王某欠款 894180 元，并从 2011 年 6 月 1 日起按年利率 24% 支付 894180 元的利息至实际清偿之日止；

三、上诉人 ×× 县 HM 房地产开发有限责任公司在 210 万元范围内对上述欠款本金及利息承担连带清偿责任；

四、驳回上诉人王某的其他诉讼请求；

五、驳回上诉人 ×× 市 HM 绿色食品有限公司、×× 县 HM 房地产开发有限责任公司的反诉请求。

本案研习要点

1. 请思考本案中对案由认识的分歧，对争议的法律关系的认定有何意义？对法院适用裁判依据和裁判结果有何影响？

2. 以本案为例，一审被告提起反诉主张与一审被告提出抗辩主张对于法院的审理有何不同影响？一审被告行使权利的不同方式（提起反诉主张或抗辩主张）对被告的利益有何影响？

3. 从原告、被告和法官等不同的角色，分析看待诉讼时效规则的适用问题。

案例十二 张某甲等诉 ×× 县住建局行政纠纷案

一、基本案情

2015 年 2 月 10 日，×× 县住房和城乡建设管理局应 ×× 县城市建设综合开发公司的申请，给其办理了 ×× 县钟楼街某住宅小区商品住宅楼建设工程规划许可证和施工许可证。本案原告张某甲、张某乙认为他们对 ×× 县住房和城乡建设管理局给 ×× 县城市建设综合开发公司办理的工程项目规划许可证和施工许可证所涉部分土地，拥有土地使用权。以此为由，该二人将 ×× 县住房和城乡建设管理局作为被告，将 ×× 县城市建设综合开发公司和杜某列为第三人提起行政诉讼，请求法院判决撤销被告所颁发的规划许可证和施工许可证，并要求第三人予以赔偿。

二、分析研判

本案是行政诉讼，应当分析研判如下几个方面的问题：第一，原被告等的诉讼主体资格问题。根据行政诉讼法的规定，认为行政机关的具体行政行为侵害了其合法权益，即可以作出具体行政行为的行政机关为被告。本案被告给 ×× 县城市建设综合开发公司颁发建设工程规划许可证和施工许可证的行为，属于法律规定的具体行政行为。本案原告认为颁证行为侵害了其合法权益，有权以原告身份提起诉讼。本案行政机关系本案的适格被告。行政诉讼的第三人是指案件的处理结果与其有利害关系的诉讼主体，××县城市建设综合开发公司是行政许可的相对人，毫无疑问行政案件的处理结果与其有利害关系，为本案的诉讼第三人当无疑议。杜某个人并不应当是法律意义上的第三人。第二，案件的管辖权问题。行政诉讼案件，依法应当由行政机关所在地法院管辖。因此，起诉××县住房和城乡建设管理局应当依法由××县人民法院管辖。但是，由于本案原告认为当地法院会袒护当地政府部门，故其起诉后要求异地审理。根据行政诉讼法的规定，经上一级人民法院审查，可以指定辖区内非被告所在地法院管辖。本案由××市中级人民法院指令××县法院移送××区法院审理，符合法定程序。第三，本案的举证责任问题。行政诉讼俗称"民告官"，行政诉讼的举证责任不同于一般民事诉讼中"谁主张谁举证"的举证责任分配。根据行政诉讼法的规定，行政机关有义务在法院指定的期限内就所作出的具体行政行为所依据的事实和法律依据向法院提交证据，逾期不提交的视为没有依据，承担败诉的责任。因此，被告应当在法院指定期限内全面向法庭提交证据，这些证据应当是当时作出具体行政行为时已存在和收集的证据，不能够现在自行收集证据。此部分证据，应当包括证明颁发许可证所依据的事实证据，也包括颁发许可证的法律依据，还应当证明颁发证书符合法定程序。作为原告，也有权利和义务就其主张向法院提交证据，其提交的证据可以是证明被告具体颁证行为违法、侵权等方面的依据。当然，由于举证责任在被告行政机关，即使原告未能提供证据证实被告违法侵权，不意味着原告败诉，被告依然有义务证明行政行为的合法性，否则，被告行政机关依然可能败诉。本案中原告认为被告侵害了其土地权益并同时提出了赔偿请求，其负有证明其存在合法的土地权益举证责任，而且对被诉行政行为与其损害之间存在因果关系以及损失的大小，也完全由原告承担举证责任，不应由被告对此承担举证责任。第四，被告方证据的收集提供。应当从被告留存的档案资料中获取相关证据材料，然后按照证明目的对证据进行梳理分组，制作清单装订成册，在指定期限内向法庭全面提交。

三、操作过程

（一）抄录原告的起诉书（保留原貌抄录，除姓名、住址等信息外未作更改删减）

行政起诉书

原告：张某甲，男，汉族，出生于 1956 年 × 月 14 日，住 ×× 县中山街 ×× 号

原告：张某乙，男，汉族，出生于 1949 年 × 月 1 日，住 ×× 县中山街 ×× 号

被告：×× 县住房和城乡建设管理局，位于 ×× 县东一环路；法人代表局长，徐 ××

第三人：×× 县城市建设综合开发公司，位于 ×× 县西环四路阳春小区"×××× 大酒店 4 楼"，法定代表人公司经理，明 ××

第三人：杜某，男，汉族，出生于 1952 年 × 月 16 日，住 ×× 县 ×× 镇 ×× 村五组，村民，私人开发商，利用"×× 县城市建设综合开发公司"名称，持有支配审批开发"× 国用（2006）字第 45×× 号土地证"，属 ×× 县钟楼街某住宅小区营利性商品住宅楼工程项目及施工负责人

案由：城市规划行政许可

诉讼请求：

1. 请求法院依法判决，撤销被告违法审批、超土地使用范围审批的"× 国用（2006）字第 45×× 号土地证"用地规划许可证（编号 201503）及施工许可证（编号 61××××）；

2. 请求法院依法判决，责令第三人停止在诉讼纠纷中土地上继续违法施工；

3. 责令第三人停止在超出土地范围强占北邻原告住宅院内土地上继续违法乱开乱建，并责令第三人恢复将违法侵占强行推倒北邻原告住宅院落红砖围墙和厕所，对其强行挖掉原告与蒋户住宅院内相通有纠纷的土地，

由侵权违法施工第三人杜某必须在原址上恢复原始状态，赔偿强行侵占砸毁原告住宅院内的放置物；

4.依法判决第三人，承担本案全部诉讼费及原告诉讼本案交通、住宿费和打字复印费。

诉讼事实和理由：

一、被告违法审批颁发"×国用（2006）字第45××号土地证"用地规划许可证与施工许可证，不但操作程序违法，而且是明知故犯违法行为。

其一，2015年2月10日，被告审批第三人杜某开发××县钟楼街1号，××楼小区营利性商品住宅楼项目"第45××号土地证"用地规划许可证，虽然曾于2013年12月公示过，但却是第三人杜某自己做公示牌代替被告在无人去的杂草地里公示的，相邻人也未签字盖章。被告只是走形式到第三人公示现场履行拍照而已。所以，被告行为已违反《城乡规划法》的明确规定。为此，原告于2014年1月8日，书面申请被告公示违法事实，并申请被告停止给第三人审批有土地纠纷××楼小区用地规划许可证。2014年1月23日，原告申请县国土局对第三人杜某持有审批开发"第45××号土地证"确认违法，2014年4月2日，县国土局书面告知原告依法向法院诉讼。2014年5月8日，××法院对本案第三人杜某持有审批"×国用（2006）字第45××号土地证"立案审查，后被中院指定××法院审理，但未进入实体审理，××法院直接"按自动撤诉处理"。原告于2014年10月14日接到裁定书后，于10月17日，将第三人持有审批"第45××号土地证"又诉讼到中院。不但口头告知被告，并且于2014年10月29日，原告再次书面申请本案被告，说明原告将第三人"第45××号土地证"已诉讼到中院的事实。然而，被告明知故犯，竟于2015年2月10日，以县国土局捏造县长办公会议纪要为名，又违背诉讼中"第45××号土地证"事实，使被告张冠李戴、明知故犯违法审批第三人杜某持有正被诉讼中"×国用（2006）字第45××号土地证"规划许可证。被告违法审批开发原告诉讼中土地，更违反《土地管理法》第十六条第三款"在土地所有权和使用权争议解决前，任何一方不得改变土地利用现状"的规定。

其二，被告是明知故犯，一错再错，2015年5月4日，被告告知原告，依据县国土局2015年1月20日报县政府回复材料中第一条，给第三人审批"第45××号土地证"用地规划许可证。但是也告知过第三人杜某"在与原告相邻纠纷未解决和被告未到规划现场放线前，第三人杜某不能动工"规定。那么，第三人杜某不执行被告所告知的规定，并于5月6日，雇凶违法在原告诉讼纠纷土地上强行施工，被告不但未阻止，且在第三人与相邻土地纠纷未解决和被告未放线前，被告再次于5月15日给第三人杜某审批施工许可证！5月24日，第三人杜某又在原告诉讼纠纷土地上强行施工，并再次用金钱雇佣一帮打手和老头、老太太围攻殴打原告进行劝阻！5月26日，原告送交被告县国土局上报县政府请示材料中第一条，证明被告审批第三人"第45××号土地证"土地权属纠纷正被诉讼中事实。而被告承认第三人杜某属乱开乱建，但是个人行为，一切后果由第三人杜某自己承担，被告劝阻第三人杜某不听！让原告找行政综合执法大队。而行政执法大队反要求被告撤销第三人杜某施工许可证后才去执法。正由于被告与行政综合执法大队相互踢皮球，才导致无人依法制止第三人杜某违法强行在诉讼纠纷土地继续施工。变本加厉的第三人杜某进一步超过开发"第45××号土地证"用地权属范围，使用挖掘机强行推倒北邻原告后院红砖围墙和厕所，将蒋户违法修建在原告土地上有纠纷水泥平楼一间又强行挖掉，并冲进原告住宅院内，挖掉原告与蒋户住宅院落相通正在处理有纠纷院内土地。原告对第三人杜某超土地范围违法强占住宅行为告诉被告，但被告仍按兵不动！原告又再次书面申请请求被告吊销第三人杜某违法侵权施工许可证，并也申请县政府领导。不但被告未动，而行政执法大队说，被告审批规划图范围已到原告住宅院内，行政执法大队是按照被告规划图而执法的，只有被告书面通告行政执法大队才能去制止第三人杜某违法侵权施工行为。原告知被告要求查看被告审批第三人杜某"第45××号土地证"用地规划图，而被告说是机密拒绝原告查看！被告与行政执法大队以各种借口互相推诿，不但无人制止第三人杜某在诉讼纠纷土地上继续违法施工，更无人制止第三人杜某强占原告住宅院内土地违法强行乱开乱建违法行为！

二、第三人杜某，不仅在原告诉讼纠纷土地上雇凶强行违法施工，又超越"第45××号土地证"土地使用范围，强行侵占北邻原告与蒋户住宅院内有纠纷土地上违法乱开乱建。

其一，虽然2015年2月10日第三人杜某取得了被诉讼中"第45××号土地证"规划许可证，但是在未审批施工许可下，于5月6日，雇打手强行在与原告诉讼纠纷土地上违法施工。5月15日，第三人杜某取得施工许可证后，仍不执行被告告知的规定，即"在与相邻原告土地纠纷未解决和被告未到规划现场放线前，不能动工"规定，而第三人杜某反于5月24日，又强行在原告正诉讼的存在纠纷土地上强行施工，再次雇佣一帮打手和老头、老太太，围攻殴打原告夫妻，第三人杜某指示另一帮打手堵住距离派出所二百米远的街口以防有人报警，还有一帮打手阻止原告之妹拍照。在××派出所值班民警闻讯赶到才制止第三人杜某雇凶强行施工殴打劝阻原告夫妻暴力行为，并告知等到周一被告来处理，但是值班民警刚离开现场，第三人杜某又指示强行施工，而站在距离施工现场一百米远鞋厂大门口的原告之妻，被第三人杜某雇佣的一帮打手打断原告之妻骶4椎体，致其全身软组织多处受伤以致窒息，被救护车送进医院，在派出所值班民警再次警告下，第三人杜某才停止强行施工。5月25日，被告与行政执法大队互相踢皮球，无人制止第三人杜某继续违法施工。

其二，2015年6月11日，第三人杜某又超过"第45××号土地证"用地范围，使用挖掘机强行推倒北邻原告院落红砖围墙和厕所，使用挖掘机强行挖掉原告与蒋户相通住宅院内正在处理的有纠纷土地，又将蒋户违法修建在原告土地上水泥平楼一间挖掉，并砸毁原告院内放置物，留守在家中的原告带小孙子无力阻拦！而被告与行政执法大队告而不理，更怂恿第三人杜某强占原告住宅，在院内土地上横行霸道为所欲为！且被告与行政执法大队仍然视而不见！更使第三人杜某，不但达到销赃灭迹被诉讼有纠纷的"第45××号土地证"违法侵权原始证据，而且又强行侵权挖掉原告与蒋户院内相通正在处理有纠纷土地原始证据目的。所以，第三人杜某进一步违法侵权强占挖取原告住宅院内土地，更威胁到原告和小孙子生活与生命安全! 已逼上梁山的原告只有向法院依法诉讼讨回公道。

综上所述事实,敬请审判长和诸位法官明鉴,依法撤销被告违法审批被诉讼中"第45××号土地证"的许可。依法责令第三人杜某停止在侵占原告住宅院内土地上继续违法施工;责令第三人杜某,对违法强占推倒北邻原告红砖围墙和厕所、挖掉原告住宅院内土地恢复原状,对强行违法侵权给原告造成的一切损失,由作出个人违法施工侵权行为的私人开发商——第三人杜某依法赔偿。

敬呈

××县人民法院

原告:张某甲　张某乙

2015年6月1日

(二)被告答辩

行政答辩状

答辩人:××县住房和城乡建设管理局,位于××县望江镇东一环路

法定代表人:徐××,局长

被答辩人:张某甲,男,汉族,生于1956年×月14日,住××县望江镇中山街××号

被答辩人:张某乙,男,汉族,生于1949年×月1日,住××县望江镇中山街××号

第三人:××县城市建设综合开发公司,位于××县望江镇西环四路××小区"×××大酒店"4楼

法定代表人:明××,公司经理

第三人:杜某,男,汉族,生于1952年×月16日,住××县××镇××村五组

答辩人收到××区人民法院送达的行政起诉书副本,现就原告的诉讼请求、事实和理由提出如下答辩。

答辩请求:请求依法驳回原告的各项诉讼请求,依法维持答辩人颁发

201503 号《建设工程规划许可证》和编号为 61×××× 号《建设工程施工许可证》行政许可行为的法律效力。

事实和理由如下：

一、答辩人给第三人××县城市建设综合开发公司颁发201503号《建设工程规划许可证》的行政许可行为，有充分的事实依据和法律依据，程序合法，依法应予维持该许可行为的效力

1.第三人××县城市建设综合开发公司提出办理建设工程规划许可证申请的手续材料合法、规范

第三人××县城建综合开发公司（以下简称城建综合公司）于2013年10月21日向答辩人申请办理建设工程规划许可证，向答辩人提交了申请书及相关材料。这些材料包括：（1）申请书；（2）第三人城建综合公司于2005年11月20日与××县制鞋厂破产清算组签订《买卖××县制鞋厂合同书》，购买该鞋厂的包括土地使用权在内的资产；（3）2006年12月18日，××县国土资源局［2006］27号批复，该批复同意变更过户该宗土地使用权至城建综合公司名下，用途为住宅；（4）××县国土资源局于2006年12月给城建综合公司办理的×国用（2006）字第45××号国有土地使用证，用途为住宅；（5）201306号《建设用地规划许可证》及相关附属材料。这些附属材料包括申请书、经批准的建设项目选址意见书、买卖××县制鞋厂资产的合同书、建设项目平面图及设计方案、土地登记审批表、土地使用权变更过户批复、土地使用权证等相关材料。答辩人经审查认为，第三人城建综合公司提交申请的手续材料合法、规范。

2.答辩人办理该项建设工程规划许可的过程中，依法审查了相关材料，遵守相关法定程序

2013年10月21日，第三人城建综合公司向答辩人申请办理建设工程规划许可证，答辩人按照城乡建设规划法和××省城乡建设规划条例的规定，审查了第三人城建综合公司提交的申请书、建设用地规划许可证及附属材料、土地权属证明、建设工程设计方案等必备材料，并遵照2013年8月15日××县城乡建设规划委员会会议纪要的规定进行细致审查，初步同意第三人城建综合公司的工程规划申请。其后，答辩人在项目所在地进

行了公示。在此之后，被答辩人认为该规划项目土地权属有争议，答辩人暂缓发放规划许可证。2015 年 1 月，应第三人城建综合公司的强烈要求，答辩人经再次审查后认为第三人的申请及其提供的材料符合法律规定，应当予以规划许可，于是给申请人办理了 201503 号《建设工程规划许可证》。答辩人依申请发放建设工程规划许可证的行政行为完全符合法律规定。

二、答辩人给第三人 ×× 县城市建设综合开发公司颁发 61×××× 号《建筑工程施工许可证》的行政许可行为，有充分的事实依据和法律依据，程序合法，依法应予维持该许可行为的效力

2015 年 5 月 15 日，第三人城建综合公司向答辩人提出申请，请求办理 ×× 楼小区 4 号楼建筑工程施工许可证。第三人城建综合公司向答辩人提交了齐全规范的手续材料，这些材料包括：（1）该建筑工程用地批准手续，包括 ×× 县国土资源局颁发的土地变更过户批复和土地使用证；（2）已取得的建设工程规划许可证；（3）已确定建筑施工企业的证明材料，包括该项建筑工程的中标通知书、已签订的建设工程施工合同、已签订的建设工程监理合同以及相关资质证书；（4）满足施工需要且经审查通过的施工图纸及技术资料；（5）安监部门的通知书；（6）建设资金已经落实的资信证明；（7）防雷、防震、消防、环保等部门审查合格的资料。答辩人对第三人城建综合公司提交的申请和上述材料进行认真审查，认为第三人城建综合公司提交的材料齐全规范，符合法律规定，于是依照法律规定给第三人城建综合公司发放了 61×××× 号《建筑工程施工许可证》。综上，对于行政相对人已经提出申请，且已提交齐全规范材料的情况下，给其颁发施工许可证是履行法定职责的行为，不存在违法之处。

三、被答辩人的请求和理由不能成立，应当依法驳回其诉讼请求

被答辩人起诉认为其与第三人城建综合公司之间存在土地权属纠纷，认为答辩人超越土地范围发放规划许可证和施工许可证，且认为答辩人公示程序不正确。被答辩人据此认为答辩人违反城乡规划法和土地管理法，被答辩人进而要求撤销建设工程规划许可证和建筑工程施工许可证。被答辩人的起诉主张和理由是不能成立的，事实和理由如下：

其一，答辩人审查的第三人城建综合公司持有的土地使用权证及相关

审批手续，其来源合法权威，界址等内容清楚明确，并无任何存在争议的记载。至于被答辩人"认为"土地权属有"争议"，也曾进行过相关诉讼，也向有关部门反映，"争议"持续时间达数年之久。截至答辩人对第三人城建综合公司提交的资料审查时，城建综合公司持有的土地使用证及相关批准手续并未被撤销或认定为无效，该使用权证是该公司拥有合法土地使用权的唯一和权威的合法凭证。答辩人在该土地使用权记载的土地范围内许可规划、许可施工并无违法和不当。

其二，就该土地的来源和现状而言，该土地使用权系城建综合公司在×× 制鞋厂改制过程中从改制清算组手中有偿取得，相关批准书和土地证以及规划委员会的会议纪要等均清楚证明该土地是城建综合公司拥有使用权的住宅用地，该公司申请规划、申请施工并不存在改变土地利用现状的问题。更何况，该土地上并不存在法律所认可的"争议"、"纠纷"。

其三，就本案所涉的建设工程规划的公示问题，答辩人按照法律规定在项目所在地进行了公开张贴，并也拍照存证，不存在任何违法之处。

其四，对于被答辩人认为第三人城建综合公司以及杜某侵害了其土地权益和其他财产权益，向第三人主张要求恢复原状赔偿损失，这是另外的民事法律关系，答辩人对其请求不应担责。

综上所述，答辩人给第三人城建综合公司办理建设工程规划许可证和建筑工程施工许可证的行政许可行为，有充分的事实依据和法律依据，并无违法和不当，请依法维持该行政许可行为的效力，驳回被答辩人的诉讼请求。

此致
×× 区人民法院

答辩人：×× 县住房和城乡建设管理局

2015 年 8 月 31 日

（三）被告举证

×× 县住房和城乡建设管理局提供证据清单
第一部分　共四组

证据来源：本部分证据，由 × × 县住房和城乡建设管理局保存。

证明目的：本部分证据证明被告 × × 县住房和城乡建设管理局，办理 × × 楼小区 4 号楼建设工程规划许可证的具体行政行为，以事实为依据，认真履行法定职责，并无违法之处。

第一组　申请书及申请表

1. × × 县城建综合开发公司请求办理工程规划许可证申请书；

2. 建设工程规划许可证申请表。

本组证据证明：× × 县城建综合开发公司向 × × 县住房和城乡建设管理局提出了办理《建设工程规划许可证》的申请，× × 县住房和城乡建设管理局负有职责的人员进行了审查签字。

第二组　建设用地规划许可证及附属材料

1. 建设用地规划许可证；

2. 建设用地规划许可证申请表；

3. × × 县城建综合开发公司请求办理建设用地规划许可证申请书；

4. 建设项目选址意见书申请表；

5. × × 县城建综合开发公司请求办理选址意见书的申请；

6. 国有土地使用权出让合同；

7. × × 楼住宅小区用地平面图。

本组证据证明：× × 县住房和城乡建设管理局接收并审查了 × × 县城建综合开发公司提供的建设用地规划许可证及附属材料。

第三组　土地使用权属证明；

1. 土地登记审批表；

2. × × 县国土资源局对土地过户的批复；

3. × × 县城建综合开发公司名下的国有土地使用证。

本组证据证明：× × 县城建综合开发公司提供了批文和国有土地使用证，该公司拥有合法的建设用地土地使用权。

第四组　对建设工程规划设计方案的审批过程及结果的材料

1. × × 县城乡规划委员会会议纪要；

2. × × 楼小区 4 号楼设计方案图纸；

3.××楼小区4号楼规划方案公示照片；

4.建设工程规划许可证副本。

本组证据证明：××县住房和城乡建设管理局在办理××楼小区4号楼建设工程规划许可证过程中，按照相关规定履行了法定程序，办理了规划许可证。

第二部分　共八组

证据来源：本部分证据，由××县住房和城乡建设管理局保存。

证明目的：本部分证据证明被告××县住房和城乡建设管理局，在办理××楼小区4号楼建设工程施工许可证的具体行政行为中，以事实为依据，认真履行法定职责，并无违法之处。

第一组　施工许可证申请表及用地批准手续

1.××县城建综合开发公司请求办理建筑工程施工许可证申请表；

2.××县国土资源局对土地过户的批复；

3.××县城建综合开发公司名下的土地使用证。

本组证据证明：××县城建综合开发公司向××县住房和城乡建设管理局提出了办理建筑工程施工许可证的申请，并提供了用地批准手续，××县住房和城乡建设管理局负有职责的人员进行了审查签字。

第二组　建设工程规划许可证

本组证据证明：××县城建综合开发公司已取得并提供了法定的建设工程规划许可证。

第三组　××县城建综合开发公司已确定建筑施工企业的相关证据

1.中标通知书；

2.建设工程施工合同；

3.建设工程监理合同；

4.建筑施工企业的营业执照、资质证书。

本组证据证明：××县城建综合开发公司提供了已确定建筑施工企业相关材料。

第四组　××县城建综合开发公司提交的施工需要的施工图纸及技术资料

1. 施工图纸；

2. 施工图审查合格书；

3. 施工图审查备案表；

4. 建筑节能专项审查意见书。

本组证据证明：××县城建综合开发公司提供了经审查合格的施工需要的施工图纸及技术资料。

第五组　安全质量监督实施通知书

本组证据证明：××县城建综合开发公司的××楼小区4号楼建设项目经过安监部门审查。

第六组　资信证明

本组证据证明：××楼小区4号楼建设项目建设资金已经落实。

第七组　其他必要材料

1. 防雷装置核准意见书；

2. 抗震设防要求备案表；

3. 建设工程消防设计备案凭证；

4. ××县环保局的批复。

本组证据证明：××楼小区4号楼建设项目，已通过相关部门审核。

第八组　施工许可证

本组证据证明：××县住房和城乡建设管理局依照法律规定，给××县城建综合开发公司办理了××楼小区4号楼建设项目的施工许可证。

第三人××县城市建设综合开发公司提供证据清单

1. 企业法人营业执照

2. 机构代码证

3. 法定代表人身份证明

4. 建设工程规划许可证

5. 建设工程施工许可证

6. 土地使用证

7. 工程项目承包合同

8. 房屋互换协议及权属证书

9. ×× 省高级人民法院行政裁定书

提供上述证据的证明目的：（1）×× 县城市建设综合开发公司的主体身份；（2）第三人 ×× 县城市建设综合开发公司拥有合法的土地使用权、拥有合法的规划、施工许可证；（3）第三人 ×× 县城市建设综合开发公司行使权利合法，没有侵害他人合法权益。

（四）裁判结果

法院认为，第三人 ×× 县城市建设综合开发公司持有 ×× 县国土资源局发放的 ×× 用（2006）字第45×× 号国有土地使用证以及201306号建设用地规划许可证及其他相关材料，向被告 ×× 县住房和城乡建设管理局申请办理建设工程规划许可证，继而申请办理建筑工程施工许可证，依据《中华人民共和国城乡规划法》和《×× 省城乡规划条例》以及《中华人民共和国建筑法》相关规定，第三人 ×× 县城市建设综合开发公司提交的材料符合法律规定，被告经审查认定第三人的申请材料符合法律规定，据此颁发建设工程规划许可证和施工许可证。被告的行政行为符合法律规定。原告认为案涉土地权属有争议，进而认为被告的许可行为违法，但并未提交涉案国有土地使用证和建设用地规划证已被撤销或冻结以及其他能证明土地权属的证据，故原告诉请理由不能成立。对原告诉请第三人城建综合公司及杜某侵害了其土地权益和财产权益，要求恢复原状赔偿损失等，因该诉请属民事法律范畴，不属于本案审理范围。依据《中华人民共和国行政诉讼法》第六十九条、《中华人民共和国城乡规划法》第四十条、《×× 省城乡规划条例》第三十八条以及《中华人民共和国建筑法》第七条和第八条之规定，判决如下：驳回原告张某甲，张某乙的诉讼请求。

本案研习要点

1. 对本案被告举证清单所涉内容进行深入分析后，分析指出本案中被告如此举证的合理性和合法性。

2.结合法律规定，分析本案中原、被告之间举证责任的承担问题。

3.结合本案，试分析指出民事诉讼与行政诉讼中在原告资格、举证责任、审判重点以及裁判依据等方面的差异。

参考文献

[1] 张大松、蒋新苗：《法律逻辑学教程》，北京：高等教育版社 2007 年版。

[2] 王利明：《法官和律师的相互关系》，见《司法改革研究（修改版）》，北京：法律出版社 2001 年版。

[3] 沈宗灵：《法理学》，北京：北建达学出版社 2000 年版。

[4] 孙国华：《法学基础理论》，北京：中国人民大学出版社 1987 年版。

[5] 孙国华、朱景文：《法理学》，北京：中国人民大学出版社 1999 年版。

[6] 张文显、信春鹰、孙谦：《司法改革报告——法律职业共同体研究》，北京：法律出版社 2003 年版。

[7] 应松年：《2001 年律师资格考试内容结构图解》，北京：国家行政学院出版社 2001 年版。

[8] 胡玉鸿：《法律原理与技术》，北京：中国政法大学出版社 2002 年版。

[9] 沈宗灵：《法理学研究》，上海：上海人民出版社 1990 年版。

[10] 唐凯麟：《简明马克思主义伦理学》，武汉：湖北人民出版社 1983 年版。

[11] 罗国杰：《马克思主义伦理学的探索》，北京：中国人民大学出版社 2018 年版。

[12] 石文龙：《法伦理学》，北京：中国法制出版社 2011 年版。

[13] 史尚宽：《宪法论丛》，台北：荣泰印书馆 1973 年版。

[14] ［英］麦考密克、魏英贝格尔：《制度法论》，周密译，北京：中国政法大学出版社 1994 年版。

[15] ［美］博登海默：《法理学——法哲学与法律方法》，邓正来译，北京：中国政法大学出版社 2004 年版。

[16] ［德］拉德布鲁赫：《法学导论》，米健、朱林译，北京：中国大百科全书出版社 1997 年版。

[17] ［德］茨威格特、H. 克茨：《比较法总论》，潘汉典等译，贵

阳：贵州人民出版社 1992 年版。

[18] [美] 波斯纳：《法律的经济分析》，蒋兆康译，北京：中国大百科全书出版社 1997 年版。

[19] 刘克毅：《试论类比法律推理及其制度基础》，《法商研究》2005 年第 6 期。

[20] 李桂林：《法律推理与实践性原则》，《法学评论》2005 年第 4 期。

[21] 印大双：《法律推理中的必然性推理、或然性推理和辩证推理》，《探索》2001 年第 5 期。

[22] 邱爱民、张宝瑜：《论司法裁判中的辩证推理》，《经济与社会发展》2004 年第 1 期。

[23] 李桂林：《法律推理与实践性原则》，《法学评论》2005 年第 4 期。

[24] 王某良：《论法治理念与法律思维》，《吉林大学社会科学学报》2000 年第 4 期。

[25] 张伟强：《麦考密克法律论辩理论的经济学解读》，《政法论丛》2008 年第 4 期。

[26] 邵健：《论法律语言的语体风格》，《山东社会科学》1997 年第 2 期。

[27] 罗士俐：《法律语言本质特征的批判性分析》，《北方法学》2011 年第 4 期。

[28] 陈佳璇：《法律语言的"易读性准则"与"易读性"测量》，《修辞学习》2006 年第 4 期。

[29] 余芳、张大松：《法律论辩建构与评价的方法论探析》，《湖北社会科学》2008 年第 9 期。

[30] 陈金钊：《法律思维及其对法治的意义》，《法学论坛》2003 年第 6 期。

[31] 张永红：《论法律逻辑学与法律职业能力的培养》，《河北法学》2006 年第 7 期。

[32] 樊崇义、赵培显：《法律真实哲理思维》，《中国刑事法杂志》2017 年第 3 期。

[33] 张文显：《习近平法治思想研究（下）——习近平全面依法治国的核心观点》，《法制与社会发展》2015 年第 4 期。

[34] 陈双珠：《朱子"意"的诠释及工夫——兼论朱子对工夫的贯通》，《中国哲学史》2017 年第 3 期。

[35] 樊崇义：《法律监督职能哲理论纲》，《人民检察》2010 年第 1 期。

[36] 罗兴平、张其鸾：《法律适用中的逻辑推理解析》，《陕西理工学院学报》2007 年第 1 期。